Ulrich Büttner . Egon Schwär

BODENSEE GESCHICHTE(N)

unterhaltsam erzählt

Ulrich Büttner . Egon Schwär

BODENSEE GESCHICHTE(N)

unterhaltsam erzählt

STADLER 1815

Verlag Stadler

IMPRESSUM

Gedruckt auf:

FSC
www.fsc.org
MIX
Aus verantwortungsvollen Quellen
FSC® C106954

VERLAG UND VERTRIEB
Stadler Verlagsgesellschaft
Max-Stromeyer-Straße 172
78467 Konstanz
www.verlag-stadler.de
info@verlag-stadler.de

1. Auflage 2024

GESTALTUNG
Diana Dörfl, Konstanz
www.doerfl-multivitamine.de

SATZHERSTELLUNG
Satzteam Dieter Stöckler, Konstanz

BILDNACHWEIS
age fotostock/Lookphotos: Seite 14; akg: Seite 10, 22, 24, 28, 33, 36, 40, 66, 68, 81, 83, 85, 88, 92, 100, 102, 105, 108, 111, 118, 130, 132, 142, 156, 158, 162, 166, 170, 180, 183, 187, 197, 207, 210, 217; culture-images/foticon/Sammlung Carl Simon: Umschlagvorderseite; Landschaftsfotografie Holger Spiering: Seite 111; Fritjof Schulz-Friese: Seite 223; Silke Schwär: Umschlagrückseite; Stadt Konstanz: Seite 62; Stadtmarketing Kreuzlingen: Seite 62; StockFood: Seite 194; Berthold Weiner: Seite 17, 46, 48, 55, 60, 73, 75, 96, 120, 136, 144, 148, 174, 176, 185, 192, 201, 204, 219;

GESAMTHERSTELLUNG
Florjančič tisk d.o.o., Maribor (SI)

ISBN 978-3-7977-0789-5

INHALT

INHALT

VORWORT

Der Bodensee ist eine der schönsten, geschichtsträchtigsten und beliebtesten Landschaften im Herzen Europas. Schon seit Jahrtausenden zieht er Menschen an, um an seinen Ufern zu siedeln und zu leben. Ihren Spuren und Wurzeln nachzugehen, ist eine äußerst reizvolle Sache, der wir uns in diesem Buch widmen. Die vielen Geschichten, Sagen und Legenden, auf die wir stießen, zeigten uns, dass es zwar bereits zahlreiche Bücher über den Bodensee und seine Sagenwelt gibt, dass aber keines von ihnen so ist wie dieses, das Sie nun in der Hand halten. Es ist eine Neuheit. Wir haben bekannte und bisher noch nicht veröffentlichte Geschichten zusammengetragen und darauf geachtet, dass auch neue, moderne Sagen und Berichte aus unserer Zeit, dem 20. und 21. Jahrhundert, mit aufgenommen wurden. Dabei haben wir uns nicht nur auf die Sage bzw. Legende im engeren Sinne konzentriert, sondern auch kleinere Geschichten und Anekdoten aufgenommen, die sich hier rund um den See zugetragen haben und sehr kurzweilig sind.

Die Geschichten werden Sie ebenso unterhalten, wie Ihnen einen tieferen Einblick in die Länder und Leute hier am See ermöglichen. Speziell Sagen schlagen hierbei eine Brücke zu historischen Ereignissen, über die die Geschichtsschreibung und alte wie neue Dokumente kaum etwas berichten. Sie geben einen Einblick in die Gedankenwelt und die Gefühle der Menschen. Einige Erzählungen beruhen auf belegbaren Tatsachen, andere sind wohl frei erfunden. Der Wahrheitsgehalt ist bisweilen ungewiss, jedoch sind sie Zeitzeugnisse, die fest mit der Region verbunden sind und uns Eindrücke von der Lebenswelt früherer Jahrhunderte bis heute vermitteln.

Erstmals versuchen wir mit den Geschichten alle angrenzenden Länder einzubinden. Denn es ist nicht nur der See, sondern auch eine jahrhundertelange Tradition, die die Menschen um den See miteinander verbindet. Leider wird diese heute immer noch viel zu oft in Landesgrenzen zerteilt, die sich nicht nur auf der Landkarte, sondern manchmal auch in den Köpfen der Menschen befindet. Diese wollen wir auflösen, um einen gemeinschaftlichen europäischen Gedanken zu entwickeln.

Dabei kann es viel mehr Spaß machen, sich mit Geschichte zu beschäftigen, als der Geschichtsunterricht aus Schulzeiten vielleicht vermuten lässt. Denn eines steht fest: Aus Zukunft wird immer Gegenwart und letztendlich Vergangenheit. Daher kann ein Blick zurück auch der Beginn einer Zuwendung zu Gegenwart und Zukunft sein. Denn nur wer

weiß, woher er kommt, weiß, wo er steht und wo er hinwill. Zukunft ist immer eine Geschichte, die schon begonnen hat. In diesem Sinne laden wir Sie dazu ein, unsere Heimat etwas besser kennenzulernen, denn in der Vergangenheit liegt unsere Gegenwart verborgen.
Als Nachtwächter, Stadtführer und Historiker kennen wir uns in der Geschichte des Bodensees natürlich bestens aus. Wir möchten Sie daher einladen, mit uns eine kleine Reise durch Raum und Zeit zu unternehmen, um eine der schönsten Regionen kennenzulernen. Und vielleicht entdecken Sie den einen oder anderen Geheimtipp, der es noch in keinen Reiseführer geschafft hat und den es sich zu besuchen lohnt.

Viel Freude beim Lesen
Ulrich Büttner und Egon Schwär

DER SEE

Wie viele Bodenseen gibt es?

Viele halten den Bodensee für einmalig. Deshalb wird er häufig auch nur „der See“ genannt. Die Touristenverbände einiger anderer Seen versuchten dies schon zu unterbinden, jedoch hatten sie bisher keinen Erfolg damit. Sie argumentieren, dass der Bodensee ja nicht der einzige See sei. Jedoch ist überliefert, dass schon seit Jahrhunderten, wenn vom Bodensee die Rede war, häufig nur „der See“ geschrieben wurde. Tatsächlich ist jedoch der Bodensee gar nicht so einmalig, wie man dies auf den ersten Blick meinen könnte. Es gibt eine Vielzahl von namensgleichen Gewässern, die wir Ihnen nicht vorenthalten wollen.

Der mit 536 Quadratkilometern größte und bekannteste See ist natürlich der Bodensee, eingeteilt in Obersee, Untersee und Seerhein – im Dreiländereck von Deutschland, Österreich und der Schweiz. Die Wasserfläche teilen sich die drei Staaten geschwisterlich, denn der Großteil des Sees ist internationales Gewässer.

In der österreichischen Steiermark gibt es auch einen Bodensee. Um Verwechslungen auszuschließen, wird er häufig „Steirischer Bodensee“ genannt. Mit 1157 Höhenmetern ist er der höchste Bodensee, der durch den „Bodenseer Bach“ entwässert wird. Idyllisch eingebettet in das Naturschutzgebiet Sattenbachtal, ist er nur über einen viertelstündigen Fußweg zu erreichen und damit garantiert autofrei. Achtung: Gleich neben dem „Steirischen Bodensee“ liegt auch ein „Obersee“, der hier jedoch ein Nachbarsee und nicht Teil des Bodensees ist, wie bei seinem großen Bruder im Dreiländereck.

In der großzügigen Seenlandschaft Mecklenburg-Vorpommerns kann man im Nationalpark Müritz unzählige Gewässer entdecken. Gleich zwei davon heißen Bodensee. Sie sind durch den „Bodenbach“ miteinander verbunden. Durch die Größe unterscheiden sich namentlich der „Kleine Bodensee“ und der „Große Bodensee“, der jedoch mit 0,35 Quadratkilometern immer noch vergleichsweise klein ist. Dafür können Sie auch den größeren der beiden bei einem Spaziergang gemütlich in einer knappen Stunde umrunden. Dabei lernen Sie das flache Westufer ebenso kennen wie den östlichen Teil, der bis zu zwanzig Meter steil über dem See entlangführt.

Ein weiterer „Kleiner Bodensee“ findet sich bei Karlsruhe. Als vor etwa 200 Jahren der Rhein begradigt wurde, entstand das Naturschutzgebiet Altrhein. Darin entdeckt man das kleine stehende Gewässer, in dem heute stark gefährdete Flachwasser- und Uferrandpflanzen eine Heimat

Landkarte Bodensee um 1930

haben. Mit den naturbelassenen Altrheinarmen bietet das Gebiet einen erlebnisreichen Rundweg mit bemerkenswerten Einblicken in das naturbelassene Biotop.
Den bestimmt kleinsten Bodensee ließ sich Napoleon III. als Teich im Pariser Stadtpark „Bois de Boulogne" ausheben. Er war am Bodensee aufgewachsen und dem Gewässer somit sehr verbunden. Durch die Lage in der Hauptstadt kann bis heute jeder Franzose guten Gewissens behaupten, dass der Bodensee ein Teil Frankreichs sei.
Lassen Sie sich also nicht entmutigen, wenn Sie jemand fragt: „Schon wieder Urlaub am Bodensee?" Es gibt einige sehenswerte Flecken unter diesem Namen, wobei man in dieser lebendigen Kulturlandschaft im Dreiländereck sicher nie alles gesehen haben wird. Viel Freude beim Entdecken.

Von den vielen Seen in die Schweizer Berge …

DIE SCHWEIZ UND HABSBURG

Wie die Eidgenossen sich ihrer Herzöge entledigten

Als die „Welt zu Gast in Konstanz“ war und das Konstanzer Konzil von 1414 bis 1418 am Bodensee tagte, wurde dieses wahrhaft welthistorische Ereignis zum größten Kongress des europäischen Mittelalters. Menschen aus der gesamten damals bekannten Welt strömten in die alte Bischofsstadt, um bei jenem einzigartigen Ereignis dabei zu sein. Viele drängende Probleme beschäftigten damals die Kirche und die gesamte Christenheit, sodass diese allgemeine Kirchenversammlung notwendig wurde. Das Konzil befand sich an der Schwelle zu einer Zeitenwende. Das Mittelalter verblasste allmählich, um einem neuen Zeitalter, der Renaissance, seinen Platz in der Geschichte zu geben. Europa begann, sich und die Welt grundlegend zu verändern.

Speziell für die im Spätmittelalter allmählich entstehende Eidgenossenschaft, die Schweiz, waren jene Jahre ein entscheidender Wendepunkt ihrer Geschichte. Sie sollten ihre habsburgischen Herren aus dem Land jagen. Angefangen hatte all dies mit Friedrich „mit der leeren Tasche“, der unter notorischem Geldmangel litt.

Friedrich IV., Herzog von Österreich und Graf von Tirol, wurde zu einer der bekanntesten Figuren seiner Heimat im Mittelalter. Er wurde als Sohn von Leopold III. dem Gerechten und der Mailänderin Viridis Visconti, Tochter des Herzogs von Mailand aus altem lombardischem Adelsgeschlecht, 1382 geboren. Sein Vater war ein Habsburger und Herzog von Österreich, der Steiermark und Kärnten. Darüber hinaus herrschte er in den Stammlanden seines Geschlechts, im schweizerischen Aargau. Nur wenige Menschen wissen heutzutage, dass die Habsburger ursprünglich aus der heutigen Nordschweiz stammen und nicht aus Österreich oder Ungarn. Doch mit den Eidgenossen befand Friedrich sich immer wieder im Krieg. Mit Unterstützung des Bischofs und der Stadt Konstanz kämpfte er seit 1405 gegen die Appenzeller und ihren „Bund ob dem See“. Zu Beginn des Konzils sah es so aus, als wenn er sich endgültig gegen seine aufsässigen Nachbarn durchgesetzt hätte. Doch er sollte vieles riskieren und dabei einiges verlieren. Die Schweiz begann sich langsam ab dem frühen 14. Jahrhundert herauszubilden und sollte erst 1648 ihre volle Souveränität gegenüber dem Reich durchsetzen. Zu Beginn des 15. Jahrhunderts spitzte sich der Konflikt mit den Habsburgern zu.

Im Jahre 1415 schloss Friedrich mit Papst Johannes XXIII., der gemeinsam mit König Sigismund das Konzil zu Konstanz einberufen hatte,

ein Bündnis. Dadurch versprach er sich die politische Sicherung seiner Macht. Nebenbei erhielt er vom Papst den Titel des Generalkapitäns der Römischen Kirche. Er hoffte, dass sich Johannes XXIII. als Papst gegen seine beiden Konkurrenten durchsetzen würde. Damals kämpften drei Päpste um den Stuhl Petri. Als die Sache jedoch nicht so ganz nach Plan lief, wollte sich Johannes XXIII. dem Zugriff König Sigismunds entziehen und entschloss sich mit Unterstützung Friedrich IV. zur Flucht. Der König verhängte sofort die Reichsacht über den abtrünnigen Lehnsmann. Friedrich IV. wurden von König Sigismund die Gebiete der österreichischen Vorlande weggenommen und damit auch der Aargau mit der habsburgischen Stammburg, die dem Geschlecht seinen Namen gegeben hatte. Dies war eine große politische und persönliche Krise. Zwar erhielt er nach einer Aussöhnung mit dem König einige Gebiete wieder zurück, doch aus der Nordschweiz waren die Habsburger endgültig vertrieben. Die Eidgenossen konnten sich gegenüber dem alten Rivalen durchsetzen und vergrößerten so in nicht unerheblichem Maße ihren Einfluss.
Es sollte noch Jahrhunderte dauern, bis die Schweiz ihre heutige Größe erhielt, und die Habsburger sollten auch erst später aus allen Gebieten der heutigen Eidgenossenschaft vertrieben werden, aber eines steht fest: Vor 600 Jahren wurden die Entwicklungslinien in Richtung heutige Schweiz gezogen, die Habsburger orientierten sich um, unter anderem nach Osten, und erschufen in den folgenden Jahrhunderten ein Großreich im Südosten Europas, das spätere Österreich-Ungarn. Das Ganze geschah aber nicht irgendwo in den Zentralalpen, nein, der Ausgangspunkt war bei uns am Bodensee, als vor 600 Jahren das Konstanzer Konzil, seine Beschlüsse und Folgen in vielerlei Hinsicht die Zukunft unserer Region, der Schweiz, Europas und letztlich der ganzen Welt prägen sollten.

Nach diesem Ausflug in die große Geschichte wenden wir uns nun einem romantischen Thema zu, den Liebesschlössern ...

LIEBESSCHLÖSSER

Auf immer und ewig miteinander verbunden?

Wer kennt es nicht, das Klischee, dass sich ein junges Paar mit Herz, Amors Pfeil und den Namen der Verliebten in der Holzrinde eines Baumes verewigt? Doch Hand aufs Herz: Wann haben Sie das letzte Mal Initialen an einem Baum gesehen?

Man könnte meinen, dass die Jugend die Romantik verlernt hat. Doch tatsächlich bedient man sich heute eines ganz anderen Brauchs. Die Bauingenieure mancher Großstadt können ihr Lied davon singen. Etwa an der Hohenzollernbrücke in Köln oder der Pont des Arts in Paris, wo Tausende von „Liebesschlössern“ letztlich das Brückengeländer einstürzen ließen. Dort haben verliebte Menschen so viele Vorhängeschlösser mit ihrem Treueschwur an die Brüstung gehängt, dass die Statiker die Auswirkungen überprüfen mussten. Doch sind die neuen Schwarm-Kunstwerke bei der Bevölkerung so beliebt, dass sie bisher nicht weichen mussten.

Liebesschlösser sind Vorhängeschlösser aus Metall, die nach einem Brauch von Jungverliebten an Brücken angebracht werden, um symbolisch die ewige Liebe für immer zu besiegeln. In Italien werden sie liebevoll „Lucchetti dell'Amore“ genannt. In Venedig und Berlin ist das Anbringen von Schlössern an Brücken mittlerweile per Verordnung verboten. Doch hält sich kaum jemand daran. Die Stadtverwaltung muss regelmäßig mit schwerem Gerät anrücken, um die Schlösser wieder von den Brüstungen zu entfernen. Jedoch lauern auch ganz andere Gefahren. In Köln wurde ein Drogenabhängiger zu dreimonatiger Haft verurteilt, weil er ein Stück eines Gitterzaunes mit über fünfzig Liebesschlössern abgeschnitten hatte, um diese zum Schrottpreis zu verhökern.

Falls Sie Ihre große Liebe durch eine besondere Aktion beeindrucken wollen, können Sie sich ein Vorhängeschloss gravieren lassen oder selbst beschriften. Im Internet wimmelt es nur so von Anbietern. Dieses klinken Sie dann an einem der einschlägigen Orte ein. Während Sie einen Treueschwur sprechen, werfen Sie die Schlüssel dann in das Wasser, über das die Brücke führt. Hoffentlich hält der Schwur lange an! Für den Tourismus sind die Liebesschlösser ein gefundenes Fressen. Die Verbände haben ermittelt, dass die Besucher häufig wiederkommen, um den Verbleib ihres Schlosses zu kontrollieren. Die Band Höhner hat im Jahr 2009 zu diesem Thema sogar ein Lied komponiert mit dem Titel „Schenk mir dein Herz“. Dieser moderne Brauch hat auch vor dem Bodensee nicht Halt gemacht.

Liebesschlösser – ein Symbol für ewige Liebe

In Konstanz werden Sie an der Fußgänger- und Fahrradbrücke fündig. Die Mainau beteiligt sich mit dem Fußgängersteg. Zwischen Bregenz und Hard ist es die Fahrradbrücke über die Bregenzer Ach. In Friedrichshafen wird der Moleturm durch die Liebesschlösser verschönert. Das Rheintal wurde durch Liebesschlösser über die Diepoldsauer Schrägseilbrücke erobert.
Doch was tun, wenn die Liebe verfliegt und ein Paar sich trennt? In den USA gibt es einen Künstler, der getrennte Paare begleitet, um mit ihnen gemeinsam das unnötig gewordene Schloss rituell zu entfernen. Eine Aktivistengruppe übt sich in „Lovepicking". Es werden fremde Schlösser geöffnet, um sie an einem anderen Ort wieder zu verschließen. Das Ganze steht unter dem Motto „Herzen öffnen, ohne sie zu brechen".
Doch woher stammt der Ursprung dieses Brauchs? Die ältesten Schlösser sind am Rhein in Konstanz und Köln seit etwa 2008 zu finden. Davor waren sie schon in Frankreich und Italien zu sehen. Verbreitung fand der Brauch durch den Bestsellerroman „Drei Meter über dem Himmel" von Federico Moccia, der im Original 1992 erschien. Im ungarischen Pécs wird dieser Brauch bereits seit den 1980er-Jahren an einem schmiedeeisernen Zaun zelebriert.
Machen Sie sich auf, kaufen Sie ein Schloss und hängen es am Bodensee auf. Es wird Ihre große Liebe beeindrucken. Und sich selbst machen Sie die größte Freude, wenn Sie dann regelmäßig an den Bodensee zurückkehren, um das Liebesschloss zu besuchen.

Falls Sie sich nicht sofort ein geeignetes Schloss besorgen, dann erfahren Sie nun, wie viele Namen der Bodensee hatte und noch immer hat ...

DER BODENSEE UND SEINE VIELEN NAMEN

Warum er bei uns nicht „Konstanzer See" heißt

Jeder, der schon einmal die Möglichkeit hatte, den Bodensee zu besuchen, um an seinem Ufer flanierend einen schönen Sommertag zu erleben, um die einzigartige Herbststimmung zu genießen oder einfach nur um den Sonnenuntergang zu beobachten, weiß um die manchmal geradezu bezaubernde Lieblichkeit dieser Landschaft. Zwischen Nordsee und Alpen gibt es kaum etwas Vergleichbares. Hier kann man den Traum vom Süden träumen, nirgendwo in Deutschland ist man der mediterranen Welt näher. Speziell die Bodenseemetropole Konstanz wird immer wieder gerne als „Little Italy" bezeichnet – und das nicht nur wegen der vielen Immigranten aus Italien. So verwundert es kaum, dass der Bodensee schon seit Jahrtausenden Menschen anzieht, um an seinen Ufern zu siedeln und zu leben. Ihren Spuren und Wurzeln nachzugehen, ist eine äußerst reizvolle Sache, denn sie prägten nicht nur die Landschaft, sie gaben dem See zu unterschiedlichen Zeiten auch immer wieder andere Namen. Viele sind (fast) vergessen, andere benutzen wir auch heute noch. Schauen wir uns den Bodensee und seine bewegte Geschichte doch mal etwas genauer an. Es lohnt sich.

Er ist bekanntlich der flächenmäßig größte See Deutschlands, auch wenn er nicht vollständig in Deutschland liegt. Allerdings ist er nicht, wie schon oft behauptet, der drittgrößte See Europas. Zu unserem Kontinent gehören bekanntermaßen auch Skandinavien und der westliche Teil Russlands bis zum Uralgebirge. Dort existieren Seen, die um ein Vielfaches größer sind als unser Bodensee. Er wird lediglich als das 16. Binnengewässer Europas aufgeführt. Auf dem ersten Platz rangiert der mehr als 31-mal so große und bei uns eher unbekannte Ladogasee in der Nähe der russischen Millionenstadt St. Petersburg. In Mitteleuropa haben sowohl der Genfer See als auch der Plattensee in Ungarn ein paar Quadratkilometer mehr als der Bodensee. Doch die Größe sagt bekanntermaßen nichts über die Schönheit aus. Und wer will ernsthaft behaupten, dass der Bodensee etwa nicht der schönste See Europas ist?!

Seine vielschichtige Geschichte lässt sich auch an den zahlreichen Namen ablesen, die ihm im Laufe der letzten 2000 Jahre gegeben wurden. Doch bevor wir zur Geschichte, der großen Lehrmeisterin unser aller Schicksale kommen, noch ein paar wichtige Worte zur Struktur des Gewässers. Geografen betonen gerne, dass der Bodensee genau betrachtet aus zwei Seen besteht. Dem Obersee – unterteilt in den Überlinger See und den Obersee im engeren Sinne – und dem Untersee, die beide

Ansichtskarte um 1900

durch den Seerhein, einen Abschnitt des Rheins zwischen Alpenrhein und Hochrhein, verbunden sind.

So verwundert es nicht, dass schon die Römer, die um das Jahr 12 v.Chr. den Bodenseeraum in ihre Provinz Raetia integrierten, den See nicht als Einheit sahen und ihn begrifflich teilten. Vom römischen Geografen Pomponius Mela – dem ersten Menschen überhaupt, der den See schriftlich erwähnte – wissen wir, dass um das Jahr 43 n.Chr. der Obersee „Lacus Venetus“ und der Untersee „Lacus Acronus“, manchmal auch „Acronius“ geschrieben, genannt wurde. Der römische Gelehrte Plinius der Ältere fasste dagegen – wie wir heute – beide Teile zusammen und gab dem Gesamtsee den Namen „Lacus Brigantinus“. Diese Bezeichnung geht auf den keltischen Stamm der Brigantier zurück, die am See lebten, als die Römer ihn für sich entdeckten. So nannten die Invasoren aus dem Süden folgerichtig ihren Hauptort bzw. ihre erste Stadtgründung am See nach den unterworfenen Kelten Brigantium, das heutige Bregenz. Doch es finden sich in den Quellen noch weitere römische Bezeichnungen für unseren See. Bisweilen wurde er in Anlehnung an „Brigantinus“ auch „Lacus Brigantiae“ oder „Lacus Brigantia“ genannt. Selten begegnet uns auch „Lacus Rheni“, was so viel wie „Rheinsee“ bedeutet. Das Gewässer nach dem Fluss zu benennen, der durchfließt, ist in diesem Fall durchaus einleuchtend. Immerhin stellte der Rhein über Jahrhunderte die Grenze zwischen Rom und Germanien, zwischen Zivilisation und wilder Barbarei, dar.

In Bezug auf die Römer sei noch auf eine Sache hingewiesen. Im Jahr 15 v.Chr. soll es zwischen römischen Eroberern und einheimischen Kelten sogar zu einer Seeschlacht gekommen sein, die mit einer Niederlage Letzterer endete. Doch dazu mehr in einer anderen Geschichte in diesem Buch.

Wie die Menschen, die vor den Römern hier lebten – die Kelten und noch Tausende von Jahren zuvor die Steinzeitmenschen der Pfahlbaukultur –, den See nannten, ist leider nicht überliefert und wird wohl für immer im Dunkel der Geschichte verschollen bleiben.

Mit dem Untergang Roms im 5. Jahrhundert n.Chr. lässt man die Antike enden und das mittlere Zeitalter – das Mittelalter – beginnen. Und weil neue Zeiten auch gerne neue Namen prägen, begegnen uns nun auch bisher unbekannte Bezeichnungen für unser Gewässer. Walafried Strabo, der Abt des berühmten Klosters Reichenau, nannte den See vor seiner Haustür „Lacus Potamicus“, was entweder auf das griechische Wort für „Fluss“, gemeint ist natürlich immer noch der Rhein, oder auf Bodoma, den alten Namen Bodmans, zurückzuführen ist. Bodman ist eine kleine Stadt am nordwestlichen Ende des Bodensees. Der bis heute wohlbekannte Minnesänger Wolfram von Eschenbach, ein Mensch des 12./13. Jahrhunderts, bezeichnete den See auf Deutsch als „Bodemen-“ oder „Bodemsee“, was dem modernen Begriff schon sehr nahekommt.

Doch warum wird das kleine Bodman plötzlich zum Namensgeber? Warum nicht das viel bedeutendere Konstanz? Nun, weil Bodman im Frühmittelalter etwas besaß, was es besonders machte, eine karolingische Königspfalz, eine Burg, die dem jeweiligen Herrscher gehörte und die er als Hofstaat nutzte, wenn er das Gebiet besuchte. Später war Bodman alemannischer Herzogssitz und Münzstätte mit überregionaler Bedeutung. Aufgrund dieser vielfältigen wichtigen Funktionen gab dieser kleine Ort im Mittelalter dem gesamten See den Namen. Er wurde zum „See, an dem Bodman liegt“, kurz „Bodman-See“ oder „Bodamer See“. In den folgenden Jahrhunderten wurde das Wort umgangssprachlich glatt geschliffen und zu „Bodemsee“ umgeformt. Noch einmal Jahrhunderte später bürgerte sich der heutige Name „Bodensee“ ein. Der Begriff „Bodman“ taucht übrigens noch an einer anderen Stelle auf. Als geografische Bezeichnung „Bodanrück“, die Halbinsel zwischen Überlinger- und Untersee. Doch wie bereits erwähnt, gehört der See nicht einem allein. Ihn teilen sich die Staaten Deutschland, Schweiz und Österreich. Kurioserweise ist die genaue Grenze zwischen den Ländern auf dem Obersee niemals festgelegt worden. Heute wird dieser Seeabschnitt ab einer Tiefe von 25 Metern von allen drei Staaten gemeinsam verwaltet; jeder hat dort die gleichen Hoheitsrechte. So ist der Bodensee ein – im mehrfachen Wortsinne – wunderschönes Beispiel für ein Europa, das Grenzen überwindet und zusammenwächst. Der Bodensee als ein Vorbild für Völkerverständigung … welch eine faszinierende und sympathische Vision! Damit sind wir noch nicht am Ende unseres Ausflugs in die Geschichte und die unterschiedlichen Namen unseres Sees angekommen. Als sich vor 600 Jahren die christliche Welt in Konstanz traf, um im Rahmen des Konstanzer Konzils alle möglichen Probleme zu besprechen und zu diskutieren, wuchs durch den Gedankenaustausch der Gesandten und Gelehrten das gegenseitige Wissen voneinander. So kam es, dass sich nach dem Konzil vor allem im katholisch-romanischen Raum (aber auch darüber hinaus) ein weiterer Name für den Bodensee durchsetzte: „Konstanzer See“!

Wie es dazu kam? Da Konstanz das Konzil fast vier Jahre beherbergt hatte – das Konzilsmotto hätte, wenn es eines gegeben hätte, „die Welt zu Gast in Konstanz“ lauten können –, wurde der Name dieser Stadt in der ganzen Christenheit bekannt und berühmt. Da lag es nahe, den See nach seiner größten, bekanntesten und bedeutendsten Stadt zu benennen. Auf Latein wurde der See fortan als „Lacus Constantinus“ tituliert, eine Bezeichnung, die in der Antike noch weitgehend unbekannt war, allerdings schon im 12. Jahrhundert vereinzelt in der Form „Lacus Constantiensis“ auftauchte. Der „Konstanzer See“ wurde dann in zahlreiche Volkssprachen übersetzt: Im Französischen sagt und schreibt man heute noch „Lac de Constance“, im Italienischen „Lago di Constanza“, auf Portugiesisch „Lago de Constanca“. Die Spanier sprechen von „Lago de Constanza“, die Rumänen von „Lacul Constanta“ und die Griechen von „Limni tis Konstantias“. Auf Arabisch heißt es „Buhaira Konstans“, auf Türkisch „Konstanz Gölü“, auf Hebräisch „Yamat Konstanz“ und nicht zuletzt auf Englisch „Lake Constance“.

Die deutsche Bezeichnung „Bodensee“ hingegen wurde unter anderem von den Skandinaviern (Dänisch „Bodensøen“), den Polen („Jezioro Bodeńskie“) und den Japanern („Boden-Ko“) übernommen. Hier wollen wir nun abbrechen, auch wenn noch längst nicht alle Bezeichnungen genannt wurden. Der Bodensee ist wahrhaft der See mit den tausend Namen.

Heutzutage bezeichnen viele Menschen den See gerne auch als „Schwäbisches Meer“. Dabei wissen die wenigsten, dass diese Bezeichnung auch schon von den Römern verwendet wurde („Mare Suebicum“). Doch hier muss man genau hinschauen. Die Römer nannten unseren Bodensee nie „Schwäbisches Meer“. Mit diesem Begriff umschrieben sie vielmehr die Ostsee, da sie davon ausgingen, dass die germanischen „Sueben“ (Schwaben) dort ihre Heimat hätten. Trotzdem ist der Name „Schwäbisches Meer“ für den Bodensee nicht ganz unpassend. Einerseits liegt er – historisch betrachtet – im Schwabenland, andererseits ist er mit Abstand der größte See Deutschlands und damit speziell für die Süddeutschen fern der Nord- und Ostsee geradezu ein kleines Meer. Die Schweizer und

Österreicher pflegen auch die Deutschen kollektiv als Schwaben zu bezeichnen, egal woher aus Deutschland man kommt. Hinzu kommt, dass sich in den letzten Jahrzehnten immer mehr wohlhabende und reiche Schwaben eine Segeljacht mit dem dazugehörigen Grundstück am See zugelegt haben, nicht immer zur Freude der Einheimischen. Der Konstanzer Stadtteil Wallhausen wird bisweilen auch gerne als der einzige Vorort Stuttgarts bezeichnet, der nicht an das S-Bahn-Netz angeschlossen ist.
Aber hier soll keineswegs ein Graben zwischen Schwaben und Badenern gezogen werden. Nein, an Kleinstaatlichkeit und Engstirnigkeit wollen wir uns nicht beteiligen. So spielt es auch keine Rolle, wie man den See nennt. Hauptsache ist, dass man seine Schönheit und seine Geschichte versteht und zu schätzen weiß. Dennoch wollen wir ein letztes Mal zu den vielen Namen des Sees zurückkehren und zum Abschluss die Frage stellen: Klingt „Konstanzer See“ nicht doch irgendwie am schönsten?

Selbstverständlich bleiben wir am Bodensee und besuchen die sympathische Kleinstadt Radolfzell am Untersee ...

RADOLFZELL

Wie man aus einer Einöde eine Stadt entwickelt

Ottmar Schönhuth beschreibt den Ursprung der Stadt Radolfzell 1853 folgendermaßen: „Um das Jahr 840 n.Chr., da das Kloster Reichenau bereits in hohem Ansehen stand und mit vielen Gütern gesegnet war, kam Radolf, ein Teutscher aus dem Geschlechte der Grafen in der Bertolsbaar, zum zweiten Mal aus Italien, wo er eine Zeitlang zu Verona Bischof gewesen war, in sein Vaterland zurück. Er hatte nicht lange vorher die Gemahlin des Kaisers Ludwig, Judith, aus Italien nach Aachen begleitet, und war auf den Reichstagen zu Diedenhofen, Aachen und Ingelheim zugegen gewesen, zog sich aber jetzt, nachdem er der Bischofswürde feierlich entsagt hatte, in die Einsamkeit zurück und kam nach Reichenau zu dem Abt Hayto, der ihm gestattete, sich auf seinem Gebiete am Seeufer eine Zelle zu bauen. Radolf wählte den Ort, wo nun die Stadt seines Namens steht, sammelte einige Brüder um sich und lebte mit denselben, fromme Werke ausübend und das Volk für Christi Lehre mehr und mehr begeisternd, bis zum Jahre 874, wo er starb und in der von ihm erbauten Kirche bestattet wurde, da sein Grabmal noch gezeigt wird. Aus den Ansiedlungen um das Gotteshaus, aus den Fischer- und Schifferwohnungen in der Nähe, erwuchs nach und nach aus dem bescheidenen Kerne von Radolfs Zelle eine Stadt."

Heute fragt man sich natürlich, wie man eine Zelle gründen kann. Dieses Wort benutzen wir heute noch als Klosterzelle, für den Raum oder das Haus, in dem ein Ordensbruder oder eine Ordensschwester lebt. Ist ein Einsiedler bzw. ein Eremit an einen bis dahin einsamen Ort gegangen, um dort zu leben, gründete er somit eine Zelle. Dies ist der Grund, weshalb wir bis heute viele solche Ortsnamen verwenden. Ihre Gründung geht jeweils auf eine Klosteransiedlung zurück. Beispiele sind hierfür alle Ortschaften mit dem Namen Zell, Celle und die unzähligen mit der Endung -zell oder -zelle. Die Stadt Radolfzell am Bodensee hatte ihre erste lateinische Nennung als „Cella Radoldi".

Besagter Radolf von Verona, der dort von 799 bis 840 Bischof war, soll um 826 zu Besuch in seiner alemannischen Heimat auf der Insel Reichenau gewesen sein. In einigen Quellen wird er auch Radolt, Ratoldt, Radold, in Italien Rodoldo oder Rotaldo genannt. Er wollte ursprünglich eine Zelle Eginos, seines Lehrers und Vorgängers als Bischof in Verona, auf der Klosterinsel übernehmen. Doch der hiesige Abt verwies auf eine einsame Stelle am gegenüberliegenden Ufer, vom dem es hieß: „Dieser Ort nun, von dem Kloster jenseits des Sees gegen Nordwesten zwei

Meilen entfernt, war überaus lieblich gelegen, jedoch nur von Fischern bewohnt und zu keinem anderen Anbau geeignet. Ihn also begann Radolf herzurichten und Wohnungen nebst einer Kirche zur Ehre Gottes daselbst zu erbauen. Die so gegründete Zelle benannte er nach sich Radolfszelle, wie es noch heute genannt wird. Nachdem er sie mannigfach geschmückt und ganz nach seinem Sinne ausgestattet hatte, kehrte er wieder an seinen Bischofssitz in Verona zurück."

Um regelmäßige Einnahmen für den neu gegründeten Ort zu verschaffen, organisierte Radolf einige Reliquien. Die des Evangelisten Markus besorgte er in Venedig und übergab diese 830 der Reichenau. In Treviso bei Venedig konnte er die Gebeine des Heiligen Senesius und Theopontus kaufen. Diese wurden in seiner neuen Zelle beigesetzt und prompt entwickelte sich eine rege Wallfahrt dahin. So ist es kein Wunder, dass Senesius und Theopontus zu den Schutzpatronen der später zur Stadt erhobenen Ortschaft avancierten.

Nachdem der Gründer der Zelle selbst verstorben war, wurde er im Jahre 1330 heiliggesprochen. Seine Gebeine finden sich heute im Radolfzeller Münster zu Unserer lieben Frau. Wer daran glaubt, darf ihn dort verehren. Bewundern darf man ihn in jedem Fall, denn zu einer Zeit, als der Bodensee alleine wohl nicht als Reiseziel genügte, schaffte er die erforderlichen Attraktionen herbei, um den Bodenseetourismus langfristig anzukurbeln.

Von Radolfzells Ufern bewegen wir uns nun zu den Nachtwächtern von Bregenz ...

Radolfzell am Bodensee, Ansicht um 1900

DAS NACHTWÄCHTERLIED VON BREGENZ

Von Schweizern, Nachtwächtern und einem alten Brauch

Der Nachtwächter stellt zweifellos das zweitälteste Gewerbe der Welt dar. Denn ähnlich alt wie das Bedürfnis, das vom ältesten Gewerbe der Welt befriedigt wird, ist auch der Wunsch nach Sicherheit in der Nacht. Wenn man schläft, im wahrsten Sinne des Wortes ohnmächtig ist und nicht auf sich, sein Hab und Gut und vor allem seine Familie achten kann, ist man ja besonders darauf angewiesen, dass jemand in den dunklen Stunden für Schutz, Ruhe und Sicherheit sorgt. Und das war nun mal der Nachtwächter, der bei Dunkelheit für die innere Sicherheit in der Stadt verantwortlich war – neben weiteren Aufgaben wie dem Ausrufen der vollen Stunden oder dem Feuerschutz. So gab es Nachtwächter schon bei den Babyloniern, im alten Ägypten, bei den Chinesen vor Tausenden von Jahren und noch an vielen anderen Orten zu allen Zeiten.

Auch Bregenz hatte einst einen bzw. mehrere Nachtwächter, die ihren Dienst stets während der sonnfernen Stunden verrichteten. Im 16. Jahrhundert soll sich dabei folgendes Ereignis zugetragen haben:

Die Schweizer wollten Bregenz eines Nachts überfallen und ausplündern. Eine Frau, die in einer kleinen Wohnung direkt bei einem der Stadttore wohnte, vernahm merkwürdige Geräusche außerhalb der Stadtmauern und verständigte daraufhin den Türmer bzw. den Stadtrat. Rasch erkannte man die feindlichen Aktivitäten von den Stadttürmen aus, war nun gewarnt und konnte entsprechende Gegenmaßnahmen ergreifen. Die Bürger wurden bewaffnet und empfingen die Schweizer auf der Siechensteig, heute ein Stadtteil von Bregenz. Die Eindringlinge konnten so empfindlich geschlagen werden, dass sie sich längere Zeit nicht mehr trauten, die Stadt am See anzugreifen.

Der Magistrat wollte die Frau, die eigentliche Retterin der Stadt, nun belohnen, diese aber bat nur um eine Sache. Fortan sollte der Nachtwächter vom 1. bis zum 28. Dezember eines jeden Jahres in der Nacht Folgendes ausrufen: „Eregut, Ereguta! Gelobt sei Jesus Christus." So geschah es in den folgenden Jahrhunderten. 1811 schaffte ein bayerischer Landrichter diesen Brauch wieder ab. Nachdem die Bregenzer diesen aber vertrieben hatten, wurde auf Drängen der Bürger der alte Brauch wieder eingeführt und sollte fortan gesungen werden, also ein Bestandteil des hiesigen Nachtwächterlieds werden. Bis zum Ende des Nachtwächterwesens konnten diese Worte jedes Jahr im Dezember vernommen werden. Die Retterin der Stadt hätte sich fürstlich belohnen lassen können, doch bescheiden wie sie war, verlangte sie nur diesen gottesfürchtigen Spruch.

Nachtwächters Neujahrsrunde, Bildpostkarte nach einem Aquarell von Paul Hey

Wenn Sie übrigens mal einen Nachtwächter vor wahrhaft historischer Kulisse erleben wollen, kommen Sie nach Konstanz, wo die beiden Autoren dieses Buches regelmäßig in die Welt des Mittelalters entführen.

Verstehen Sie Spaß?
Dann lassen Sie sich von Ortsneckereien unterhalten ...

ORTSNECKEREIEN

Was man sich von den Nachbarn alles gefallen lassen muss

Am See gibt es wohl kaum einen Ort, dem die Spottlust nicht etwas angehängt hat, und wäre es nur ein Über- oder Spitzname. So heißt man die Überlinger, Wallhauser und Dingelsdorfer „Laugelegumper". Sie wollten einmal, so erzählt man sich, die Laugele, das sind kleine Fische, statt sie im Netz mühsam zu fangen, mit einem in den See gestellten Gumpbrunnen samt Wasser herauspumpen. Die Dettinger sind die „Sunnediechler", weil sie die Sonne, die sehr spät bei ihnen sichtbar wird, in einem Deichel, wie man einst ein Wasserrohr nannte, fangen und nach Dettingen bringen wollten.

Die Nußdorfer bezeichnet man kurzweg mit „Schnecken". Dieser Spitzname rührt von folgender Begebenheit her: An der alten Straße nach Salem befand sich bei der sogenannten „Bettelbuche", die ein beliebter Lagerplatz des fahrenden Volkes war, ein Hügel. In den Franzosenkriegen lagerten hier auch einmal französische Soldaten, die jedoch plötzlich von den Nußdorfern überfallen, niedergemacht und daselbst begraben wurden. Bald danach zogen die Nußdorfer mit Kreuz und Fahnen nach der Begräbnisstelle, um die Erschlagenen und deren Schätze wieder auszugraben, fanden jedoch nur einen Haufen leerer Schneckenhäuschen, die von dem fahrenden Volk dort verscharrt worden waren.

Die Bamberger, Bambergen ist eine Ortschaft der Gemeinde Überlingen, heißen „Kuckucksiihager", weil sie einmal einen Kuckuck, den sie gefangen hatten, mit dem Hag (Zaun) einschlossen und nicht daran dachten, dass er darüber hinausfliegen konnte. Die Deisendorfer sind die „Katzetappeschlieefer", denn sie haben dereinst einer Katze die Krallen an einem Schleifstein abgeschliffen, damit sie nicht mehr kratzen könne. Die Ahauer heißen „Brotmauser", sie rufen aber ihren Nachbarn nach: „Bermatinger, Stecklespringer! Hont'n Huufe Dreck am Finger!"

Die Staader nennt man „Quaker", die Staader Fischer „Hamochen", die Immenstaader „Henneschlitter", weil sie unter der Mainauer Herrschaft die Fasnachtshühner auf Schlitten zur Mainau führten, die Uhldinger „Puper".

Die Pfullendorfer haben den Spitznamen „Stegstrecker". Sie machten nämlich einst über den Andelsbach einen Steg, der jedoch zu kurz war. Da ließ ihn der Magistrat ins Wasser legen, um ihn aufzuweichen, dann an beiden Enden je vier Spitalpferde anspannen, die nun nach entgegengesetzten Richtungen angetrieben wurden, um den Steg auseinanderzuziehen, zu „strecken". Die Bewohner der Landschaft um Illmensee sind

die „Zockler". Im Deggenhauser Tal heißt die Wittendorfer Gegend das „Tierreich", und der Wirt Keller von Wittendorfen, der früher als der Reichste alles dirigierte, war der „König des Tierreichs".
Die Bewohner von Egg oberhalb Staad nennt man „Hornabsäger". Ein Egger sagte einst: „Wenn man das Horn (den Bergrücken zwischen Egg und Konstanz) absägt, könnte man von Egg direkt nach Konstanz sehen."
Die Meersburger haben den Übernamen „Subegler" (Saubügler), weil sie einem Schwein beim Schlachten mit einem heißen Bügeleisen die Borsten wegbügeln wollten. Die Bodmaner schimpft man „Lierekübel". Die Liere ist ein fades Getränk, das man aus verdünntem Treber, den Resten aus der Weinpresse, herstellt.
Den Sipplingern wird viel nachgesagt. Vor alten Zeiten hätten sie eines Tages nicht gewusst, welche Festzeit es gerade war. Deshalb schickten sie einen Mann nach Überlingen, um sich zu erkundigen. Als der Sipplinger Bote in die Stadt kam, hielten die Überlinger gerade den Umzug mit Palmen, denn es war Palmsonntag. Als dies der Sipplinger sah, fragte er nicht lange, sondern sprang eilends heim nach Sipplingen und rief: „D' Überlinger hon holops Fasnet". Alsbald maskierten sich die Sipplinger und hielten Fasnacht anstatt das Fest zum Palmsonntag. Weiter wird erzählt: Auf dem Kirchturm in Sipplingen sei einmal viel Gras gewachsen, und die Sipplinger wollten es nicht verderben lassen. Sie berieten nun, wie es anzufangen sei, dass man Nutzen von diesem Gras habe. Da kam ein Bürger auf den Einfall, man solle den Gemeindegeißbock auf den Kirchturm ziehen und ihn das Gras abfressen lassen. Der Bock wurde nun herbeigeholt und mit einem Strick um den Hals aufgezogen. Etwa in halber Höhe angekommen, streckte er die Zunge heraus. Da rief einer der Untenstehenden: „Zieht, zieht! Er streckt scho d' Zunge us noch 'm Gras!" Als jedoch der Bock oben ankam, war er erstickt.
Von Nesselwangen wird erzählt, dass die Bewohner einst den sogenannten „Biblis", einen vor dem Ort befindlichen Hügel, mit starken Winden wegheben und etwas weiter gegen den Walddistrikt Schnorrenberg verlegen wollten, um bessere Aussicht in die Überlinger Gegend zu bekommen. Um nun zu sehen, ob sich der Berg bei den Hebungsarbeiten auch bewegt, legten die Nesselwanger hintendran einen Mantel. Während nun die Mannen vorn am Arbeiten waren, kam ein Handwerksbursche und stahl den Mantel. Nach einiger Zeit gingen die Nesselwanger wieder hinter den Berg, um zu sehen, ob er etwas weiter gerückt sei. Da sahen sie, dass der Mantel nicht mehr da war, und glaubten nun wirklich, der Berg habe ihn zugedeckt.
So weit die schönsten Ortsneckereien, die Theodor Lachmann in den 1970er-Jahren zusammengetragen hat.
Die Bregenzer werden gerne als „Seebrünzler" bezeichnet. Man unter-

stellt ihnen, dass sie nachts heimlich in den Bodensee pinkeln. Würden also in den See „brünzla“. Diese Figur wurde 2013 von dem Künstler Peter Konzet entworfen und kann nun in Bronze gegossen am Leutbühel im Zentrum der Stadt bewundert werden.
Die Schildbürger leben also nicht nur in Schilda, sondern auch bei uns hier am Bodensee. Doch diese netten Ortsneckereien können Spaß machen, da wir alle wissen, dass Humor wichtig ist. Viele der genannten Neckereien sind heute in Narrenzünften verewigt. Wenn Sie an Fasnacht einen Umzug am Bodensee besuchen, werden Sie die eine oder andere dieser neckischen Figuren leibhaftig erleben. Die Selbstironie der Bürger am See hat auch einen wichtigen Anteil daran, dass sich hier eines der beliebtesten Ferienziele entwickeln konnte.

Der Bodensee mit seiner friedlichen Landschaft als Ort einer legendären Seeschlacht? Lesen Sie am besten gleich weiter ...

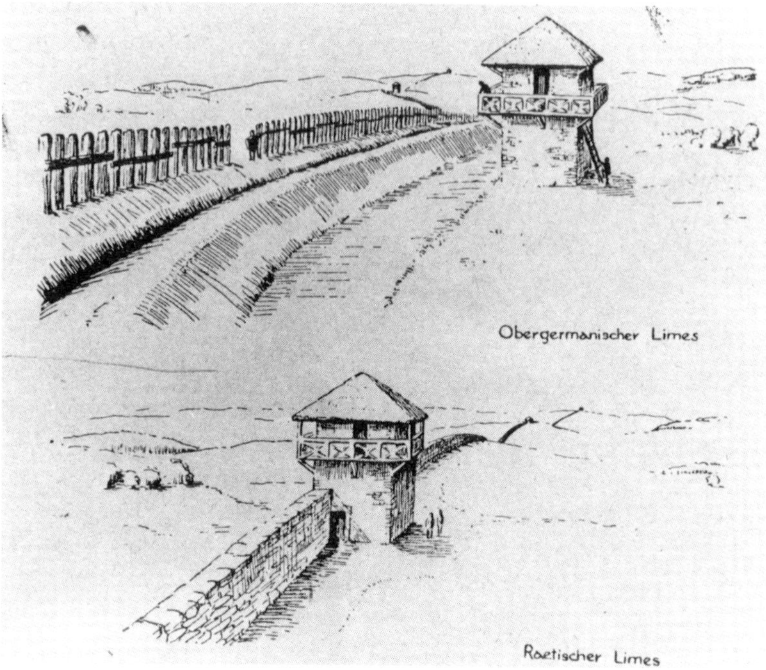

Obergermanischer und Raetischer Limes

DIE LEGENDÄRE SCHLACHT AUF DEM BODENSEE

Von Römern und Kelten

Der Bodensee ist schon seit Jahrtausenden ein Ort, an dem Menschen gerne leben. Angefangen mit den Steinzeitmenschen der Pfahlbaukultur bis hin zu den Kelten, jenem geheimnisvollen Volk, das sich über große Teile Europas ausbreitete und vor etwa 2500 Jahren auch an den Bodensee kam. Die Namen einiger dieser keltischen Stämme am See wirken uns heute noch recht vertraut. Im Süden siedelten die Helvetier, die der Schweiz ihren neulateinischen Namen „Helvetia" gaben, im Osten die Brigantier, Bregenz ist nach ihnen benannt, sowie die Rätier, denen wir den ältesten uns bekannten Flurnamen „Rätien" für die gesamte Region zu verdanken haben, ein vor allem in der Schweiz bisweilen noch benutzter Begriff.

Südlich der Alpen begann sich ab dem 3. Jahrhundert v.Chr. eine neue Großmacht zu erheben – für damalige Verhältnisse muss man wohl eher von Weltmacht sprechen: das römische Imperium. Am Beginn seiner imperialen Feldzüge stand das Ziel, die Vorherrschaft über die Mittelmeerwelt zu erringen. Doch dabei sollte es nicht bleiben. Spätestens seit Cäsars Gallischem Krieg (58–51 v.Chr.) und der Eroberung ganz Galliens zwischen Rhein und Pyrenäen blickte Rom auf die germanischen Gebiete nördlich der Alpen und östlich des Rheins mit einer Mischung aus Neugier, Furcht vor den wilden Barbaren und einem ungebremsten Eroberungswillen.

Cäsars Nachfolger Augustus, der erste Kaiser Roms, begann das Reich zu arrondieren, das heißt die Grenzen abzurunden und zu sichern. Im Rahmen dieser äußerst aggressiven Außenpolitik verlegte er 16 v.Chr. sechs kampfstarke römische Legionen – ein Fünftel der gesamten Armee – an den Rhein. Die Zeichen der Zeit standen auf Krieg. Ob der Kaiser damals den Plan verfolgte, ganz Germanien zu erobern und zu einer römischen Provinz umzuformen, oder ob er einen militärischen Schutzgürtel gegen die kriegerischen Germanen etablieren wollte, ist bis heute nicht wirklich geklärt. Auf jeden Fall führte seine Germanienpolitik zu einem Krieg, den nicht wenige Historiker heute als „30-jährigen Krieg der Antike" bezeichnen. Er begann in jenem fernen Jahr 16 v.Chr. und endete erst 16 n.Chr. Dazwischen lagen zahlreiche Schlachten und Gefechte mit Abertausenden von Toten und Verstümmelten. Höhepunkt dieses Ringens um Germanien war die berühmt-berüchtigte Varusschlacht im Teutoburger Wald, als drei römische Elitelegionen von den Germanen unter Führung des Cheruskers Arminius aufgerieben wurden.

Doch diesem jahrzehntelangen Krieg war die Eroberung des Alpenvorlandes vorgeschaltet. Augustus wusste um die Voraussetzungen eines Eroberungskrieges in Germanien. Er musste einerseits das römische Grenzland vor möglichen Germaneneinfällen, meist Vergeltungsaktionen, schützen und andererseits sichere Aufmarschgebiete für seine Armeen dauerhaft in das Reich integrieren. Neben den linksrheinischen Regionen bis zur Nordsee war dies vor allem der Alpenraum. 25 v.Chr. begann der Kaiser, die westlichen Alpen zu erobern, um im Anschluss ab 16 v.Chr. bis in das heutige Süddeutschland vorzustoßen.
Im Rahmen dieser Expansionspolitik kam nun auch der Bodensee in das Blickfeld Roms. Die beiden Stiefsöhne des Augustus, Drusus und Tiberius, eroberten in nur einem Sommer große Gebiete der Nordalpen und stießen bis zum Bodensee vor. Tiberius war es, der mit etwa 10.000 Legionären von Süden heranmarschierend auf das Ufer des Sees stieß. Er hatte den Plan, über den Bodensee ostwärts Richtung „Augusta Vindelicorum", dem heutigen Augsburg, zu ziehen, um sich dort mit den Truppen des Drusus zu vereinen. Zu diesem Zweck ließ Tiberius, der übrigens der zweite Kaiser von Rom werden sollte, eine Flotte von Transportschiffen bauen. In den Quellen wird erwähnt, dass er als Stützpunkt eine Insel im See verwendete. Handelte es sich möglicherweise um die spätere Blumeninsel Mainau?
Wie dem auch sei, der am Bodensee siedelnde keltische Stamm der Vindeliker war wohl nicht bereit, die Invasoren einfach gewähren zu lassen. Nach einem Bericht des römischen Historikers Strabon stellten sie sich den Römern in den Weg und griffen die römischen Schiffe auf dem See an. Man wollte buchstäblich die Invasoren zurück ins (schwäbische) Meer treiben. Es entbrannte eine heftige Schlacht auf dem See. Auch wenn die Römer in aller Regel keine sehr guten Seeleute waren und den Kampf auf dem Land bevorzugten, konnten sie den Angriff der Kelten abwehren und die feindliche Flotte versenken. Nun stand ihnen der Weg nach Norden offen, der einheimische Widerstand war gebrochen. Die Kelten wurden von da an Untertanen Roms.
Mit dieser Besetzung der Bodenseeregion begann eine jahrhundertelange römische Präsenz in Rätien (heutige Nordschweiz und Süddeutschland), die erst um 400 n.Chr. enden sollte, als im Rahmen der Völkerwanderung das einst so mächtige römische Imperium zerbrach und unterging. Doch davon wollen wir ein andermal berichten.
Es bleibt noch festzustellen, dass die Schlacht auf dem Bodensee vor über 2000 Jahren stark legendenhafte Züge trägt. Es ist nicht eindeutig überliefert, ob sie wirklich stattfand. Der bereits erwähnte Historiker Strabon berichtete von ihr. Sein Kollege Cassius Dio beschreibt die Alpenzüge der Römer ebenfalls, ohne die Schlacht auch nur mit einem Wort zu erwähnen. Allerdings lebte Strabon zur Zeit des Augustus, während

Cassius Dio erst 200 Jahre später das Licht der Welt erblickte. Wusste er nichts von der Schlacht oder hat Strabon ein bisschen dazugedichtet, um für seine Leser einen Spannungsbogen aufzubauen?
Wir werden es wohl nie erfahren, auch wenn einiges für die legendäre Schlacht auf dem Bodensee spricht, die man sich in Bezug auf die Größe der Flotten auch nicht wie eine klassische antike Seeschlacht – wie die gigantische Schlacht von Salamis zwischen Griechen und Persern 480 v.Chr. – vorstellen darf. Es war wohl eher ein kleineres Scharmützel zwischen den Soldaten der römischen Weltmacht und aufgebrachten Einheimischen.
Doch zurück in die Gegenwart. Wenn Sie das nächste Mal friedlich am Bodenseeufer entlangspazieren oder im Sommer in einem Freibad auf den See blicken und sich in das Wasser stürzen, stellen Sie sich doch einfach mal kurz vor, wie es wohl war, als sich die keltische und die römische Flotte vor über 2000 Jahren waffenstarrend gegenüberstanden und um die Vorherrschaft in der Region kämpften. Eine geradezu bizarre Vorstellung an unserem lieblichen und friedlichen Bodensee. Hoffen wir, dass es so bleibt!

Wir verlassen nun die Antike und kehren in unsere Zeit zurück, um Bambi am Bodensee zu treffen ...

BAMBI AM BODENSEE

Stars und Sternchen beleben die Region

Karl Fritz kam 1948 auf die Idee, in Deutschland einen Medienpreis zu etablieren. Als Herausgeber der „Film Revue“ und „Neuen Filmwoche“ hatte er einen guten Riecher, ein wenig Glanz und Glamour der Oscarverleihungen in Hollywood auch in das biedere Nachkriegsdeutschland zu übertragen. Nachdem 15 Jahre später der Burda-Verlag das Unternehmen übernahm, führte dieser die beliebte Preisverleihung fort.

Der Legende nach soll die Trophäe, ein weißes Keramik-Rehkitz, anfangs namenlos gewesen sein. Marika Rökk war damals eine der ersten Preisträgerinnen. Ihr wurde der Preis persönlich zu Hause überreicht, wie dies bis 1952 noch üblich war. Ihre vierjährige Tochter Gabriele soll dann die Ähnlichkeit mit der Märchenfigur erkannt haben, sodass die Trophäe im Jahr darauf den Namen „Bambi“ erhielt. Erst seit 1958 wird das Rehkitz aus vergoldeter Bronze gefertigt.

Viele namhafte Filmkünstler sind seither damit geehrt worden, wie etwa Heinz Rühmann, Peter Alexander, Johannes Heesters, O.W. Fischer, Sophia Loren oder Maria Schell. So ist es kein Wunder, dass dieser Preis „für die Besten aus Film, Fernsehen, Sport und Gesellschaft“, wie das Motto bis heute lautet, viel bedeutet.

Seit 1955 werden die Verleihungen bei öffentlichen Galaveranstaltungen mit viel Presse und Prominenz an unterschiedlichen Orten durchgeführt. Doch einer der spektakulärsten Orte wurde für das Jahr 1973 ausgewählt – Man traf sich am Bodensee. Eigens von der Bahn wurde ein Sonderzug eingerichtet, der sogenannte „Bambi-Express“, der die Stars von München nach Lindau beförderte. Dort stieg man auf ein Schiff um. Nach einem Zwischenstopp in Meersburg ging es weiter nach Konstanz. Es war das Schloss auf der Insel Mainau, das die Ehre hatte, all die Stars zur Verleihung aufzunehmen, die nicht ohne den beliebten Filmpreis wieder abreisen wollten.

Unter den Glücklichen waren die Moderatoren Hans Rosenthal und Michael Schanze, der Journalist Heinz Werner Hübner, der Tierfachmann Bernhard Grzimek, die Redaktion des ARD-Ratgebers und Gert Kaspar Müntefering, dem wir viele Kindersendungen wie etwa „Die Sendung mit der Maus“ oder „Pan Tau“ zu verdanken haben.

Die Schauspielerin Inge Meisel durfte als „Mutter der Nation“ bereits ihren fünften Fernsehpreis entgegennehmen. Der Schlossherr Graf Lennart Bernadotte ließ es sich nicht nehmen, sie in einen Schubkarren zu setzen und als Gartenzwerg verkleidet herumzuschieben.

Bambi 1973 – Uschi Glas und Max Graf Lamberg

Für internationalen Glanz sorgten die Schauspieler Toni Curtis und Roger Moore, der polnische Filmregisseur Andrzej Wajda und nicht zuletzt die französische Sängerin Mireille Mathieu.
In der Beliebtheitsskala der Preisjury sind jedoch die unterhaltenden Künstler ganz oben. Peter Alexander erhielt damals seinen vierten Bambi, insgesamt sollte er in seinem Leben zehn davon bekommen. Auf so viele kommt sonst nur noch O.W. Fischer. Heinz Rühmann nahm bereits seinen zehnten Bambi entgegen; in Summe durfte er sich über zwölf Bambis freuen und ist somit bis heute Spitzenreiter unter den Preisträgern.
Unter der Gästeliste befanden sich auch Prominente wie Uschi Glas und Heino. Bei so vielen Stars gab es ein wahres Blitzlichtgewitter, weil von den Mainaubesuchern alles fotografiert wurde, was nur halbwegs prominent aussah. Jeder Zettel wurde zu den Stars gestreckt, um möglichst ein Originalautogramm zu erhaschen.
Uns bleibt nur zu hoffen, dass die Veranstalter die Übergabe eines Tages wieder an den Bodensee verlegen, damit auch wir Zeuge eines so spektakulären Star- und Sternchentreffens werden können.

Wie viel ist ein Kanzler wert? Manchmal nur drei Groschen ...

DER DREIGROSCHENKANZLER

Wie viel war Konrad Adenauer wert?

Heute, in unserem schnelllebigen 21. Jahrhundert, sind es viele gewohnt, in ihrem Urlaub um die halbe Welt zu fliegen, um exotische Eindrücke auf Bali, in Argentinien oder irgendwo anders zu erleben. Dagegen spricht auch nichts, denn es ist unglaublich bereichernd und inspirierend, fremde Länder und Kulturen kennenzulernen.
Dieser Fernreiseluxus war noch vor wenigen Jahrzehnten für die Mehrzahl der Menschen in Deutschland unerreichbar. So war es auch in den Fünfzigerjahren, als die Bundesrepublik erst wenige Jahre alt war und die Deutschen sich allmählich von den düsteren Schatten des Zweiten Weltkriegs zu lösen begannen. Im Zeichen des Wirtschaftswunders blickten die meisten Menschen voller Hoffnung und Zuversicht in die Zukunft, die viel heller und freudestrahlender erschien als die Vergangenheit. Auf die Fresswelle zu Beginn des Jahrzehnts – endlich konnte man sich wieder richtig satt essen, womit man wollte – folgte die Reisewelle. Die Deutschen begannen, ihre Reiselust (neu) zu entdecken. Da ferne Länder noch unerreichbar waren, zog es jedes Jahr immer mehr über die Alpen nach Italien, dem Land, „wo die Zitronen blühn". Speziell diese mediterrane Region voller Kultur, Geschichte und wunderschöner Landschaften ist schon seit gut 200 Jahren der Sehnsuchtsort vieler Deutscher, angefangen mit dem Dichterfürsten Johann Wolfgang von Goethe, der sich übrigens vom Bodensee von Konstanz aus zu seiner legendären Italienreise im Jahr 1786 aufmachte.
Doch auch in den prosperierenden Fünfzigern gab es einige, die sich einen Aufenthalt in südlichen Gefilden nicht leisten konnten oder wollten oder ihnen war die Anreise zu zeitintensiv. Diese Mitbürger suchten im Urlaub nicht selten etwas Entspannung und Erholung in unseren heimatlichen Gefilden.
Sommerferien am „Schwäbischen Meer" waren – und sind – eine wunderschöne Alternative zum fernen Ausland, gemäß Goethes Motto: „Warum in die Ferne schweifen, wenn das Gute liegt so nah?" Dies dachte sich eines Tages wohl auch der erste Kanzler der Bundesrepublik Deutschland, der damals schon hochbetagte Konrad Adenauer. Es zog ihn an den Bodensee, selbstverständlich standesgemäß mit seinem Mercedes 300.
An einem wunderschönen Sommertag besuchte er zuerst Konstanz, um dann mit der Autofähre von Staad auf die andere Seeseite nach Meersburg in diese pittoreske Stadt am nördlichen Bodenseeufer überzusetzen. Wie es bei solch hohem Besuch seit jeher üblich ist, begleitete der Kons-

tanzer Bürgermeister den prominenten Gast. Als nun die Limousine des Bundeskanzlers als drittes Fahrzeug auf die Autofähre fuhr, kam sogleich ein Kassierer herbei, um seine Arbeit zu erledigen. Ob dieser dienstbeflissene Mann an Politik generell desinteressiert war oder einfach nur nicht genau hinsah, ist nicht bekannt.
Entweder erkannte er Adenauer nicht oder war gänzlich unbeeindruckt. Auf jeden Fall bat er den Regierungschef ganz selbstverständlich wie jeden anderen Fahrgast um die Erstattung des Fahrpreises. Dieser soll gefragt haben: „Ja, was koste ich denn?" Der Fährangestellte antwortete kurz und bündig: „30 Pfennige", ohne auch nur im Geringsten seine Miene zu verziehen. Der berühmte Fahrgast nahm die Situation mit Humor und erwiderte spontan: „Was, mehr bin ich nicht wert?" Als die drei Groschen ihren Besitzer schon gewechselt hatten, kam der Bürgermeister von Konstanz mit hochrotem Kopf wenig würdevoll angehastet, bezeichnete mit den Armen eine abwehrende Geste und rief sichtlich gereizt: „Nicht kassieren, nicht kassieren, nicht kassieren!" An seinem Tonfall konnte man deutlich heraushören, dass er wegen dieses Vorfalls peinlich berührt war. Zusätzlich deutete er etwas unbeholfen in Richtung Adenauer eine Verbeugung an. Dieser saß merklich amüsiert im Auto und betrachtete mit heruntergekurbelten Fensterscheiben die Szenerie.
Stoische Ruhe verbreitend konterte der gänzlich unbeeindruckte Kassierer die dreifach vorgebrachte hektische Aufforderung des Bürgermeisters mit den Worten: „Schon passiert, schon passiert, schon passiert!"
Ob der Kanzler sein Geld zurückerhielt, ist nicht bekannt. Gleichfalls wissen wir auch nicht, wie der Fährenmitarbeiter reagierte – wenn er überhaupt reagierte –, als er erfuhr, wen er gerade abkassiert hatte. Denn womöglich blieb er genauso ruhig und unbeeindruckt wie schon zuvor. Manche Menschen lassen sich eben von Rang und Berühmtheit ihres Gegenübers nicht im Geringsten beeindrucken – eine wahrhaft bewundernswerte Eigenschaft. Und so manch bedeutende Persönlichkeit sucht gerade die Nähe solcher Zeitgenossen, da sie ihnen ein Gefühl von Normalität vermitteln, das sie sonst unter Umständen schmerzlich vermissen. Denn Normalität ist für die Mächtigen und Berühmten dieser Welt ein unnormales Gefühl mit Seltenheitswert.
Über solch besondere Begegnungen zwischen allseits bekannten und gänzlich unbekannten Menschen berichten zahllose Sagen und Legenden aus den verschiedensten Zeitaltern und Ländern unserer Welt. Meist sind sie unserer Geschichte vom preiswerten Kanzler recht ähnlich. Denn manche Weisheiten sind unsterblich und manche Dinge werden sich wohl nie ändern.

Wenn wir schon einmal auf dieser Seeseite sind, machen wir doch einen kleinen Abstecher nach Salem ...

Illuminierte Handschrift mit Zisterzienserabt Johannes Stangenat von Salem, Mönchen und Musikern auf dem Bodensee, 1494

DIE REICHSABTEI SALEM

Das himmlische Jerusalem am Bodensee

In dem kleinen Ort Salmannsweiler im Linzgau wurde um 1138 ein Zisterzienserkloster gegründet. Es erhielt den Namen Salem nach dem biblischen „Ort des Friedens", dem himmlischen Jerusalem. Erst seit dem frühen 19. Jahrhundert ist nur noch Salem als verkürzter Ortsname gebräuchlich. Durch zahlreiche Schenkungen entwickelte sich das Kloster zu einem der bedeutendsten im süddeutschen Raum. Als Reichskloster diente es den reisenden Kaisern als Herberge. Nach einer Brandkatastrophe 1697 wurde das Kloster innerhalb eines Jahrzehnts gänzlich neu errichtet. Aus diesem Grund erstrahlt die Anlage heute im schönsten Hochbarock. Von diesem Reichtum berichtet so manche Überlieferung.

Die Schätze des Klosters

Als noch die Zisterzienserabtei Salem bestand, schnitt einmal ein Klosterknecht sogenanntes Brietz, eine Mischung aus Heu und Stroh, für das Vieh. Er brauchte zu seiner Arbeit drei volle Wochen. „Seht diesen gewaltigen Haufen an!", sagte er zum Klostervogt. „Gewiss ein riesiger Haufen", meinte der Vogt, „aber doch lang nicht so groß wie der Geldhaufen, den das Kloster besitzt!" Der Knecht wollte das nicht glauben. Darauf verband ihm der Vogt die Augen, führte ihn durch lange Gänge und löste ihm dann endlich die Binde. Vogt und Knecht standen in einem weiten Gemach, da lag tatsächlich ein schier unübersehbarer Berg von Geld, weit größer als der Haufen von Brietz, den der Knecht geschnitten hatte. Wieder wurden ihm die Augen verbunden, und die beiden gingen auf demselben Weg zurück, den sie gekommen waren.

Der ermordete Poltergeist

Zu den ehemaligen Wohltätern des Klosters Salem gehörten auch die Grafen von Montfort. An eine ihrer Schenkungen hatten sie die Bedingung geknüpft, dass jeder reisende Ritter oder Edelmann, wenn es sein Wunsch war, unentgeltlich in der Abtei beherbergt werden musste. Um sich solche Reisende möglichst vom Leib zu halten, verfiel man in Salem auf eine List. Ein als Teufel vermummter Mönch beunruhigte die Übernachtenden. Als einer der Grafen von Montfort auf einer Reise im Kloster eingekehrt war, vernahm er nachts ein ungewöhnliches Poltern über sich. Der Graf ließ sich nicht aus der Fassung bringen, schlug vielmehr tapfer mit seinem Schwert oben an die Zimmerdecke und sogar durch sie hindurch, gerade an der Stelle, an der er den Poltergeist vermutete.

Und tatsächlich stach er den hier liegenden Mönch zu Tode. Der Ruf der Unsicherheit des Klosters war somit aus der Welt geschafft.

Das große Fass im Klosterkeller

Man sagt, um die Fronfasten oder in der Adventszeit sei es nicht geheuer im Salemer Klosterkeller. Da schleicht ein leibhaftiges Gespenst auf leisen Sohlen in den Winkeln umher und kratzt an den Reifen des großen Fasses. Mit dem Gespenst soll es folgende Bewandtnis haben: Zu den Zeiten, da der Abt von Salmannsweiler noch nicht mit „gnädiger Herr", sondern mit „ehrwürdiger Vater" angeredet wurde, da war der Pater Großkellner eine fast ebenso angesehene Person wie der Prälat selbst, denn einen guten Wein nach dem Stundengebet trank jeder Mönch gerne. Nun ließ einmal ein Pater Großkellner ein Fass bauen, das so groß war, dass man den Keller erweitern musste, um es unterzubringen. Man füllte es mit dem Zinswein des besten Jahrgangs seit langen Zeiten. Nur an den Festtagen füllte der Pater Großkellner daraus die steinernen Krüge der Mönche. Die Schlüssel zum Keller trug er stets sorgfältig bei sich. Da traf es sich einmal, als er fest schlief, dass ein trinklustiger Mönch ihm den Schlüssel vom Gürtel löste. Kirchenwachs hatte er auch entwendet und machte sich einen Abdruck vom Schlüssel. Jetzt schlich er nach dem Spätgottesdienst oft in den großen Keller und tat sich am Wein gütlich, derweil seine Mitbrüder auf ihrem harten Lager schliefen.
Vielleicht hatte der Großkellner Argwohn geschöpft. Eines Tages fand der Mönch den Fasshahn durch einen Zapfen ersetzt, den er nicht aufdrehen konnte. Er nahm eine Leiter, stieg zu dem Fass hinauf und sah, dass an dem ungeheuren Spundloch die Tür nur angelehnt war. Mit einem Heber sog er so viel von dem köstlichen Saft in sich hinein, dass es ihm schwindlig wurde. Er stürzte ins Fass hinunter und ertrank regelrecht im Wein. Der Pater Großkellner entdeckte nach einigen Tagen, dass das Spundloch offen war, dachte aber nicht an den Mönch. Im ganzen Konvent hielt man ihn nach seinem Verschwinden für entflohen. Doch als der Pater eines Tages mit seiner Stange feststellen wollte, wieviel Wein noch im Fass war, stieß er auf den weichen Körper des Mönchs. Da raunte ihm der Geizteufel ins Ohr, doch ja den köstlichen Wein nicht auszuschütten, auch wenn er verunreinigt war. So zog er denn den ersoffenen Trunkenbold heraus und begrub ihn heimlich. Erst auf dem Sterbebett bekannte der Pater Großkellner seine Schuld. Bevor er aber die Stelle angeben konnte, wo er ihn begraben hatte, lähmte der Tod seine Zunge. Ruhelos wandert er seitdem im Keller umher.
Im Zuge der Säkularisation wurde das Kloster 1804 aufgelöst, kam in den Besitz des Hauses Baden und diente gelegentlich als Sommersitz der großherzoglichen Familie. 2009 hat das Land Baden-Württemberg das Schloss und die dazugehörige Kunstsammlung erworben. Seit den

1920er-Jahren befindet sich in der ehemaligen Klosteranlage ein Internat, das hohes Ansehen genießt.
Besuchen Sie von April bis Oktober die Klosterführung oder besichtigen Sie die sehenswerte Klosteranlage von außen. Das malerische Ensemble aus majestätischen Klosterbauten zwischen sehenswerten Gärten strahlt mit barocker Pracht. Achten Sie jedoch darauf, dass Sie nicht versehentlich einen Poltergeist erstechen!

Für alle, die Lyrik mögen, ein Gedicht von Rainer-Maria Rilke ...

Rainer Maria Rilke in Nyon (Genfer See), Fotografie von 1919

RAINER MARIA RILKE

Ein großer Dichter, Konstanz und ein „Ketzer"

Gedichte sind eine ganz eigene Form des künstlerisch genutzten Wortes. Sie besitzen einen besonderen Zauber, der sich nicht immer allen Menschen erschließt, für andere aber die höchste Schriftkunst schlechthin darstellt. Das folgende Gedicht des großen österreichischen Lyrikers Rainer Maria Rilke entstand, als er 1897 Konstanz am Bodensee besuchte und das wahrhaft ehrfurchtgebietende Münster der Stadt genauer betrachtete. Die Gedanken, die ihm kamen, waren – und sind – provokant und inspirierend. Lassen Sie sich verzaubern:

Ich will wissen, was Konstanz für Träume hat

Ich geh durch die greise, nächtige Stadt,
will wissen, was Konstanz für Träume hat.

Ob sich der alte Zauber schon brach?
Lichter erstehen und sterben im Hafen,
Giebelhäuser sinnen verschlafen
wilden, weiten Zeiten nach.
Etwas weht in dem Dämmer des Orts,
etwas wohnt in den dumpfen Gassen
noch von dem alten Pfaffenhassen
eines erlösenden Flammenworts.
Dunkel stiert ein gieriger Sinn
aus der ewigen Kälte der Säle,
und wie Gewänder der Kardinäle
schleppt der Wind an den Häusern hin.
Heimlich wie leise Knappen der Herrn
schwinden Schatten im Dämmerflocken ...
Und dann kommt es wie Osterglocken
über den Hafen von fern, von fern.

Und ich schaue zurück nach der Stadt,
will wissen, was Konstanz für Träume hat.

Und über dem schwarzen Zinnentor
wächst es reckenriesig empor,
wächst in das nächtige Glockengebraus,
wächst in die dröhnende Nacht hinaus.
Seltsam – Ist das der Münsterturm?

Schultern sind das, erstarkt im Sturm,
ehern, darauf geschraubt,
ruht,
sternumlaubt,
herrlich ein Heldenhaupt
mit dem Ketzerhut. –
Huß. Wie in der Worteschlacht,
hoch, wie einst beim Konzil.
Da weint die Nacht.
Und er nickt nur sacht
Und lacht
über Kaiser- und Pfaffenspiel. –

So sah ich den Helden in nächtiger Stadt:
Er will wissen, was Konstanz für Träume
hat. –

(Konstanz, in der Osternacht 1897)

Es ist wohl eines der ungewöhnlichsten Gedichte, die je für und am Bodensee geschrieben wurden. Sehen Sie auch im Münsterturm den „Ketzerhut" des böhmischen Reformators Jan Hus, der 1415 in Konstanz verurteilt und verbrannt wurde? Oder vielleicht etwas ganz anderes? War er ein Held oder ein Fanatiker? Dies können und wollen wir an dieser Stelle nicht klären. Besuchen Sie Konstanz mit seiner alten Bischofskirche und bilden Sie sich Ihr eigenes Urteil. Rilke benutzte seine künstlerische Freiheit, um uns zum Nachdenken anzuregen – gönnen wir ihm doch diese Freude.
Und wenn Sie das nächste Mal in Konstanz oder anderswo am See sind, vergessen Sie nicht zu träumen, denn Träume sind Nahrung für die Seele.

Nach diesem Ausflug in die wunderbare Welt der Poesie nun zur Prinzessin am Bodensee ...

DIE PRINZESSIN VOM BODENSEE

Eine wählerische Braut

Auf dem Bodensee wohnte vor vielen Jahren ein Fürstenkind von wunderbarer Schönheit. Ein schaumweißer Gürtel hielt ihr wallendes Kleid zusammen, das ringsum mit Perlen und Diamanten besetzt war. Über ihrer Stirne thronte ein smaragdener Stein, dessen Glanz gleich einem strahlenden Auge leuchtete. Viele reiche Gaben und Kostbarkeiten aber lagen roh und unverarbeitet in den mächtigen Schatzkammern ihres Schlosses. Längst hätte die herrliche Maid den Freier gefunden, doch das dicht verschwiegene Gehölz ringsum und die neidischen Wasser hielten sie streng verborgen.

Da kam aus dem fernen Süden über der Alpen himmelragende Höhen ein Jüngling nach dem See, rodete dort mit seinen Leuten ein Stück Wald und baute sich ein herrliches Schloss. Bald hatte sein Auge die Jungfrau erschaut, und als der Bau vollendet war, warb er um sie. Zwischen den Zähnen brachte sein Hund das Täfelchen hinüber zur Inselburg der Fürstin mit dem Antrage. Gerne wolle er seine Barke rüsten, sie zu holen, falls sie wahr und tief zu lieben vermöge. „Dein Leib sei deiner Hoffnung Kahn, dein Segel sei die Lieb‘ alleine, dann will ich folgen als die Deine.“ Das war die Antwort der Schönen, die dem Werber gar nicht recht passen wollte. „Nimm deinen Fisch zum Bräutigam“, rief er spottend hinüber und verschwand bald aus der Gegend.

Auf der grünen Alm oben hatte den freien Alpensohn längst ein stilles Sehnen nach der holden Jungfrau erfasst. Oft schon hatte er von seinen Bergen aus die Reize der Prinzessin bewundert; warum sollte er nicht den Versuch machen, seinen Herzenswunsch zu erreichen? Die flinke Taube brachte der Fürstin einen Ehrengürtel als Zeichen treuer Huldigung. Doch ungnädig ward sie aufgenommen: „Was sucht der Hirt den Fürstenlohn? In meinem grünen Wellengrund magst du die Bundeshütte finden!“ Voll Verzweiflung über diese Botschaft und voll Weh im Herzen stürzte sich der Jüngling in den See.

Lange wagte da kein Freier mehr sich zu melden. Plötzlich erscholl Kriegslärm in der Gegend, und als sich dieser gelegt hatte, begann ein emsig Leben um den See. Bäume wurden gefällt, der sumpfige Boden urbar gemacht und zahlreiche Hütten gebaut. Der Fürst des fleißigen Volkes aber sprach zu sich: „Mein ist das Land rings umher, mein soll auch der See werden und sein köstlichstes Kleinod.“ In ritterlicher Weise sandte er seinen Edelfalken mit einem kostbaren Ring nach der Insel, dem Lieblingssitze der Jungfrau. Erstaunt sah diese den Vogel auf

sich zufliegen und war ganz überrascht und verwirrt, als der Falke den Brautring zu ihren Füßen niederfallen ließ. Zögernd hob sie ihn auf und steckte ihn an die Hand, während sie errötend nach dem Lande schaute. Dann sprang sie auf und eilte zum heimischen Palaste, um alles zu bereiten, ihren Bräutigam würdig zu empfangen.
Dieser aber vertraute sich den Wassern an, die ihn sicher zur Insel geleiteten. Dort erhob sich großer Jubel und ein prunkvolles Hochzeitsfest ward auf der Insel gefeiert. Das Fürstenpaar tat viel für sein Land und Volk. Die Schatzkammern wurden geöffnet, und was ehedem wertlos und nutzlos dalag, wurde verarbeitet, und bald war ein Segen und Wohlstand im Land, wie nirgends weit und breit.

Vom sagenhaften Hochadel am See wollen wir zu den kriegerischen Schweden ...

DAS SCHWEDENKREUZ AUF DER MAINAU

Zeichen der Hoffnung aus einer finsteren Zeit

Die Insel Mainau ist die drittgrößte Insel im Bodensee und einer der meistbesuchten Orte der Region. Für den Tourismus öffnete der Besitzer Graf Lennart Bernadotte, ein Sprössling des schwedischen Königshauses, seine Mainau in den 1930ern. Er sorgte dafür, dass das Eiland weit über die Grenzen Deutschlands hinaus zur bekannten Blumeninsel wurde. Vor allem im Sommer bei gutem Wetter lohnt sich ein Ausflug in dieses Meer von Blumen, dessen Schönheit schon manch weitgereisten Zeitgenossen spontan in seinen Bann geschlagen hat.

Doch diese Insel birgt auch das eine oder andere Geheimnis jenseits der Welt aus Blumen und Floristik. Auf ein solches stößt man gleich am Eingang zur Mainau. Dort steht das sogenannte Schwedenkreuz, eine 1577 geschaffene Kreuzigungsgruppe aus Bronzeguss. In der Mitte ist Jesus zu sehen, links und rechts von ihm die beiden mit ihm gekreuzigten Verbrecher. Wer der Künstler war, ist unbekannt, doch sein beeindruckendes Werk der Spätrenaissance hat die Jahrhunderte bis heute überdauert. Wenn man sich die Figurengruppe etwas genauer anschaut, fallen einem sofort zwei Dinge auf. Die Jesusfigur ist deutlich größer als die anderen beiden, die Bedeutung des Gottessohnes wird damit eindrücklich hervorgehoben. Doch auch die beiden Mitgekreuzigten sind unterschiedlich in ihrer Höhe. Der Größere von beiden, dessen Gesicht auch Richtung Sonne – Richtung Himmel und Gott – gewandt ist, stellt mit Sicherheit denjenigen der beiden Verurteilten dar, der sich in der Stunde seines Todes Gott zuwendete und damit ewige Gnade erfuhr. Der Kleinere, dessen Gesicht vom Himmel abgewandt im Schatten liegt, bleibt bis zum Schluss ein Zweifler und Ungläubiger, auf den die ewige Verdammnis, sprich Gottesferne wartet.

Einst stand die Kreuzigungsgruppe wohl bei der Schlosskirche. Doch es sollten stürmische Zeiten kommen, die die Mainau – und mit ihr das Kreuz – arg in Mitleidenschaft ziehen würden. Denn eines sei gleich vorweg gesagt: Die Schweden haben die Skulptur weder aufgestellt noch finanziert. Aber unsere skandinavischen Nachbarn sollten die Insel im Rahmen eines Krieges „besuchen".

Als im Jahr 1618 drei kaiserliche Gesandte aus einem Fenster der Prager Burg, dem sogenannten „Prager Fenstersturz", geworfen wurden, ahnte wohl niemand, dass dies der Auslöser für einen der blutigsten Kriege werden sollte, den Europa in den letzten 1000 Jahren gesehen hat – den Dreißigjährigen Krieg. Diesem europäischen Ringen standen sich auf

Das Schwedenkreuz am Ufer der Insel Mainau, um 1955

der einen Seite der Kaiser mit den katholischen Ständen des Reiches und auf der anderen Seite die evangelischen Stände, Schweden sowie später Frankreich gegenüber. Es war ein Konflikt um die Vorherrschaft in Mitteleuropa und um die religiöse Frage: Stehen nun die Katholiken oder Protestanten auf der Seite Gottes? Darum wurde 30 Jahre gekämpft, gemordet und gelitten. Als 1648 endlich der ersehnte Frieden verkündet wurde, war mindestens ein Drittel der deutschen Bevölkerung an den Folgen des Krieges gestorben: erschlagen, verhungert und durch Krankheiten, allen voran die Pest, dahingerafft.

Die Menschen am westlichen Bodensee – insbesondere Konstanz mit der Mainau – hatten lange Zeit Glück gehabt. Bis 1632 fand der Krieg für sie weit weg an anderen Schauplätzen statt. Aber nun sollte auch dieser Winkel im Herzen Europas den Wahnsinn des Krieges erleben. 1633 wurde Konstanz mehrere Wochen von einer schwedischen Armee belagert. Die alte Bischofsstadt hielt stand und die Belagerer zogen ab. Die Menschen hofften, dass der Krieg sie fortan in Ruhe lassen würde. Doch diese Hoffnung trog. Noch einmal sollten die Schweden zurückkehren, kurz vor Kriegsende, im Jahre 1647. Erneut wurde Konstanz belagert, und diesmal besetzten die Angreifer die Mainau, um sie als Stützpunkt zu nutzen. Zu diesem Zeitpunkt war die Insel im Besitz des Deutschritterordens, der allerdings kaum Widerstand leistete. Der damalige Komtur, der Verwalter der Ordensniederlassung mit dem illustren Namen Werner Hundbiß von Waldrambs, sah keine Alternative, als sich mit seinen wenigen Rittern zu ergeben.

Hier setzt die Legende ein, die davon berichtet, dass die schwedischen Landsknechte das Bronzekruzifix, das sie vor der Schlosskirche gefunden hatten, auf einen Wagen luden, um es als Kriegsbeute mitzunehmen. Als der von zwölf Pferden gezogene Karren Richtung Litzelstetten fuhr, blieb er plötzlich stehen und war nicht mehr zu bewegen. Das Kruzifix war plötzlich so schwer geworden, dass die Schweden es unmöglich von der Insel schaffen konnten. In ihrem maßlosen Zorn warfen sie das Kunstwerk einfach in den See und zogen weiter. Wenig später kamen die Bauern von Litzelstetten, zogen das Kreuz aus dem Wasser und konnten es ohne große Mühe mit lediglich zwei Pferden an ihren alten Platz bringen – es hatte auf einmal wieder Normalgewicht. Die Menschen in den umliegenden Dörfern und Städten sahen darin ein Eingreifen himmlischer Mächte. Gott hatte seinen Willen bekundet und durchgesetzt: Das Kreuz sollte die Insel nicht verlassen. Und verlassen hat es die Mainau bis heute nicht.

Als Erinnerung an diese schreckliche Zeit nennen die Menschen das Kruzifix mittlerweile schlicht „Schwedenkreuz“, verbunden mit der Hoffnung, dass die Mainau und der gesamte Bodensee nie wieder Kriegsschauplätze werden. Inzwischen ist es ein bisschen „gewandert“

Grußkarte von der Insel Mainau, Ansicht um 1900

und steht nicht mehr an seinem ursprünglichen Platz, sondern am Eingang zur Blumeninsel. Vergessen Sie also nicht, wenn Sie mal (wieder) die Mainau besuchen, dem Schwedenkreuz und seiner Geschichte einen Augenblick Ihrer Aufmerksamkeit zu widmen – Es lohnt sich!

Wir verlassen dieses blutige Kapitel unserer Geschichte und wenden uns einem Ochsen zu …

DER OCHS AM BODENSEE

Wie ein durstiges Tier den See leer getrunken hat

In Oberschwaben fütterten die Bauern ehedem ihre Ochsen dergestalt, dass sie eine ungeheure Größe erreichten. Da behagte es einmal einem solchen Ochsen nicht mehr in seinem Stalle. Er brach aus und lief fort, bis er an den Bodensee kam. Da stutzte er zwar eine Weile, besann sich aber nicht lange, sondern spazierte in das Wasser hinein und nahm bei jedem Schritt einen Schluck zu sich, und das ging so fort, bis er durch den ganzen See hindurchgegangen war, und er auf der andern Seite am Schweizer Ufer wieder herauskam. Da hatte er so nebenbei im Gehen den ganzen See ausgetrunken. Nun dachte der Ochs, er wolle sich doch auch die Schweiz ein wenig ansehen und ging hinein. Wie er nun einmal stille stand und sich die fernen Berge ansah, kam ein mächtiger Vogel und setzte sich auf das eine Horn des Ochsen. Nach einer Weile schüttelte der Ochs ganz ruhig nur ein wenig den Kopf, worauf der Adler fortflog und sich auf das andere Horn setzen wollte. Bis er dies aber erreichte, brauchte er nicht weniger als zwei volle Stunden. Da kann man sich wohl denken, was das für ein Ochs gewesen sein muss.

Nun zu einem Typ von Geschichten, die wir alle von Abenden am Lagerfeuer kennen ...

DER IRRE AUF DEM AUTODACH

Wie eine Gruselgeschichte um die Welt geht

Jeder von uns hat schon einmal eine moderne Legende aus seiner Heimatstadt oder -region gehört, sie vielleicht sogar selbst erzählt, um später zu erfahren, dass dieselbe oder eine ganz ähnliche Geschichte sich an einem ganz anderen Ort ebenfalls zugetragen haben soll. Wenn man dann etwas genauer recherchiert, stößt man auf viele Fragen, aber wenige Antworten. Scheinbar hat sich die Geschichte überall und – wegen mangelnder verlässlicher Quellen – nirgends zugetragen. Dieses höchst interessante Phänomen nennt man auch „urbane Legenden", „moderne Legenden" oder „Großstadtmythen". In der Tat ist dies eine weltweite Besonderheit unserer modernen Überlieferungskultur. Dabei schaffen es manche Geschichten, einmal um den Globus zu wandern und in relativ kurzer Zeit auf allen fünf Erdteilen aufzutauchen. Bis heute ist nicht eindeutig geklärt, wie diese Mythen entstehen und auf welchen Kanälen sie sich so schnell verbreiten, denn eines steht fest: Die urbanen Legenden gab es schon in der Zeit vor dem Internet, sodass dieses Medium die Verbreitung und Erforschung zwar begünstigt, aber keineswegs verursacht, zumindest nicht ursprünglich.

Diese modernen Legenden sind verwandt mit Ammen- und Schauermärchen, denn für gewöhnlich werden skurrile, unwahrscheinliche und manchmal gruselige Anekdoten erzählt, deren Wahrheitsgehalt sehr zweifelhaft ist, aber aufgrund ihrer Pointen den Zuhörer und Leser auf eine seltsame Art und Weise faszinieren. Die Quellen lassen sich selten zurückverfolgen. Meist beginnt der Bericht mit dem Hinweis, dass das Erzählte dem Freund oder Nachbarn eines glaubwürdigen Bekannten passiert sei oder so ähnlich, die Geschichte also über mindestens „drei Ecken" weitergegeben wurde. In den seltensten Fällen behauptet jemand, dass es ihm persönlich geschehen ist, da man dies relativ leicht überprüfen könnte.

Die vielleicht bekannteste moderne Legende ist die Geschichte von der „Spinne in der Yuccapalme". Eines Tages habe eine ältere Frau eine Yuccapalme gekauft und beim regelmäßigen Gießen jedes Mal eine Art „Fiepen" gehört. Sie rief schließlich beim Gartenamt (gibt es so etwas überhaupt?) an, woraufhin ihr geraten wurde, nicht mehr zu gießen, ein Mitarbeiter käme sofort vorbei. Als dieser bei der Frau ankam, stellte er fest, dass an der Wurzel der Zwergpalme eine Spinne saß, die beim Gießen aus Angst immer „quietschte". So oder ähnlich wird seit Jahrzehnten diese Legende landauf, landab erzählt. Ihr Wahrheitsgehalt ist dabei

höchst zweifelhaft. Sie hat wohl nie stattgefunden und wenn doch, dann mit wahrscheinlich arg abgewandeltem Inhalt. Konkret haben wir diese Legende schon in Romanshorn, Arbon und Rorschach gehört.
Auch hier am Bodensee werden zahlreiche dieser modernen Mythen üblicherweise in gesellig-gruseliger Atmosphäre verbreitet. Als wir Teenager waren, hörten wir eine dieser fantastischen Legenden beim gemeinsamen Zelten mit Freunden in Lindau. Sofort waren wir gleichzeitig schaurig unterhalten und auch ein bisschen schockiert. Ein Bekannter gab sie zum Besten, als wir an einem lauen Sommerabend zusammen bei einem Lagerfeuer am See saßen. Diese urbane Legende wird folgendermaßen erzählt:
Vor wenigen Jahren trug sich in den nahen Wäldern bei Lindau eine wahrhaft schaurige Geschichte zu. Ein junges Pärchen, das dem Freund der Schwester des Erzählers bekannt war, fuhr mit dem Auto zu einem befreundeten Pärchen, um den Abend gemeinsam mit Chips, Gesellschaftsspielen und guten Gesprächen zu verbringen. Als die beiden schon unterwegs waren, fiel ihnen auf, dass sich keiner darum gekümmert hatte, rechtzeitig den Wagen zu betanken. So geschah das Unvermeidliche – die Benzinkutsche blieb stehen. Und das natürlich nicht in einer belebten Straße in der Stadt, sondern mitten auf einem Waldweg, den man als Abkürzung gewählt hatte. Handys gab es noch keine und so musste man zu Fuß los, um mit einem vollen Benzinkanister zurückzukehren. Da die Frau hochhackige Schuhe anhatte, verständigte man sich darauf, dass der Freund sich zur nächsten Tankstelle aufmachte, während sie alleine im Auto auf seine Rückkehr wartete. Um sich die Zeit zu vertreiben – die Stelle im Wald war doch ein guter Fußmarsch von der „Zivilisation“ entfernt – hörte sie im Radio Musik. Nach einiger Zeit muss sie wohl eingeschlafen sein, jedenfalls wurde sie unsanft durch ein rhythmisches Geräusch geweckt. Es klang so, als wenn etwas von oben auf das Autodach klopfte: „TOK, TOK, TOK ...“
Sie bekam es mit der Angst zu tun, vergewisserte sich, dass alle Türen geschlossen waren, und schaltete das Radio aus. Keinesfalls wollte sie hinausgehen und dem Geräusch nachspüren. Doch was sollte sie tun? Sie begann zu zittern und lauschte furchtsam in die finstere Nacht hinein. Wiederholte sich das Geräusch? Wo kam es her? War es irgendein wildes Tier oder hatte sie sich das Ganze nur während dieser sensiblen Phase zwischen Schlafen und Aufwachen eingebildet? Ihr Herz schlug wie wild und sie traute sich kaum zu atmen. Peinlich genau darauf bedacht, keinen Mucks von sich zu geben, hoffte sie auf baldige Rückkehr ihres Freundes. „Warum dauert das bloß so lange?“, dachte sie. „Sollte er nicht längst zurück sein?“ Ein Blick auf die Uhr verriet ihr, dass er schon über eineinhalb Stunden weg war. Was sollte sie nur tun? Ihr blieb nichts anderes übrig, als abzuwarten.

Plötzlich hörte sie wieder dieses Geräusch: „TOK, TOK, TOK …“ Es fuhr ihr durch den ganzen Körper. Sie dachte, ihr Herz würde vor Aufregung gleich zerspringen. Wo blieb ihr Freund nur? Was hielt ihn auf? Wann kam endlich Hilfe?
Nach einer gefühlten Ewigkeit tauchte dann endlich aus der Dunkelheit von hinten ein anderes Auto auf. Es war ein Polizeiwagen mit Blaulicht. Die Frau hupte wie wild und in der Tat blieb das Polizeiauto direkt neben ihr stehen. Ein Polizist stieg aus, zog seine Dienstpistole und zielte … auf das Dach ihres Autos. Ohne sie anzublicken, sagte er laut mit deutlicher Stimme: „Steigen Sie aus Ihrem Wagen aus und kommen Sie schnell zu uns rüber! Steigen Sie in unseren Wagen ein und drehen Sie sich UNTER KEINEN UMSTÄNDEN UM!“ Während der Uniformierte dies sagte, wurde das Geräusch nun lauter: „TOK, TOK, TOK …“
Die Frau riss ihre Tür auf und rannte, so schnell sie konnte, zum Polizeiauto hinüber. Beinahe wäre sie vor lauter Hast gestürzt, doch sie konnte sich gerade noch rechtzeitig selbst auffangen. Als sie in den Wagen stieg, übermannte sie dann doch die Neugier und sie blickte hastig zurück zu ihrem Auto. Was sie sah, ließ schier das Blut in ihren Adern gefrieren. Der andere Polizeibeamte zog sie in das Fahrzeug, kurz bevor sie das Bewusstsein verlor.
Was hatte sie gesehen? Ein Mann mit irrem Blick und verzerrtem Mund kniete oben auf ihrem Auto und hämmerte mit dem, was er in der Hand hielt, auf das Dach – mit dem Kopf ihres Freundes. Hier endet die Erzählung.
Eine wirklich schaurig-blutige Geschichte, die ihre gruselige Wirkung an dem Abend, als sie erzählt wurde, nicht verfehlte. Mit einem Schaudern legten wir uns ängstlich in unsere Zelte – nicht ohne uns vorher zu versichern, dass auch wirklich niemand Fremdes um unsere Schlafstätten herumlungerte.
Jahre später wurde uns diese Geschichte in einer ganz ähnlichen Version erzählt. Ein Irrer, ein gefährlicher Psychopath, sei aus dem Psychiatrischen Landeskrankenhaus der Reichenau entflohen und hätte in einem Waldstück bei der Universität Konstanz die oben beschriebene schreckliche Tat verübt. Spätestens jetzt wurden wir stutzig. Kann es sein, dass nahezu das Gleiche sich an einem anderen Ort zugetragen haben sollte? Kaum vorstellbar!
Doch eines steht fest: Als Schauergeschichte eignet sie sich an dunklen Abenden hervorragend, um den Zuhörern einen Schrecken einzujagen. Erzählen Sie dieses Horrormärchen aber bitte nur Jugendlichen und Erwachsenen, die das verkraften und keine quälenden Albträume davon bekommen. Grusel funktioniert nur, wenn er die Menschen nicht zu sehr ängstigt und erschreckt. Es soll ja immer noch das wohlige Gefühl vorherrschen, dass einem selber das jetzt nicht passieren wird.

Nachdem uns diese Geschichte nun ein zweites Mal erzählt worden war, begannen wir zu recherchieren und stellten fest, dass diese urbane Legende sich auch bei Überlingen, St. Gallen, in der Nähe von Aachen, in Kiel, bei Zürich, in Wien, ja sogar in Las Vegas und in Kalkutta zugetragen haben soll. Erstaunlich! Doch das ist das Wesen dieser modernen Mythen. Sie haben sich überall und nirgends zugetragen. Sind sie nur das Produkt unserer überdrehten Fantasie? Oder etwa nicht? Haben sie einen wahren Kern? Die Wahrheit liegt irgendwo da draußen, in der Nacht, in der Dunkelheit ...

Haben Sie schon einmal von Heidenhöhlen gehört? Wir klären auf ...

HEIDENHÖHLEN

Das Rätsel um die Wohnstätten im Fels

Um den Bodensee findet sich eine Vielzahl mystischer Höhlen. Ihre Entstehung ist weitestgehend unbekannt, weshalb man seit Jahrhunderten davon ausgeht, dass sie aus der vorchristlichen Zeit stammen. Etwa das Bruderloch bei Schönholzerswilen im Kanton Thurgau, die St.-Katharina-Höhle auf dem Bodanrück, die Heidenlöcher Zizenhausen, Bambergen, Bermatinger Höhle, Gehrenmännleloch bei Friedrichshafen oder Ehbachloch und Knabenlöcher bei Uhldingen, die einst Stollen der Goldgräber gewesen sein sollen.
Die prominentesten Vertreter finden sich zwischen dem Überlinger Stadtteil Goldbach und Sipplingen am Überlinger See. Bis in das frühe 19. Jahrhundert erhoben sich direkt am Bodenseeufer mächtige Felsen als Wand senkrecht empor. Nur bei niedrigem Wasserstand konnte auf einem Fußpfad zwischen dem See und den Felsen gegangen werden. In dem Molassefelsen befinden sich die bekannten Heidenhöhlen, einst Heidenlöcher genannt. Zu den Höhlen konnte man nur mittels Leitern gelangen; früher führten steinerne Treppen zu den Eingängen. Die Molasse ist zwar recht weich, natürliche Höhlen bilden sich darin in der Regel jedoch nicht. Der Felsen ist sehr gut geeignet, um ihn zu bearbeiten, was zweifellos von Menschenhand getan wurde.
Die ausführlichsten Beschreibungen der Anlage sind uns aus dem 19. Jahrhundert erhalten. Die Höhlen bilden ein ganzes System von Gemächern, die durch Gänge und Treppen zusammenhängen. In den Gemächern dieser Höhlen ist zwar ein grober, doch bestimmter Baustil vorhanden, der auf eine mittelalterliche Entstehung schließen lässt. Es finden sich vollständige Scheingewölbe in Tonnen-, Spitz- und Kreuzbogenform mit romanischem Gurtgesims, Fenster- und Türöffnungen. Der Sagensammler Gustav Schwab hält diese für eine „unverkennbar römische Arbeit“. An den Öffnungen sind Falze für Türen und Fenster teilweise deutlich sichtbar. An den Wänden der eigentlichen Felsenwohnungen sind Vertiefungen, die vielleicht als Wandschränke dienten. In einem der Räume befindet sich eine Skulptur, die vor Ort aus dem Stein gearbeitet wurde. Der „Fratzenkopf“ könnte als Löwenkopf gedeutet werden.
Mit dem beginnenden Tourismus am Bodensee im 19. Jahrhundert haben sich die Heidenhöhlen zu einer Attraktion entwickelt. In jedem Reiseführer wurde darauf hingewiesen und kaum ein Bodenseebesucher ließ es sich nehmen, sie zu bestaunen. In dieser Zeit entstanden auch die

Die Heidenhöhlen am Überlinger Ufer, Ansicht um 1930

ersten Theorien, aus welcher Zeit sie stammen und welchem Zweck sie dienen mochten. Doch dazu hat man nur unsichere Vermutungen, wie „in der Umgebung glaubt man allgemein, dass sie den ersten Christen am Bodensee bei der Verfolgung als Schlupfwinkel dienten". So ist es kein Wunder, dass Sagen und Legenden hier Tür und Tor geöffnet wird. Die Höhlen werden gerne als Unterschlupf für Seeräuber des Mittelalters genannt.

Auch der Bestsellerautor des 19. Jahrhunderts, Joseph Victor von Scheffel, verwendet die Höhlen literarisch und lässt Karl den Dicken nach seiner Abdankung darin hausen. Die Sagenbildung ist bis heute noch nicht abgeschlossen, denn zwei Autoren eines Reiseführers kommen im Jahre 2006 zu dem Schluss, dass in heidnischer Vorzeit in den Höhlen Zauberer gewirkt haben müssen. Allgemein ist eine vorgeschichtlich kultische Funktion der unterirdischen Anlagen bzw. ihrer Vorgänger nicht auszuschließen, aber keinesfalls belegt. Archäologisch verwertbare Funde lassen bisher auf sich warten.

Heute spricht man weitestgehend von den Heidenhöhlen. Das Wort „Loch" bedeutete in der regionalen Mundart einst das Gleiche wie „Höhle". Der Begriff „Heiden" rührt von der Tatsache, dass sie aus einer nicht überlieferten Zeit stammen, vermutlich also von den Heiden erbaut worden seien. Sie finden erstmals in einer Karte von 1634 als „Hayden Löcher" schriftliche Nennung. Vermutlich dienten die Höhlen später als Armenhaus und Unterschlupf. Schon um das Jahr 1750 ließ der Magistrat der Reichsstadt Überlingen den weitaus größten Teil der Höhlen zerstören, weil „viel schlechtes Gesindel sich darin aufgehalten" hatte, unter anderen der berüchtigte „Fidele", der Schinderhannes dieser

Gegend, der durch den aus den Höhlen entweichenden Rauch verraten und in den Heidenhöhlen gefangen genommen wurde. Erste Sprengungen sind in den 1790er-Jahren belegt.
Ab 1846 wurde eine Uferstraße von Überlingen nach Ludwigshafen errichtet. Dazu mussten die unmittelbar am See gelegenen Heidenlöcherfelsen mit dem größten Teil der Höhlen dem Straßenbau zum Opfer fallen. In der Nähe der Heidenhöhlen stand einst eine uralte, in den Felsen gehauene Kapelle mit einer der Heiligen Katharina gewidmeten Einsiedelei, die gleichfalls der Straßenanlage zum Opfer gefallen ist. Leider ist der damals projektierte Plan, die Höhlen durch Anlegen eines Tunnels zu retten, nicht zur Ausführung gelangt. 1854 versprach die Stadt Überlingen, fehlende Zugänge zu den Höhlen wieder herzustellen. Oft wird behauptet, dass beim Bau der Eisenbahn die Heidenhöhlen beeinträchtigt wurden. Dies ist jedoch nicht der Fall.
Zahlreiche Besucher hinterließen jedoch ihre Spuren. Im weichen Fels verewigten sich Generationen von Touristen mit Symbolen, Skizzen, Jahreszahlen und Namen. Sie bedecken somit ganze Wände.
In den 1950er-Jahren erkannte man, dass der Schwerlastverkehr große Auswirkung auf die Bausubstanz hat. Viele Pfeiler haben sich vergrößernde Risse, sodass die Höhlen endgültig geschlossen werden mussten. Nach einem schweren Gewitter stürzte 1960 eine der Kapellen ein. Daraufhin erfolgte eine Sprengung, um weiteren Schaden zu vermeiden. Große Teile des Kulturdenkmals sind somit für immer zerstört.
Heute kann man die Löcher nur noch von unten betrachten. Es ist kaum etwas übrig von der einstigen Pracht dieser Felsenwohnungen. Aufgrund der örtlichen Begebenheiten ist es auch nicht möglich, zu den Höhlen zu gelangen. Seit der weitgehenden Zerstörung sind die Höhlen aus den meisten Reiseführern verschwunden und es wurde ruhig um sie.
Das Rätsel über die Entstehung und Verwendung der Höhlen ist bis heute noch nicht abschließend gelüftet. Die neuesten Forschungsergebnisse weisen auf eine Entstehung im Mittelalter hin, jedenfalls für die Ausbauphase, die sich in dieser Architektur bis heute zeigt. Somit ist die Überlegung, dass die Höhlen möglicherweise einst Teil einer Felsenburg waren, plausibel. Doch es bleibt ungeklärt, wer Burgherr gewesen sein könnte. Aber ist es nicht schön zu wissen, dass wir in dieser analytisch geprägten Zeit direkt vor unserer Haustüre noch ungelüftete Rätsel haben?

Wir verweilen noch für eine weitere Geschichte in der fernen Vergangenheit und betrachten die Zeit der Hexenverfolgungen ...

DIE ERMORDETEN HEXEN ZU KONSTANZ

Wie Teufel oder Türmer eine Hexe erwürgten

Wenn wir moderne Menschen das Wort „Mittelalter" hören, umfährt uns meist ein gewisser Schauer. Wir denken an Gewalt, Kriege, speziell die Kreuzzüge, Aberglauben, viel Schmutz und Dreck überall, die Pest und andere Krankheiten – und nicht zuletzt auch an Hexenverfolgungen und -verbrennungen. Auf der anderen Seite verklären wir auch gerne jene ferne Zeit zu einer romantischen Epoche. Wir stellen uns edle Ritter, holde Burgfräulein mit spitzen Hüten, Abenteuer und zünftige Gelage mit Unmengen von Essen und Alkohol vor.

Wie so häufig im Leben liegt die Wahrheit irgendwo dazwischen. Das Mittelalter konnte beides sein, eine Zeit roher Gewalt und schrecklichen Elends, aber auch freudestrahlend und hell, lebensbejahend und voller Überraschungen. Das besonders finstere Kapitel der Hexenverfolgungen darf eigentlich nicht mehr dem Mittelalter zugeordnet werden. Dabei darf man nicht übersehen, dass der Glaube an hexenähnliche Wesen uralt ist. Schon die Babylonier vor 4000 Jahren oder die Römer vor 2000 Jahren kannten vergleichbare Vorstellungen. Die zeitweise systematische Verfolgung vermeintlicher Hexen fällt mit dem Ende des Mittelalters bzw. dem Beginn der Neuzeit, der Renaissance und vor allem dem Barock, zusammen. Die moderne Wissenschaft geht davon aus, dass die Krise des Spätmittelalters – Agrarkrisen, lange Kriege wie der 100-jährige Krieg, die religiöse Verunsicherung durch die aufkommende Reformation und die steigende Zahl sogenannter Ketzer, insbesondere aber auch die Pest mit ihren Millionen Opfern – das verstärkte Aufkommen des Hexenwahns enorm begünstigte. Die gottgegebene Ordnung schien aus den Fugen geraten zu sein. So suchte man Sündenböcke und fand sie nicht selten in der „Hexe von nebenan".

Es konnte daher nicht ausbleiben, dass auch am Bodensee ab dem 15. Jahrhundert die ersten Hexen „gesichtet" wurden. Besonders schlimm bzw. intensiv waren diese Verfolgungen in den Gemeinden am nördlichen Bodenseeufer zwischen dem heutigen Friedrichshafen und Ravensburg. Doch zwei spektakuläre Fälle trugen sich in Konstanz zu, in der Bischofsstadt.

Der erste Fall ereignete sich im Jahre 1488, als drei Frauen in Konstanz beschuldigt wurden, Hexen zu sein und mit einem Wetterzauber einen Hagelschauer verursacht zu haben, der einen erheblichen Teil der Ernte in der Umgebung zerstört hatte. Ein Hungerwinter stand bevor und die Angst davor ließ die Menschen allzu leicht glauben, dass teuflisches

Werk dahinter stehe. Schnell fiel der Verdacht auf drei ältere alleinstehende Frauen ohne nähere Verwandte. Es fand sich ein Zeuge, der Merkwürdiges gesehen haben wollte: Zwei Tage vor dem Hagel haben die Verdächtigten auf den Feldern Zaubersprüche gemurmelt und Wasser in kleine Gruben gegossen. Als diese „Zeugenaussage" im Raum stand, gab es kein Halten mehr. Die Stadt organisierte eine „peinliche Befragung", was wir heute schlicht und ergreifend Folter nennen. Nach damaligem Rechtsverständnis durfte nur verurteilt werden, wer geständig war. Wenn man nun Verdächtige hatte, war es angeraten, sie zu foltern, damit sie gestanden. Jetzt liegt es in der Natur der Folter, dass die allermeisten Menschen unter solchen Schmerzen alles gestehen, was der Peiniger hören will, Hauptsache die Qualen finden ein Ende. Wer es aber tatsächlich schaffte, nicht zu gestehen, hatte durchaus die Chance, „aus Mangel an Beweisen" freigesprochen bzw. nicht verurteilt zu werden. Allerdings gestanden unsere drei bedauernswerten Frauen ihre Missetaten und wurden daraufhin bei lebendigem Leibe auf dem Scheiterhaufen verbrannt. Für uns moderne Menschen ein wahrhaft barbarisches, abstoßendes Beispiel für das „finstere Spätmittelalter", für die meisten Menschen im 15. Jahrhundert war dies jedoch eine weithin akzeptierte Form der Durchsetzung von Recht und Ordnung.
So blieb es in Konstanz auch nicht bei diesem Einzelfall. Einige Jahre später – das genaue Datum ist nicht überliefert – wurde erneut eine Frau beschuldigt, mithilfe eines sogenannten Schadenszaubers die Kuh ihrer Nachbarin verhext zu haben, sodass das Tier nur noch „schwarze Milch" gab. Schnell war die junge, unverheiratete Frau – vermutlich war sie eine einfache Magd in einem wohlhabenden Haushalt gewesen – gefasst und den städtischen Justizbehörden übergeben. Konkret hieß das, dass sie in einem der Konstanzer Gefängnistürme, in aller Regel waren das die Stadttürme, in deren Kellern Zellen für Häftlinge integriert waren, eingesperrt wurde, um dort auf ihre Gerichtsverhandlung – nicht selten inklusive Folter – zu warten.
Doch nun geschah wahrhaft Skandalöses: Als der Türmer, der gleichzeitig als Gefängniswärter fungierte, am nächsten Morgen die Zellentür öffnete, fand er die mutmaßliche Hexe tot auf dem Boden liegend vor. Am Hals waren deutliche Würgemale zu erkennen. Die Hexe war also irgendwann in der Nacht erwürgt worden. Aber von wem? Einem eiligst herbeigerufenen Stadtrat erzählte der Türmer, dass er in der Nacht, als er seinen Dienst oben auf dem Turm verrichtet hatte, plötzlich einen infernalischen Lärm vernahm. Es klang, als sei eine Horde von Dämonen – vielleicht der Teufel höchstpersönlich – in den Turm und das Gefängnis eingedrungen und habe die Hexe getötet. Die Geschichte klang für viele plausibel. Der Teufel habe eine seiner Dienerinnen, respektive deren Seele, zu sich in die Hölle mitgenommen. Die städtische Justiz war zufrie-

den und akzeptierte diese Interpretation des Geschehens. Es passte doch alles logisch zusammen und eine weitere Untersuchung konnte man sich ersparen, da die vermeintliche Hexe nun tot war.
Doch wir moderne Menschen fragen uns natürlich, wer für dieses abscheuliche Verbrechen tatsächlich verantwortlich war. Der Teufel oder einer seiner dämonischen Spießgesellen scheidet wohl aus. Auch wenn wir uns nicht sicher sein können, spricht vieles gegen den Türmer – und zwar aus zwei Gründen: Einerseits war er der Einzige, der in der Nacht Zugang zu der Frau – also die Gelegenheit – hatte. Lästige Zeugen hatte er auch nicht zu befürchten, da höchstens der Nachtwächter in der Nacht dem Türmer mal einen Besuch abstattete. Ansonsten war er in aller Regel bei Dunkelheit weitgehend allein und ungestört. Aber auch wenn er die Gelegenheit hatte, bleibt die Frage nach dem Motiv. Dazu muss man wissen, dass das Vermögen einer zum Tode verurteilten Person der Stadt anheimfiel und anteilsmäßig unter den betreffenden städtischen Bediensteten aufgeteilt wurde, sozusagen als Gratifikation. Der Türmer in seiner Doppelfunktion als Gefängniswärter kam also in den Genuss dieser Regelung. Womöglich wollte er nicht den Prozess abwarten oder fürchtete einen Freispruch der Frau. Wer weiß? Falls er es getan haben sollte, dachte er sich die Geschichte mit dem teuflischen Besuch aus, um von sich abzulenken, was offensichtlich auch gelang. Die junge Frau wäre nicht der erste – und nicht der letzte – Mensch, der aus bloßer Habgier ermordet wurde.
Zum Glück haben wir, zumindest in unserer Ecke der Welt, den Hexenaberglauben überwunden. Auch die Folter ist bei uns verboten und wird (meist) nicht mehr angewandt. Doch ganz frei von Aberglauben sind auch wir modernen Menschen nicht. Ob beispielsweise Sterndeutung, das Tragen von Glücksbringern oder einfach nur die Vorstellung eines bis in alle Zeiten stabilen Euro – ein Hauch mittelalterlichen Aberglaubens weht noch bis in unser Jahrhundert.

Verlassen wir nun diese düsteren Gestade alter Zeiten und lesen vom Silberbergwerk zu Schaffhausen ...

Schaffhausen: Blick von der Rheinbrücke gegen Unot

DAS SILBERBERGWERK ZU SCHAFFHAUSEN

Wie man mit einem Stollen ein Vermögen macht

Seit Jahrtausenden versuchen die Menschen, Bodenschätze zu nutzen. Heutzutage ist eine große Diskussion über die Gewinnung von Erdgas durch Fracking im Gang. Nicht zuletzt, weil das Bodenseegebiet eine wichtige Trinkwasserquelle ist, stößt das Verfahren auf breiter Ebene auf Ablehnung.

Will man jedoch Kohle oder Metalle aus dem Boden gewinnen, muss man graben, tief graben. In früherer Zeit war dies ohne Maschinen sehr aufwendig. Und woher wusste man, wo es sich zu graben lohnte? Einst gingen die „Venediger" um und boten hierzu ihre Hilfe an.

Man sagt, sie sollen sogenannte Bergspiegel besessen haben, mit denen sie in das Berginnere sahen, um festzustellen, welche Erzschätze dort gut zugänglich lagerten. In St. Gallen sagt man den Venedigern nach, dass sie wertvolle Steine eingesammelt hätten. Zu den Bauern meinten sie dann, dass die Steine, mit denen sie nach ihrem Vieh warfen, mehr wert seien als die ganze Kuh. In Erdlöchern hätten sie mit Krügen flüssiges Gold abgefüllt. Mit diesen Schätzen soll der Reichtum der Lagunenstadt Venedig zustande gekommen sein.

Tatsächlich waren die Venediger jedoch sehr erfahrene Bergexperten, die anhand des Oberflächengesteins an Farbe und Schichtung beurteilten, welche geochemischen Prozesse stattfanden, um so auf die vorhandenen Naturschätze zu schließen. Erst in den letzten Jahren wurde erkannt, dass die Venediger keineswegs erfundene Sagengestalten sind, sondern echte Experten waren, deren Wissen im Laufe der Jahrhunderte leider verloren ging.

Am Bodensee hat man es im 19. Jahrhundert auch mit Kohleabbau versucht. Die wenigen Stollen wurden jedoch bald wegen der mangelnden Qualität und Wirtschaftlichkeit wieder geschlossen, so etwa bei Deggenhausen, Sipplingen oder Uhldingen. Bei der letzten Grube, glaubt man den Sagen, sei einst sogar nach Gold gegraben worden.

In der „Tüfelschuchi", der Teufelsküche bei Schaffhausen, wurde 1527 ein Silberbergwerk angelegt. Silber hat man jedoch keines im Erdreich entdecken können. Der Stollen diente von vornherein einem ganz anderen Zweck. Die Bergknappen wollten das Vermögen der Schaffhauser Geldgeber anzapfen, mit dem sie sich schließlich verdrückten.

Und nun zu etwas völlig anderem, das viel interessanter ist, als es klingt. Zu Wappen und Städtenamen am See ...

Konstanzer Wappen

Kreuzlinger Wappen

WAPPEN UND NAMEN AM BODENSEE

Von Linden, Kreuzen und Blutbalken

Im Alltag benutzen wir die Namen von Städten, ohne uns zu fragen, woher diese eigentlich kommen. Wieso trägt meine Heimatstadt gerade diesen Namen und keinen anderen? Die Wappen der jeweiligen Orte sind vielen schon weniger geläufig, doch hinter ihnen – wie auch den Namen – verbirgt sich nicht selten eine interessante Geschichte. Greifen wir ein paar Städte rund um den Bodensee heraus und spüren ihren Namen und Wappen in der Geschichte nach.

Fangen wir mit Konstanz, der größten Stadt am See an. Der Name der alten Bischofssiedlung leitet sich vermutlich vom spätantiken Kastell Constantia ab, das vor ungefähr 1700 Jahren auf dem Münsterhügel erbaut wurde. Constantia geht wiederum auf einen römischen Kaiser zurück, der für das Kastell verantwortlich zeichnete. Die Forschung ist sich dabei nicht sicher, ob es sich um Constantius I. – der um das Jahr 300 die Alemannen mehrfach in Schlachten besiegt und die Grenzen des „Imperiums Romanum" an Rhein und Donau gesichert hatte – oder um dessen Enkel Constantius II. handelte, der Mitte des 4. Jahrhunderts ebenfalls gegen die Alemannen kämpfte. Ganz sicher nicht war es, trotz der Ähnlichkeit des Namens, Kaiser Konstantin der Große, der Sohn von Constantius I. und Vater Constantius' II. Konstantin gründete Konstantinopel, das heutige Istanbul; doch das ist eine andere Geschichte.

Das Wappen von Konstanz stellt ein unter rotem Balken in Silber durchgehendes schwarzes Kreuz dar. Das Kreuz, aus dem alten Bischofswappen entlehnt, deutet auf das Christentum hin, während der rote Balken die Blutgerichtsbarkeit, das Recht zu verstümmeln und hinzurichten, symbolisiert, die der Stadt von König Sigismund 1417 verliehen wurde – aus Dankbarkeit für die herausragende organisatorische Leistung, die Konstanz während des Konstanzer Konzils 1414–1418 erbracht hatte.

Gehen wir ein paar Meter nach Süden über die Grenze und besuchen die Schweizer Nachbarn in Kreuzlingen. Im Jahre 1874 wurde die Gemeinde von Egelshofen in Kreuzlingen umbenannt. Der Name stammt vom Augustinerstift „Crucelin", das in Kriegen mehrfach zerstört und immer wieder aufgebaut wurde. 1848 wurde das Kloster aufgelöst und es zog das Lehrerseminar, die heutige Pädagogische Maturitätsschule, ein. Die ehemalige Klosterkirche ist die heute noch genutzte katholische Pfarrkirche St. Ulrich.

Das Wappen von Kreuzlingen ist zweigeteilt: Links sieht man ein rotes Kreuz auf weißem Grund, rechts einen weißen Abtsstab auf rotem

Grund. Die Farben symbolisieren in der Schweizer Flagge die Unschuld und das vergossene Blut Jesu. Das Kreuz steht für den christlichen Glauben und für die Bezeichnung der Stadt. Der Abtsstab deutet die klösterliche Vergangenheit an.

Stein am Rhein ist eine genauso alte wie schöne Stadt am westlichen Ende des Sees. Ihr Name stammt von einem früher auf den nahen Werdinseln gelegenen gewaltigen Gneisfelsen. Das Wappen zeigt einen Ritter in blauer Rüstung auf einem weißen Pferd, der gerade einen grünen Drachen mit einem Speer erlegt. Das Motiv ist weithin bekannt: Der Heilige Georg tötet den Drachen, der für das vorchristliche Heidentum steht, das überwunden wird. Der Heilige Georg ist darüber hinaus der Schutzpatron von Stein am Rhein.

Wir machen einen größeren Sprung und besuchen Friedrichshafen. Die größte Stadt am nördlichen Bodenseeufer hieß ursprünglich Buchhorn und wurde 1811 nach dem württembergischen König Friedrich I. benannt. Das Wappen der Stadt Friedrichshafen ist zweigeteilt und zeigt links in Gold eine grüne Buche, rechts in Rot ein silbernes Horn mit goldener Fessel und goldenen Beschlägen. Das Wappen wurde von der Freien Reichsstadt Buchhorn übernommen. Das Horn bezieht sich dabei auf den alten Stadtnamen.

Wir ziehen weiter nach Osten und kommen nach Lindau mit seiner wunderschönen Insel. Der Name bedeutet „Insel, auf der Lindenbäume wachsen“, was wohl alles erklärt. Auch das Wappen bezieht sich direkt auf den Namen und zeigt einen grünen Lindenbaum mit vielen Ästen und Blättern auf weißem Grund.

Wir kehren zurück in die Schweiz und begeben uns nach St. Gallen. Die Stadt wird in einer anderen Geschichte dieses Buches genauer vorgestellt, weshalb hier der Hinweis reichen mag, dass die Siedlung nach dem Heiligen Gallus benannt ist, während das Wappen einen aufgerichteten Bären auf weißem Grund zeigt – eine Anspielung auf die Sage von St. Gallus und dem Bären.

Natürlich könnten wir noch viele weitere Orte besprechen, aber wir haben – zugegebenermaßen relativ willkürlich – die oben genannten herausgegriffen und bitten all die Leser um Verständnis, die ihren Ort vermissen. Wir konnten sie einfach nicht alle besprechen, aber das nächste Buch kommt bestimmt ...

Und nun zu einem wirklich hässlichen Vogel ...

DER WALDRAPP

Von ausgestorbenen und wiederbelebten Vögeln

Die Kryptozoologie ist der Teil der Tierforschung, der sich mit Tieren beschäftigt, die man noch nicht gefunden hat. Sie gilt es ausfindig zu machen und zu erforschen. Die Tiere, um die es dabei geht, sind entweder noch gar nicht bekannt, gelten als bereits ausgestorben, nicht mehr auffindbar oder sind mystische Tiere. Dazu zählen Riesen, Drachen oder der Greif. Manchmal werden jedoch genau diese Tiere, die man bisher nur als Fabeltiere kannte, tatsächlich angetroffen. Beispiele hierfür sind das Okapi, der Komodowaran, die Bonobos oder das Schwarzkopflöwenäffchen, die vom Fantasiewesen plötzlich zur echten Gattung wurden, nachdem sie entdeckt waren.

Bei uns in der Region hat man für lange Zeit den Waldrapp für ein solches Wesen gehalten. Ein großer Schreitvogel im Format einer Gans, mit pechschwarzem Gefieder, das in der Sonne metallisch glänzt. Bis zu 75 Zentimeter soll die Körperlänge betragen. Der lange rote Schnabel ist nach unten sichelförmig gebogen. Die Nackenfedern kann er als Schopf stellen, was ihm beim Balzen oder Feinden gegenüber großen Respekt verschafft. Als geselliger Vogel schließt er sich zu großen Gruppen zusammen, die sich zur Begrüßung mit Kopfnicken und aufgestelltem Schopf langanhaltend umkreisen.

Da im frühen 17. Jahrhundert der letzte Vogel dieser Art in Mitteleuropa verschwand, dachte man, der Waldrapp müsse ein Fabeltier sein. Tatsächlich wurde er als Trophäe gejagt. Man plünderte die Eier und jagte die Vögel. In Überlingen waren die Tiere nach einem harten Wintereinbruch im Jahre 1481 sogar mit der bloßen Hand zu fangen. Vermutlich landeten sie im Kochtopf, da es ein beliebter Speisevogel war. Das Gefieder wurde auch gerne ausgestopft.

Da der Waldrapp als Fabeltier oder zumindest als definitiv ausgestorben galt, war die Sensation umso größer, als man im 19. Jahrhundert im Nahen Osten und in Nordafrika diesen Vogel wiederentdeckte. 1897 wurde wissenschaftlich belegt, dass der Schopfibis, wie man den dortigen Vogel benannt hatte, identisch mit dem bei uns ehemals beheimateten Waldrapp ist.

Bereits im alten Ägypten wurde der Waldrapp als Lichtbringer und Verkörperung des menschlichen Geistes verehrt. Die Menschenseele würde als Ahnengeist „Ach“, wie man den Vogel nannte, in den Himmel steigen und als Stern weiterleuchten. Der Waldrapp wird daher auch als Hieroglyphenzeichen verwendet. Im Orient glaubt man, dass in dem schil-

Waldrapp, Illustration von Heinrich Harder

lernden Gefieder die Seelen der Verstorbenen davongetragen würden. Im Islam wird er als Glücksbringer angesehen, da es ein Waldrapp gewesen sein soll, der Noah auf der Arche den Weg zum Berg Ararat während der Sintflut gezeigt hat. In der türkischen Stadt Birecik wurde die Rückkehr der Zugvögel im Frühjahr mit einem Fest gefeiert, da man glaubte, die Vögel kämen von einer frommen Pilgerreise, ihrer „Hadsch" aus Mekka, wieder zurück.
Im Juni 2015 kehrte der Waldrapp an den Bodensee zurück. Ein europäisches Projekt mit dem schönen Namen „Reason for Hope", zu Deutsch „Grund zur Hoffnung", hat dies möglich gemacht. 16 Küken wurden an der Goldbacher Felswand in Überlingen angesiedelt – unter Obhut zweier menschlicher Leihmütter. Doch damit nicht genug. Ein Verhaltensbiologe will den Vögeln mit einem Ultraleichtflugzeug auch noch den Weg in den Süden zeigen. Ob es dann auch ein Fest gibt, wenn die Vögel nach ihrer Pilgerreise wieder heil am Bodensee eintreffen?

Und nun zu den glorreichen Sieben Schwaben ...

DIE SIEBEN SCHWABEN

Was man sich am Bodensee so alles erzählt

„Die Sieben Schwaben“ ist ein Erzählstoff, in dem es um die Abenteuer von sieben als tölpelhaft dargestellten Schwaben geht. Die sieben Protagonisten stehen dabei stellvertretend für sieben Charaktertypen. Als Höhepunkt des Dummenschwanks steht der Kampf mit einem Untier, das sich am Ende als Hase herausstellt.

Der Schwank wurde erstmals 1545 in einem Lied vom Nürnberger Hans Sachs, Schuhmacher, Dramatiker, Spruchdichter und Meistersinger, erzählt, allerdings mit neun Schwaben. Den frühneuzeitlichen Spott über die Schwaben griffen die in gedruckten Schwankbüchern verbreiteten Geschichten gern auf. Gedruckte illustrierte Flugblätter des 17. Jahrhunderts zitierten den schwäbischen Dialekt. Der Stoff wurde von unzähligen Autoren aufgegriffen, unter anderem in den „Kinder- und Hausmärchen“ der Brüder Grimm ab 1819 oder in Ludwig Bechsteins „Das Märchen von den Sieben Schwaben“ im Deutschen Märchenbuch 1845. Zusätzlich schuf Karl Millöcker 1887 sogar eine Operette mit diesem Titel.

Besonders populär wurden die Sieben Schwaben durch das vielfach nachgedruckte „Volksbüchlein“, das einst Ludwig Aurbacher erstellte. In ihm wurden literarische Schwankstoffe der Frühen Neuzeit zu einer Episodenreihe verarbeitet. Von Aurbacher erhielten die Sieben Schwaben 1829 auch ihre Namen: Allgäuer, Blitzschwab, Gelbfüßler, Knöpfleschwab, Nestelschwab, Seehas und Spiegelschwab. Auch wenn einige von ihnen eine landsmannschaftliche Zuordnung erfahren, stehen sie dabei eher stellvertretend für die Eigenschaften, die man den Bewohnern der jeweiligen Regionen zuschreibt. Schwaben ist in diesem Zusammenhang als ganzer badisch-schwäbischer Sprachraum inklusive dem Bodenseegebiet zu interpretieren und nicht etwa auf das ehemalige Herzogtum Württemberg bezogen.

Im Folgenden werden die Passagen aus „Schwäbische Sagen, gesammelt von Rudolf Kapff“ aus dem Jahre 1926 zitiert, die mit der Region in und um den Bodensee zusammenhängen.

Am Bodensee

Als die Sieben Schwaben des Sees ansichtig wurden, sagte der Seehas: „Das ist der Bodensee.“ Die blieben stehen und rissen Aug’ und Maul auf und lugten eines Lugens. „Bygost!“, sagte der Allgäuer, „das ist eine Lache, so groß, man könnte den Schädel drin versäufen.“ Und der

Die Sieben Schwaben, Bildpostkarte nach einem Aquarell von Paul Hey

Spiegelschwab fragte den Seehasen, ob das Wildenten seien, die man dort in der Ferne sehe. Es waren aber Schiffe. Und der Gelbfüßler, ob jenseits drüben auch Leute wohnen wie diesseits. Und einer um den andern fragte dies und jenes, und der Seehas erzählte und sagte: „Es ist dies das deutsche Meer, und es hat einen Umfang von wenigstens hundert Meilen, ich lüge nicht."
„Und der See hat gar keinen Grund und Boden, darum heißt er eben auch der Bodensee, wie leicht zu begreifen ist. Und bei stillem, hellem Wetter sieht man versunkene Städte und Schlösser drin und ganze Landschaften", sagte er. Und Fische geb' es drin, so groß wie das Kostnitzer (Konstanzer) Münster, er lasse nichts abmarken. Auch Nixen geb' es die Menge, zu Land und zu Wasser, „sehen müsst ihr's". Und wenn der See aber stürmisch sei, so werfe er Wellen, er übertreibe nicht, so hoch wie der Säntis (Berg in der Schweiz). Und er könnte der Wunderdinge noch viel erzählen, sagte er, aber wer's nicht selbst sehe, der glaub' es nicht. „Potz Blitz!", sagte der Blitzschwab ein um das andere Mal, die andern aber sagten kein Wörtle.
Nachdem sie sich nun schier die Augen ausgeschaut, so zogen sie weiter, an Überlingen vorbei, gegen den Wald zu, wo das Ungeheuer hauste.

Die schwäbische Hasenjagd

„Wir gehen dem Bodensee nach", sagte der Allgäuer, „dann kommen wir ans Gebirge, und dann können wir nimmer fehlen." „Los Brüderle, was ich dir sagen will", sagte der Spiegelschwab, „wollten wir nicht vorerst noch ein bissle auf und über das deutsche Meer? Die Gelegenheit ist gar kömmlich, und wir haben sie nicht alle Tag'." Auch sagte der Seehas: „Es liegt dort jenseits eine Stadt, die heißt Kostnitz. Da darf man nur fragen: Maul, was willst? So hat man's, wie im Schlaraffenland, und was die Hauptsache ist, es kost' nits, wovon eben die Stadt den Namen hat." „Bygost!", sagte der Allgäuer, „recht wär's schon, wenn's nur auch wahr wär." „Probieren können wir's ja", versetzte der Spiegelschwab, „das Probieren kost nits."
So fuhren sie mit dem Marktschiff nach Kostnitz, und das erste Wirtshaus, das ihnen in die Augen fiel, war der Blaue Bock, und siehe da! Auf dem Schild stand geschrieben: Morgen ist alles zechfrei. „Bygost!", sagte der Allgäuer, „diesmal hat der Seehas nicht gelogen." „'s ist nur schad", sagte der Spiegelschwab, „dass wir um einen Tag zu früh gekommen." Also kehrten sie beim Blauen Bock ein. Abends, als sie die kleine Zeche bezahlten, fragte der Spiegelschwab den Wirt: „Mit den Worten auf Eurem Schild hat's doch seine Richtigkeit?" „Ja", sagte der Wirt, „ein Mann, ein Wort!" So saßen sie denn, wie angepicht, den ganzen folgenden Tag und zechten vom frühen Morgen bis tief in die Nacht hinein, der Worte eingedenk, die auf dem Schild zu lesen waren. Und der Wirt

und die Wirtin gingen fleißig hin und her und hatten ihre Freude an den Zechbrüdern, und zumal auch an des Spiegelschwaben Schnacken und Schnurren.

Unter anderem kam denn auch die Rede auf die schwäbische Hasenjagd, von der die Mär bis über das Meer gedrungen war. Man erzähle sich dieses und jenes davon, sagte der Wirt, und wenn er's offen bekennen wolle, eben nichts, was den Schwaben sonderlich zur Ehre gereiche. Das könne und wolle er ihm treulich berichten in Wahrheit, sagte der Spiegelschwab, denn er und sein Geselle seien eben selbst dabei gewesen. „Wisst also", fuhr er fort, „dass der Teufel sich vorgenommen hat, zum Spaß die Menschen in Furcht zu jagen und ihren Mut auf die Probe zu stellen. Und er nahm die Gestalt eines Hasen an, versteht, eines Untiers in Hasengestalt, und er war so groß und fürchterlich, dass es nicht zu sagen ist. Erstlich ließ er sich in Welschland (Frankreich) sehen, wo er ohnehin oft Geschäfte hat. Die Welschen aber nahmen Reißaus nach allen Seiten hin und ließen dem Teufel das Feld. Da dachte sich der Teufel: Nun will ich's bei den mutigen Deutschen versuchen, und er kam nach Schwabenland, wo er wusste, dass die Tapfersten unter ihnen wohnen, und dass sie's, wie die Sage geht, selbst mit dem Teufel auf dem freien Feld aufnehmen. Die Schwaben, wie sie das Untier sahen, waren nicht faul, sondern sandten Boten nach allen Gegenden Deutschlands und verlangten in des Reiches Namen von jeglichem Volk das Kontingent (die zu stellenden Truppen). Also stellten sich Bayern und Österreicher, Franken und Sachsen, samt denen vom oberen und niederen Rhein. Nur die Schweizer blieben aus, die Kuhmelker, die Milchsuppen, die Käspanscher. An der Spitze aber marschierten wir, die Schwaben, sieben Mann hoch. Und wir stießen auf den Feind unweit Überlingen am Bodensee. Aber, sieh da! Wie wir nun anrückten, wir Schwaben, in voller Hitze, immer vorwärts, da liefen indes die übrigen alle davon, die Franken voran, drauf die andern, und die Österreicher deckten den Rückzug. Und wir, die Sieben, sind mutterseelenallein zurückgeblieben und haben das Abenteuer bestanden, zum ewigen Ruhm der Schwaben.

Das ist die wahrhaftige Geschichte von der schwäbischen Hasenjagd. Und wer's anders erzählt aus Missgunst, der lügt, sag' ich. Und sagt's nur jedem, dass ich's gesagt habe, ich, der Spiegelschwab."

Das Blinde-Mäusle-Spiel um die Zeche

Des andern Tages in der Früh, nachdem sie noch ein paar Krüge zu Gemüt genommen hatten, schickten sie sich endlich zum Aufbruch an, und sie sagten zum Wirt: „Schönen Dank für die höfliche Bewirtung!" „Ist meine Schuldigkeit gewesen", sagte der Wirt, „aber mit Verlaub!", setzte er hinzu, „lasst nun sehen, was eure Schuldigkeit sei." Und er ging zur Schreibtafel und rechnete. „He!", rief der Spiegelschwab, „was wär' denn dies? Was steht denn auf Eurem Schild?“ „Ein Bock“, sagte der Wirt lachend, „der die Leute blau anlaufen lässt.“ „Aber die Worte d’runter?“ „Ich steh’ zu meinen Worten: Morgen ist alles zechfrei, aber beachtet: Nicht heute, nicht nächten und vornächten. Verstanden?“ „Bygost!“, sagte der Allgäuer, „merkst du nun, was die Kreide gilt?“

Der Spiegelschwab aber dachte sich: Schalk muss mit Schalk gefangen werden, und er hatte alsbald einen Einfall, den er dem Allgäuer ins Ohr raunte. Beide nahmen sofort ruhig ihre Beutel heraus und kläpperten damit, als hätten sie was, und der Spiegelschwab sagte dem Allgäuer: „Lass! Ich will schon bezahlen.“ „Bygost!“, sagte der Allgäuer, „die Ehr’ lass ich mir nicht nehmen, ich will bezahlen.“ So stritten sie eine Weile miteinander.

Da sagte endlich der Spiegelschwab zum Wirt, der ihnen die Schreibtafel wies: „Ihr seht schon, wir beide können uns nicht vertragen, allein von wegen der Ehre, da wird’s nun schon am besten sein, dass das Los entscheide. Wisst ihr was? Um zum Kehraus noch einen Jux zu haben, wollen wir Giriginge len oder blindes Mäusle spielen; wen er ertappt, der zahlt, damit Punktum!“ Der Wirt ließ sich den Spaß gefallen und die Augen verbinden. Die beiden zogen ihre Schlurfen (abgetretenen Schuhe) aus, und nun ging’s in der Stube husch auf und ab, ‘rum und ‘num. Bald war der Allgäuer zur offenen Tür hinaus. Der Spiegelschwab, nachdem er noch ein und den andern Schuss getan, schlich ihm nach, lugte aber noch zum Guckerle hinein, um zu sehen, welche Sprüng’ und Griff’ der blaue Bock machte. Indessen trat die Wirtin zur Tür herein. Der Wirt rannte auf sie zu und rief: „Du musst bezahlen.“

Der Schwabenstreich ward nun kundbar. Der Wirt wollte den Strolchen nach, aber die Wirtin sagte: „Lass die hungrigen Schwaben laufen! Haben sie uns doch von dem Hasen befreit, dem Untier, das zuletzt noch unsere Kinder und Rinder aufgefressen hätte.“ So kamen beide ohne Kosten aus Kostnitz und fuhren mit dem Marktschiff wohlgemut nach Lindau hinüber.

Lassen Sie sich nun entführen in unergründliche Tiefen ...

UNERGRÜNDLICHE TIEFE

Wie gefährlich ist der Bodensee?

Im Volksglauben meint man, dass der Name des Bodensees daher rührt, dass er keinen Boden besitze. Einer Sage nach wollte sich ein Mann in einem Fass bis auf den Boden des Sees absinken lassen. Der See handelte aber nach dem Motto „Ergründ'st du mich, so schlünd' ich dich!" Dieser Mann soll jedoch mit dem Schrecken davongekommen sein.

Dieses Glück hatten viele am berüchtigten Teufelstisch nicht. Diese Felsformation befindet sich bei Wallhausen. Vor dem Bodanrück, der großen Landzunge im Bodensee, sinkt an dieser Stelle steil der Felsen 90 Meter tief in das Wasser hinab. Der Teufelstisch ist eine Felsnadel, die davor steht, und in etwa 30 Metern Tiefe ist diese mit dem Festlandfelsen verbunden. Oben schließt sie in einer großen flachen Platte ab, die einem ellipsenförmigen Tisch nicht unähnlich ist, daher der Name. Sie ist fast immer vom Wasser des Bodensees bedeckt. Manche Menschen glauben, der Felsen diente früher als Opferstein. Wanderer der Marienschlucht können vom Ufer aus die Untiefe deutlich knapp unter der Wasseroberfläche erahnen oder gar hinschwimmen. Nur bei sehr niedrigem Wasserstand kann man die etwa zehn Meter mal 22 Meter flächige Felsformation über dem Wasserspiegel sehen. Dies kommt jedoch nur alle paar Jahre vor.

Unter den Bodenseetauchern gilt der Teufelstisch als besondere Herausforderung. Steilwände gelten aus geologischen und psychologischen Gründen als extrem gefährlich. Die Sicht beträgt häufig bei etwa 4°C weniger als zwei Meter. Aus diesen Gründen gab es schon sehr viele Unfälle an dieser Stelle. Gerade für Anfänger sind extreme Temperaturen, schlechte Sichtverhältnisse und Selbstüberschätzung eine gefährliche Kombination. Seit 1994 ist an dieser Stelle das Tauchen generell verboten und nur unter bestimmten Bedingungen mit Sondergenehmigung möglich, da es zu zahlreichen Todesfällen an dieser Stelle kam. Trotzdem, oder vielleicht gerade deshalb, stellen sich immer noch viele Taucher gerade dieser Herausforderung. Dies führt zur schaurigen Berühmtheit des sprichwörtlichen Teufelstischs.

Im Internet findet man Hinweise, dass wer am Teufelstisch abtaucht, nicht mehr lebend heraufkommt. Bis heute sind Gerüchte um gefährliche Strömungen, die sogar schon an Seile gebundene Taucher abgetrennt und kilometerweit mitgerissen haben sollen, um eine unterirdische Höhle, in der man sich verirren kann, und um Seeungeheuer nicht verstummt. Wer es nicht ganz so mystisch mag, nennt die Ungeheuer

Die Mariaschlucht bei Langenrain am Bodensee, Ansicht um 1900

Welse. Ein Süßwasserfisch, der über zweieinhalb Meter lang werden kann und auch im Bodensee vorkommt. Anderen Gerüchten zufolge soll der bis zu drei Meter lange Riesenzackenbarsch sein Unwesen im Bodensee treiben. Doch diese Fischart wurde in diesem Gewässer tatsächlich noch nie gesichtet. Die verunglückten Taucher wurden jedenfalls nicht aufgefressen, da sie allesamt früher oder später wieder auftauchten.
Ganz im Gegensatz zu den seit 1947 im Bodensee vermissten etwa 95 namentlich bekannten Personen, die nach Boots- oder Badeunfällen für immer abtauchten. Dies liegt an den niedrigen Temperaturen und der großen Wassertiefe auf über 250 Meter, die den Verwesungsprozess abstoppt und ein Auftauchen der Leichen verhindert.
Mit dem Bodensee ist also nicht zu spaßen, denn jedes Jahr verunglückt etwa ein Dutzend Menschen in diesem Gewässer.

Oft schon hatten wir in der Vergangenheit kaiserlichen Besuch, auch vom Dicken Karl ...

KAISER KARL DER DICKE

Vom Lichterglanz eines königlichen Märtyrers

Karl III. aus dem Adelsgeschlecht der Karolinger wurde 839 geboren. Sein Vater Ludwig der Deutsche teilte sein Reich auf, weshalb Karl 876 ostfränkischer König wurde. In vielen deutschen Herrscherlisten wird er als „der Dritte“ geführt. Nach dem Tod seines Bruders Karlmann wurde er 879 König von Italien und 881 römischer Kaiser. Nach dem Tod seines Bruders Ludwig des Jüngeren wurde er 882 König des Teilkönigreichs Bayern und 885 westfränkischer König. Den Beinamen „der Dicke“, aus dem lateinischen „crassus“ für dick oder stark, trug er nicht zu Lebzeiten, sondern er wurde ihm erst ab dem 12. Jahrhundert nachgesagt. Nach heutiger Erkenntnis wird er zu Unrecht als dick bezeichnet. Tatsächlich war er ein „schwacher“ Herrscher und konnte den zahlreichen Einfällen durch Wikinger in sein Reich wenig entgegensetzen. Dies hängt möglicherweise mit seinem Gesundheitszustand zusammen. Möglicherweise litt er an der „fallenden Krankheit“ Epilepsie. Doch hat er am Bodensee solch einen Eindruck hinterlassen, dass manche Sage von ihm erzählt wird.

Auf dem Schlosse Bodman lebte Kaiser Karl der Dicke, nachdem er im Jahr 881 sehr kränklich aus Italien nach Deutschland zurückgekehrt war. Seine Krankheit bestand in einem anhaltenden Kopfschmerz, dem man durch eine Operation abzuhelfen suchte. Aber der unglückliche Monarch verlor darüber seine letzte Geisteskraft. In diesem Zustand unternahm er einen Zug gegen die einbrechenden Normannen, durch dessen Misslingen er die Achtung der Nation verlor, sodass bald eine neue Königswahl anstand. Kaum noch erlangte Karl, der Erbe aller Macht seines großen Ahnen, seinen Lebensunterhalt. So wandelbar ist alle irdische Größe. Von manchen Fürsten erhielt er einige Höfe in Schwaben, darunter auch in Neudingen, heute ein Stadtteil von Donaueschingen, wo er fortan wohnte.

Zu Lebzeiten des heiligen Eusebius war Kaiser Karl der Dicke sein Freund gewesen. Als solcher war er oft zu ihm in seine Klause auf dem Viktorsberg oberhalb Röthis bei Rankweil gekommen, wo ihm der Einsiedler viele zukünftige Dinge weissagte. Eusebius war in Schottland geboren und Profess des berühmten Benediktinerstiftes in St. Gallen. Seine besondere Liebe zur Einsamkeit bewog ihn, mit Erlaubnis des Abtes, sich um das Jahr 850 in eine Einöde zurückzuziehen. Er verließ seine Behausung nur selten, sondern belehrte und unterrichtete alle, die zu ihm wallfahrteten, aus seinem Fensterlein. Auf Eusebius' Bitte hin schenkte

Blick auf die Insel Reichenau

der Kaiser den Berg, seine Güter zu Röthis sowie die Höfe, Felder und Zehnten in Vinomna, dem heutigen Rankweil, dem Stift zu St. Gallen, das dafür auf St. Viktorsberg jahraus jahrein zwölf Reisende beherbergen und verpflegen sollte.
Die Mönche haben an diesem königlichen Märtyrer gerühmt, dass er sie besonders geachtet, fleißig seine Gebete verrichtet und Psalmen gesungen, reichlich Almosen gespendet und stets auf die Gnade des Herrn gebaut habe. Die Mönche waren auch seine einzigen Freunde im Unglück. Als er 888 gestorben war, brachte man seinen Leichnam nach der Reichenau, wo er im Münster neben dem Abbild der heiligen Maria feierlich beigesetzt wurde. Der Chronist Buccelinus schreibt dazu, dass Karls Leichnam von Neudingen bis zur Reichenau von Lichtern begleitet worden sei, die vom Himmel herabschwebten.

Nun zu einer Hand an der Nase des Erlösers ...

DAS BERNRAINER KREUZ

Die Hand an Christi Nase

Anno Christi 1384 gingen etliche arme Knaben aus der Konstanzer Vorstadt Stadelhofen in den eine Stunde davon entfernten Bernrainischen Wald (heute Stadtgebiet Kreuzlingen in der Schweiz), um Brennholz zu sammeln. Als sie mit den gesammelten Reisigbündeln bei dem auf der Bernrainer Höhe stehenden Christuskreuz ausruhen wollten, griff der Mutwilligste unter ihnen namens Schappeler dem Bilde unseres Heilands unter die Nase und sprach mit spöttischen Gebärden: „Herr Gott, lass dir die Nase schnäuzen, so küss ich dich desto lieber!" Worauf ihm augenblicklich die Hand erstarrte und fest an der Nase des Christusbildes angeheftet blieb, dass er unbeweglich mit ausgestrecktem Arme allda stehen musste. Voll Entsetzen eilten die anderen Kinder in die Stadt zurück und erzählten es den Leuten, worauf sich sogleich eine große Anzahl geistlicher und weltlicher Personen in Prozession an jenen Ort begab und Gott den Allmächtigen um Gnade und Barmherzigkeit anrief, bis die Hand des Knaben sich wieder von der Nase des Bildes ablöste.
Trotz dieser fürchterlichen Warnung aber blieb der Junge weiterhin so gottlos und leichtfertig wie davor. Namentlich war ihm das Fluchen und Lästern so zur zweiten Natur geworden, dass ihm zwei Jahre später durch Urteil des Stadtmagistrats die Zunge aus dem Hals geschnitten wurde. Das wunderbare Christusbild aber ist noch heutigentags (1733) zu sehen. Es wurde auf städtische Kosten auf dem Bernrainer Hügel neben der Kirche errichtet. Es dient dem Andenken von zahlreichen Kranken und Notleidenden, an denen es fortwährend Wunder tut und deshalb verehrt wird.
Heute führt der Jakobsweg, der an dieser Stelle Schwabenweg genannt wird, am Kirchli Bernrain in Kreuzlingen vorbei. Vielleicht finden Sie bei einem Spaziergang auch noch das Bernrainer Kreuz; doch empfehlen wir Ihnen dringend, den Gekreuzigten nicht an der Nase anzufassen!

Gleich wird es gruselig. Wir spüren einer Geisterscheinung nach ...

KÜNSTLICHE GEISTERSCHEINUNG

Was man mit Spezialeffekten erreichen kann

Viele Menschen sind seit jeher leichtgläubig und naiv. Sind es heute Werbeversprechen, Esoterik und Verschwörungstheorien, die man leichtgläubig für wahr erachtet, waren es einst Geister oder Gespenster. Ihnen dichtet der Volksglaube übernatürliche Fähigkeiten zu, die in alten Häusern oder Burgen hausen. Die Naturwissenschaft sieht in Geistern unabsichtliche, subjektive Fehldeutung nicht erfasster Naturphänomene. Die Medizin erkennt Geister als Halluzinationen falsch verarbeiteter Sinnesreize im Gehirn. Die Psychologie nennt sie eine Einbildung, die für den Wahrnehmenden subjektiv vorhanden ist. Schwierig wird die Erklärung jedoch dann, wenn mehrere Personen zu verschiedenen Zeiten die gleichen Beobachtungen machen.

Im Bodenseegebiet wurde einst immer wieder vom „ewigen Fuhrmann" berichtet, der in der Zeit zwischen Martini und Weihnachten mit lautem Getöse in die Luft fährt und beständig „ho-ho" ruft. Besonders in der Nikolausnacht soll um die Mitternachtsstunde ein Gespenst über den See gehen.

Der Geist des Ritters von Oberriedern, der vor vielen Jahrhunderten oberhalb von Oberuhldingen beim Gebhardsberg in einem Schloss mit einem großen Wall gewohnt haben soll, das schon lange nicht mehr besteht, soll immer noch regelmäßig über den See ziehen. Dabei beteuern die älteren Fischer und Schiffer, dass der Rittersgeist bei jeder Schiffmannsnot auf stürmischer See um Hilfe gerufen wird. Sie versichern, dass dieser Hilferuf niemals umsonst war und der Geist ihnen aus ihrer Seenot geholfen habe.

Seit jeher werden Geisterscheinungen jedoch auch absichtlich herbeigeführt, um mit diesen Täuschungen zu betrügen. So wollte man bestimmte Orte in Verruf bringen oder die Menschen zu einem bestimmten Handeln bewegen. Die Zimmer'sche Chronik berichtet davon, dass Reichenauer Mönche ein unheimlich beleuchtetes Schiff herrichteten. Dieses ließen sie nachts auf dem Mindelsee, den sie von einem Abt aus dem Haus der Herren von Bodman geschenkt bekommen hatten, mit einem Geist befahren. Er sollte immer wieder aufheulen und sagen, dass er nicht zur Ruhe kommen könne, bis der See wieder zur Reichenau gehöre.

Sind die Thurgauer wirklich alle Diebe ...?

DIE DIEBISCHEN THURGAUER

Warum man die Thurgauer „Langfinger" nennt

In der Schweiz neckt man sich gerne gegenseitig. So ist von den großmäuligen Zürchern, den geizigen Baslern, den Tennissocken tragenden Aargauern, den kleinen Appenzellern, den beschränkten Fribourgern, den langsamen Bernern und den diebischen Thurgauern die Rede. Bei diesen Vorurteilen wird den Bewohnern eines Kantons eine amüsante Eigenschaft zugeschrieben und mit zahlreichen Witzen gegenseitig zum Besten gegeben.

Am bittersten trifft es die Thurgauer, da sie immer als „Diebe" dargestellt werden. Man spricht sie deshalb auch immer wieder gerne als „Langfinger" an. Es ist sogar ein geflügelter Ausdruck, dass jemand „Thurgauer Finger" hat. Damit ist weniger die Länge als die räuberische Geschicklichkeit gemeint. Ein Beispiel gefällig? Im Geschichtsunterricht soll ein Schweizer Schüler etwas zu Stalingrad berichten. Darauf dieser: „An der Tramstation stand einmal ein Reisekoffer. Da kam ein Thurgauer des Wegs und stahl-ihn-grad."

Statistisch stiehlt ein Thurgauer nicht weniger, aber auch nicht mehr als andere Bürger. Doch wie kommt so ein Gerücht in die Welt? Vermutlich geht dieser Überbegriff auf das Jahr 1460 zurück. Damals kam der Thurgau unter Verwaltung der sieben Orte Glarus, Schwyz, Uri, Zürich, Zug, Nid- und Obwalden. Der Thurgau wurde von den Eidgenossen als „Untertanenland" fremdverwaltet.

Der jeweilige Landvogt, der selbst nicht aus dem Thurgau stammte, musste sich damals für jeweils zwei Jahre in sein Amt mit sogenannten Praktiziergeldern einkaufen. Heute würden wir dies als Schmiergelder oder erhöhte Werbungskosten benennen. Diese musste er aus eigener Tasche finanzieren und versuchte deshalb Gelder wieder möglichst effizient hereinzuholen. Daher waren es die Landvögte, die lange Finger machten, indem sie die Bürger auspressten und bei jeder Gelegenheit mehr nahmen, als ihnen zugestanden wäre. Also wurden zuerst die Landvögte der Thurgauer Langfinger genannt, was man dann später allen Thurgauern anhängte. Das ist die offizielle Erklärung.

Vorstellbar ist jedoch, dass die Thurgauer auch lange Finger machten. Notgedrungen versuchten sie alle Werte vor dem Zugriff der Landvögte zu verbergen und versteckten vor ihnen, was möglich war, um ihre Grundbedürfnisse zu decken und selbst überleben zu können. Erst 1798 wurde der Thurgau ein eigenständiger Kanton. Doch der zweifelhafte Beiname ist bis heute geblieben.

In der Schweiz wird der Kanton Thurgau auch gerne „Mostindien“ genannt, so zum Beispiel in der Zeitschrift „Der Postheiri“, die von 1845 bis 1875 in Solothurn herausgegeben wurde. 1853 war der Kanton Thurgau in Form einer Mostbirne gezeichnet und als „Most-India“ beschriftet worden. Damit überspitzte man die östliche Lage des Kantons und verballhornte das Wort „Ost“ zu „Most“, da der Obstanbau hier sehr verbreitet ist, und verglich den Thurgau mit dem im Osten liegenden fernen Indien. Im Thurgau wird traditionell viel Obst angebaut und der Thurgauer Birnenmost ist seit jeher bekannt. Im Laufe der Jahre etablierten sich Begriffe wie „Mostschweiz“ für die Ostschweiz, das „Mostindische Meer“ für den Bodensee, oder schlicht die „Mostsee“.

Und nun geht es einmal rund um den Bodensee ...

DIE GAUE AM BODENSEE

Von alten Flurnamen und ihrer Herkunft

Auch wenn man sich bei dem Wort Gau schnell in die schreckliche Zeit des Nationalsozialismus, Dritten Reichs und Zweiten Weltkriegs mit all seinen Verbrechen zurückversetzt fühlt, als Deutschland in 43 Gaue mit einem Gauleiter an der Spitze eingeteilt war, sei eines doch gleich vorweggesagt: Das Wort „Gau“ ist eine sehr alte Bezeichnung für eine landschaftlich geschlossene Siedlungsgemeinschaft der Germanen. Es kann auch mit „Region“ übersetzt werden, ist aber für frühere Jahrhunderte der historisch korrektere Begriff.

Rund um den Bodensee gab es zur Zeit des Herzogtums Schwaben fünf, manche schreiben sechs Gaue, deren Namen heute noch bekannt sind und benutzt werden. Fangen wir am westlichen Ende mit dem Hegau an. Heute versteht man unter Hegau meist die Landschaft westlich des Bodensees, hinter Radolfzell mit der größten Stadt Singen (im Hegau). Im Mittelalter ging der Hegau jedoch bis Konstanz. Der heutige Bodanrück, die Halbinsel zwischen Überlinger See und Untersee, wurde zum Hegau dazugezählt. Woher der Name abgeleitet wurde, ist nicht geklärt. Am weitesten verbreitet ist die These, dass das keltische Wort „kewen“, was Bergbuckel bedeutet, Pate stand. Bergbuckel bezieht sich dabei auf die erloschenen Vulkanberge, die die Landschaft des Hegaus eindrucksvoll prägen. Aus „Kewengau“ wurde dann womöglich „Hegau“.

Wir wandern um den See im Uhrzeigersinn und kommen in den Linzgau. Er wird im Süden vom Bodensee und im Osten vom Fluss Schussen begrenzt. Im Westen reicht er etwa bis Überlingen und nördlich bis nach Pfullendorf. Das Wort hat übrigens mit der österreichischen Stadt Linz nichts zu tun. Es geht auf eine Latinisierung des keltischen Flussnamens „Lentia“ zurück. Im Deutschen nennen wir diesen Fluss „Linzer Aach“, bisweilen auch „Seefelder Aach“.

Wenn wir weitergehen, kommen wir als Nächstes in den Argengau, gelegen zwischen der Schussen und Lindau. Somit liegt er heute sowohl in Baden-Württemberg als auch in Bayern. Benannt ist er selbstverständlich nach dem Fluss gleichen Namens, der Argen. Manchmal hört man auch noch die Flurbezeichnung „Schussengau“, Namensgeber ist der Fluss „Schussen“. Dieser war möglichweise nur ein Untergau zum Argengau, sozusagen dessen westlicher Teil.

Weiter geht es zum Rheingau, gelegen zwischen Bregenz und Rorschach. Seinen Namen verdankt er natürlich dem Rhein, der dort als Alpenrhein in den Bodensee fließt. Hierbei muss man allerdings aufpassen. Den

Blick auf den Hohentwiel, mit der gleichnamigen Festung, Ansicht um 1900

Namen „Rheingau“ gibt es mindestens noch ein zweites Mal in Deutschland, bei Bingen. Der Rhein fließt nun mal zu viele Kilometer durch Deutschland, als dass er nur einmal als Namensgeber benutzt wurde.
Es schließt sich der Thurgau an, den man nicht mit dem heutigen Schweizer Kanton gleichsetzen darf. Der moderne Thurgau ist kleiner. Der Gau des Mittelalters schloss sich an den Rheingau an, ging im Westen bis zum Hegau und vollendet somit den Kreis um den Bodensee. Benannt ist der Thurgau mal wieder nach einem Fluss, der Thur.

Nach diesem Ritt um den Bodensee nun zu etwas völlig anderem, zu Nudeln und zu Kreuzlingen-Nord ...

KREUZLINGEN-NORD KAUFT NUDELN

Vom kleinen Grenzverkehr und seinen Spötteleien

Die Grenze zwischen Kreuzlingen und Konstanz war schon immer eine grüne Grenze. Die einstige Bischofsstadt Konstanz hat ihr natürliches Hinterland seit jeher im Süden, im heutigen Kanton Thurgau. Der Bischof hatte viele Ländereien im Thurgau und die hohe Gerichtsbarkeit oblag bis Ende des 15. Jahrhunderts der Stadt Konstanz. Bis heute bewirtschaften viele deutsche Bauern und Kleingärtner Felder in der Schweiz, die hinter der Grenze im Privatbesitz der Stadt Konstanz sind. Jahrhundertelang war der Wochenmarkt in Konstanz der wichtigste Absatztermin für die Bauern des Kantons. In den beiden Weltkriegen blieb der Handel über die Grenze ein wichtiges Glied in der Lebensmittelversorgung. Erst 1940 wurde ein Grenzzaun errichtet, der jedoch 2006 wieder entfernt wurde.

Bis in die 1980er-Jahre hinein war die Schweiz ein attraktives Einkaufsparadies für die Deutschen. Bis dahin war das Preisgefälle so, dass viele Dinge des täglichen Bedarfs in der Schweiz günstiger einzukaufen waren. Im Nachkriegswunder drängten sich die Volkswagen-Käfer mit deutschen Kennzeichen auf den Parkplätzen vor den Schweizer Ladengeschäften. Preislich interessant waren vor allem Glühbirnen und Lebensmittel. Besonders geschätzt wurden Schweizer Schokolade und Nudeln. Aus diesem Grund spottete man auf eidgenössischer Seite gerne über die deutschen Autokennzeichen – „KN“ stünde für „Kaufe Nudeln“.

Da im Laufe der Zeit die beiden Ortschaften untrennbar zusammenwuchsen und man am Straßenbild vermutet, dass Konstanz und Kreuzlingen eine gemeinsame 100 000 Menschen umfassende Einheit bilden, hat der selbstbewusste Schweizer eine andere Erklärung für das Nummernschild. Die Kennzeichen der Grenzstadt „KN“ stünden tatsächlich für „Kreuzlingen-Nord“. Manche Leute sprechen auch schon von der Stadt „Kreuztanz“, der verbalen Symbiose aus Kreuzlingen und Konstanz.

Kreuzlingen hat einen sehr großen Ausländeranteil. Etwa 52 Prozent der Bürger haben keinen Schweizer Pass, davon wiederum die meisten einen deutschen. Da sich die Verhältnisse der Kaufkraft in den letzten Jahren umgedreht haben, sind heute die Schweizer die wichtigsten Kunden in den meisten Geschäften der größten Bodenseestadt. An einem Samstag sieht man in den Konstanzer Parkhäusern fast nur Schweizer Kennzeichen, und das Stimmengewirr in der Fußgängerzone wird vom Schweizerdeutschen dominiert. Daher ist es heute vielleicht tatsächlich so, dass die Konstanzer Altstadt zum Kreuzlinger Stadtteil im Norden mutiert.

Blick von Kreuzlingen auf Konstanz

Die Deutschen sieht man in der Schweiz deutlich seltener einkaufen. Trotzdem lassen sie viel Geld in der Schweiz. Denn mit der lokalen Preispolitik der Mineralölkonzerne und den unterschiedlichen Steuersätzen lohnt sich die Fahrt über die Grenze. Selbst bei starkem Frankenkurs sind die Benzinpreise in der Schweiz für die Konstanzer immer noch ein Schnäppchen.
Und wie spottet man in Deutschland über die Schweizer Kennzeichen? Das konnten wir bisher noch nicht herausfinden. Falls Ihnen jedoch eine spaßige Bemerkung für das Kürzel „TG“ einfallen sollte, lassen Sie es uns bitte wissen.

Besuchen wir nun eines der größten Feste am See in Friedrichshafen …

DAS SEEHASENFEST IN FRIEDRICHSHAFEN

Ein modernes Volksfest mit antiken Wurzeln

Wenn man sich die Mühe macht und in einem Lexikon den Begriff „Seehase“ nachschlägt, stößt man zuerst auf eine Meeresschnecke, die diese Bezeichnung trägt, dann auf einen Fisch, aus dessen Rogen (Eiern) der sogenannte „deutsche Kaviar“ gewonnen wird. Es sei angemerkt, dass beide Tiere nicht im Bodensee vorkommen, ja mit der gesamten Region Süddeutschland nicht in Verbindung zu bringen sind. Umso mehr mag es verwundern, dass schon seit vielen Jahrhunderten die Bewohner des Bodensees „Seehasen“ genannt werden. Woher diese Bezeichnung stammt, ist nicht eindeutig geklärt, aber manche erzählen gerne eine Sage, die von den alten Römern und den Seehasen handelt.

Um zu den möglichen Wurzeln dieses Namens vorzustoßen, müssen wir weit zurück in die Vergangenheit, in eine Zeit vor unserer Zeitrechnung, als das römische Weltreich allmählich Gestalt annahm. 58 v.Chr. begann der römische Feldherr Cäsar den Feldzug, den er selbst den Gallischen Krieg nennen sollte. Er eroberte in sieben Jahren ganz Gallien – nicht ein Dorf konnte der aggressiven Militärmacht widerstehen. Im Rahmen dieser Militärkampagne geriet erstmals das Gebiet nördlich der Alpen in den Fokus römischer Expansionspolitik. Allerdings sollte es noch einige Jahre dauern, bis Rom dort Fuß fassen konnte. 15 v.Chr. besetzten die Legionen des Nachfolgers Cäsars, des Kaisers Augustus, die nördliche Alpenregion inklusive Alpenvorland.

Nun war auch der Bodensee ein Teil des römischen Imperiums. Über 200 Jahre sollte Friede herrschen, bis zu Beginn des 3. Jahrhunderts die germanischen Alemannen den Limes niederrannten und tief in das Römische Reich vordrangen. Nur mit großem militärischem Aufwand konnten sie zurückgeschlagen werden. Doch die bisherigen Grenzen konnten nicht länger gehalten werden – Rom zog sich auf südlichere Positionen zurück. So wurde das südliche Bodenseeufer Außengrenze und Vorposten römischer Macht und Zivilisation in Mitteleuropa. Zahlreiche Kastelle in der Region sollten die Grenzen schützen. Am Bodensee waren Teile der 12. römischen Legion stationiert. Jede Legion bzw. ihre nächste Untereinheit, die Kohorte, besaß ein sogenanntes Feldzeichen bzw. eine Standarte. Eine sehr alte Sage berichtet nun davon, dass die Kohorte am See als Feldzeichen einen Hasen hatte, ein schon bei den alten Römern bekanntes Symbol für Fruchtbarkeit – nicht zu verwechseln mit dem Angsthasen. Diese Soldaten waren also die Hasen vom See – eben Seehasen genannt.

Blick auf Friedrichshafen

Als die Römer „schwach geworden“ und sich im frühen 5. Jahrhundert endgültig aus der Bodenseeregion zurückzogen, blieb die Erinnerung an sie jedoch bis in unsere Zeit lebendig: In Form des von ihnen eingeführten Weines, ihrer Sprache, ihres Rechtssystems und vieles mehr. Nicht zuletzt bezeichnen sich die Menschen am See bis heute als Seehasen. So ganz ist Rom also nie untergegangen, denn irgendwie sind wir doch alle auch Römer ...

Dies ist die am weitesten verbreitete und irgendwie schönste Erklärung für das Wort „Seehase“. Besonders in Friedrichshafen kennt diesen Begriff jedes Kind, da in dieser Stadt unter dem Motto „Seeblick mit Weitsicht“ alljährlich an einem Wochenende im Juli das sogenannte Seehasenfest stattfindet, das Jung und Alt erfreut. Es ist ein Kinder- und Heimatfest, das zum ersten Mal 1949, vier Jahre nach Kriegsende stattfand und in der Tat als unmittelbare Reaktion auf die Schrecken des Zweiten Weltkriegs zu verstehen ist. Seit 1943 wurde die Industriestadt am See systematisch aus der Luft durch alliierte Bomber zerstört, große Teile lagen 1945 in Trümmern. Inmitten der Wiederaufbauarbeiten hatten nun einige Stadträte eine wirklich schöne Idee: Sie suchten nach einer Möglichkeit, vor allem den Kindern – von denen nicht wenige durch den Wahnsinn des Krieges stark traumatisiert waren – etwas Freude zu schenken, ihnen vielleicht ein kleines Lächeln auf ihre Gesichter zu zaubern. So wurde das Seehasenfest geboren.

Da die Stadt aber kaum Gelder zur Verfügung hatte, suchte man freiwillige Helfer, die bereit wären, das Fest zu planen und durchzuführen. Ein eigens eingerichteter Festausschuss nahm seine Arbeit auf und stellte das

erste Seehasenfest am Montag, den 25. Juli auf die Beine – unter anderem mit einem Kinderfestzug mit rund 4000 Schulkindern und einem Vergnügungspark. Damit war eine neue Tradition geboren.
Die Hauptfigur des Festes ist – wie sollte es anders sein – der Seehase. Meist wird er von einem jungen Mann aus der Umgebung verkörpert, der in ein weißes Hasenfell mit schwarzen Flecken gehüllt ist. Er ist bei allen wichtigen Veranstaltungen des Festes anwesend und wirkt aktiv mit. Das gesamte Fest erstreckt sich mittlerweile auf fünf Tage, von Donnerstag bis Montag. „Eingeläutet" wird es mit dem Antrommeln am Donnerstagnachmittag. Darauf folgt der Eröffnungsabend, dessen Hauptattraktion ein Theaterstück darstellt, das die Schüler einer turnusmäßig wechselnden Friedrichshafener Schule aufführen und am Freitag bzw. Sonntag wiederholen. Nach der Aufführung am Donnerstag hält der Oberbürgermeister eine Eröffnungsrede, die in das kollektive Singen des Heimatliedes der Stadt Friedrichshafen überleitet. Am Freitagmorgen finden auf dem Gelände des VfB Friedrichshafen Sportveranstaltungen für Schüler statt, wie das „Seehasen-Fußballturnier" sowie Volleyball- und Basketballwettkämpfe, während Fanfarenzüge ebenfalls ihr Können präsentieren. Abends zieht dann der obligatorische Bieranstich viele Besucher an. Am Samstag verteilt der Seehase auf dem Rathausplatz Spiele und Süßigkeiten an die Kleinsten. Die etwas Größeren können beim Armbrustschießen und Ballwerfen am Zeppelindenkmal ihr Können unter Beweis stellen. Das Fischerstechen am gleichen Tag im Gondelhafen ist einer der Höhepunkte des Festes, der vielleicht nur vom „Seehasen-Feuerwerk" über dem See übertroffen wird. Dieses Spektakel zieht jedes Jahr Tausende Schaulustige an die Uferpromenade.
Am Sonntagmorgen wird ein ökumenischer Gottesdienst in einer Kirche angeboten, dem ein Konzert der Fanfarenzüge auf der Wiese hinter dem Graf-Zeppelin-Haus folgt. Am Nachmittag findet der seit 1949 einen festen Bestandteil bildende Umzug mit etwa 4500 Schülerinnen und Schülern statt. Mitten drin befindet sich der Seehase mit Schützenkönig(in) und Ballkönig(in) auf einem der Umzugswagen. Den Abschluss bildet der Montag, an dem weitere sportliche Wettkämpfe wie etwa das Tretbootrennen stattfinden. Am Abend dieses Tages wird der Seehase verabschiedet und man freut sich auf das nächste Jahr mit einem neuen Seehasen im alten Kostüm.
Seit über 65 Jahren gehört dieses Fest zu Friedrichshafen wie das Zeppelinmuseum oder Volleyball. Was würden die Römer wohl dazu sagen, wenn sie wüssten, was aus ihren Seehasen geworden ist?

In einem Lied der 1980er-Jahre heißt es: „Das Böse ist immer und überall." Wundern wir uns also nicht, dass der Teufel auch schon im Thurgau war …

DER TEUFEL IM THURGAU

Wie die Schweizer den Teufel überlisteten

Eines Tages fiel es dem Teufel ein, dem Thurgau, der ihm als ein wahres Paradies geschildert wurde, einen Besuch abzustatten. Es stimmt schon, wie es in allen Geschichten heißt, dass der Teufel ein wüster Geselle ist, voller Tücken und Abgefeimtheiten und dass er jede Schurkerei anwendet, um eine Seele zu ergattern.

Der Weg führte ihn auf den Thurgauer Seerücken, von wo sich ihm der Bodensee mit seinen Gestaden in allen seinen Reizen gar lieblich darbot. Es gefiel ihm übrigens ausgezeichnet im Land am Bodensee, erinnerte es ihn doch in seiner Schönheit an das ferne, verschlossene Paradies.

Da kamen einige waschechte Thurgauer gleich frisch vom Lande, die ihm gerade noch fehlten in der Hölle. Aber nicht einmal ein armseliger Bettler geriet ihm in die Finger, denn die Thurgauer sind rechtschaffene, fleißige Leute, die sich nicht fürchten müssen vor dem Teufel und überhaupt gar keine Zeit haben, an Teufelszeug und dergleichen zu denken. Aber diese Bravheit reizte den Teufel gerade, dachte er doch, solch einen biederen Thurgauer zu erwischen, wäre wirklich ein kleines Meisterstück und bedeute eine besondere Rarität in seiner verrufenen Hölle.

Da er in anderen Kantonen und auch drüben in Deutschland gehört hatte, die Thurgauer wären nicht gerade die Pfiffigsten und Schlausten, wollte er sie mit einem teuflisch klugen Streich überlisten und die gefangenen, zappelnden Seelen recht köstlich braten lassen im heißesten Kessel. Nach kurzer Zeit jedoch machte er die Beobachtung, dass die Bewohner des Dorfes weit aufgeweckter waren, als man sie ihm zuvor geschildert hatte.

Er kicherte schon in seiner Vorfreude und kratzte sich dabei recht unmanierlich, bezog Wohnung und Kost in einer gut geführten Wirtschaft am verträumten Untersee am „Schwäbischen Meer“ und ließ sich dabei wie ein richtiger Feriengast verwöhnen mit gutem Essen und Trinken. Freilich, er kehrte nicht als gewöhnlicher Teufel im Thurgau ein, da hätten ihn die Leute gleich erkannt und mit ihren sauberen Besen fortgejagt. Säuberlich und elegant gekleidet, die Hörnchen gut versteckt in seinem schwarzen Haarwuchs, den Pferdefuß weich eingebettet in einem Lederschuh, ein Stöcklein unterm Arm, spazierte er herum und besah sich die Gegend. Freilich, wenn er vorbeischritt, roch er bedenklich, dass die Leute die Nase rümpften und gerne Näheres über den Beruf dieses Mannes erfahren hätten.

Er traf nun eines Nachmittags einen Bauern, der gerade beim Mosten

Blick auf Schloss Salenstein, im Hintergrund die Reichenau

war und ihm einen recht plumpen und dummen Eindruck machte. „Den will ich kriegen“, schmunzelte der Teufel. Er trat zum Bauern, lupfte den Hut und fragte dies und das, sprach vom Obst, vom Wetter, von den Weltläufen und seufzte zwischenhinein: „Oh, wie ist es heiß, wie ist es warm in dieser Gegend!“ Dann, als käme ihm ein guter Gedanke, trat er nahe an den Bauern heran und meinte: „Ich möchte mich mal baden. Machen wir eine Wette. Sie richten das Bad, ich ziehe mich derweilen aus. Bin ich vorher ausgezogen, habe ich gewonnen, haben Sie das Bad zuerst gerichtet, bin ich der Verlierer. Gewinnen Sie, gebe ich Ihnen tausend Taler. Gewinne ich, ja, gewinne ich, geben Sie mir, sagen wir einmal, einige sieben Tröpflein Blut, ja?“ Auf diese Wette ging der Bauer ohne Zögern ein.

„Aha“, dachte der Bauer, „das ist so einer“, tat aber nichts dergleichen, sagte, er wäre wohl einverstanden, müsse aber zuerst noch dieses Obst fertig pressen. Damit war der Teufel zufrieden und schaute sich derweil tüchtig um, hatte er doch solch einen Mostereibetrieb noch nie gesehen. Es duftete gar süß und köstlich, dass dem Teufel das Wasser im Maul zusammenlief. Das bemerkte der Bauer wohl, zwinkerte mit den Augen und fragte so nebenbei, ob er einmal einen Schluck probieren wolle von diesem guten Obstsaft.

„Oh, sehr gern“, nickte der Teufel und machte sich an die Stande, die halb voll dastand, beugte sich hinunter und schlurfte laut und mit Behagen das goldige Nass, das seiner ausgebrannten, vertrockneten Kehle ausgezeichnet mundete. „So etwas sollte ich in der Hölle haben“, malte

er sich aus und trank, hingegeben und versunken, als er plötzlich einen Stoß bekam, dass er vornüber in die Stande plumpste. Es klatschte, und hurtig setzte der Bauer den Deckel auf die Stande, nahm einige Nägel und hämmerte sie kräftig in den Deckel.
So saß der Teufel im Bade, bevor er sich ausgezogen hatte, ungewollt und recht geschlagen. Wie er winselte und bat, man möchte ihn doch herauslassen! Erst als er feierlich versprochen hatte, die Wette genau einzuhalten, ließ ihn der Bauer heraus. Wie troff der Teufel vom Most, als er zeternd davoneilte und den Bauern, den Most und alles beschimpfte.
Aber wenn man nun denkt, der Teufel habe genug gehabt von den Thurgauern, so irrt man sich gewaltig. Denn ein Teufel ist und bleibt ein Teufel und versucht immer wieder, eine Seele zu gewinnen. Es braucht einiges, bis er wirklich einmal tüchtig geschlagen ist und die Aussichtslosigkeit seiner Schurkereien einsieht. Er verzog sich also in eine andere thurgauische Gegend, wo er dümmere Leute zu finden hoffte.
Indessen hatte der geprellte Höllenfürst kaum einen Ort gefunden, wo es ihm weniger pfiffig zuzugehen schien. Er nahm bei einem Müller, der eine reizende Tochter hatte, Obdach. Da überkam ihn schon wieder die Lust, sich mit den geistreichen Thurgauern zu messen und seinem Wirt eine Wette vorzuschlagen. Die habe der Müller gewonnen, meinte der Teufel, wenn er ihm binnen einiger Tage das Reiten beibringe. „Gut", sagte da der Müller, indem er dem Teufel die Hand reichte, „ich bin damit einverstanden und wette zehn gegen eins, dass ich gewinne. Aber was muss ich Euch geben, wenn ich verliere?" Der hocherfreute Teufel erwiderte: „Ich verlange nichts als deine Tochter zur Frau." Der Müller, dem der sauber gekleidete junge Mann wohlgefiel, da er ja nicht wusste, mit welch gefährlichem Gesellen er es zu tun hatte, sagte entschlossen: „Meinetwegen, wenn meine Tochter Euch will! Was aber gebt Ihr mir, wenn ich gewinne?" Der Teufel hielt das Verlieren jedoch für unmöglich und schlug vor: „Dann baue ich dir und deiner Tochter ein schönes Schloss." Bei dieser Abrede verblieb es.
Nun hatte aber des Müllers Tochter die beiden Männer hinter einer Wand belauscht. Sie konnte und mochte dem Teufel ihr Herz nicht verschenken, aber das schöne Schloss wollte sie auch nicht verscherzen. Sie tat also dem Teufel gegenüber ohne Maßen freundlich und ging zum Schein willig auf alles ein, was der Teufel wollte. Sie ließ sich bei einer geheimen Zusammenkunft die Pracht seiner Heimat schildern und gab ihm sogar das Versprechen, sie wolle ihm ohne Zögern dorthin folgen, sobald er mit ihr vermählt sei. Auch stellte sie ihm eine weitere Zusammenkunft in Aussicht, so er sich nicht daran stoße, sich vorher in einem Ziegenstall verbergen zu müssen, von wo sie ihn dann auf ihr Zimmer abholen werde.
Am verabredeten Tag fand sich der Höllenritter zur bezeichneten Stunde

im Ziegenstall ein und wartete voller Verlangen auf die schöne Müllerstochter. Doch kaum hatte er sich in dem kleinen, düsteren Gemach umgesehen, da bekam er von hinten einen derartig heftigen Stoß, dass es ihn mit aller Macht an die Wand schleuderte. Und nun hagelte es in einem fort Püffe und Schläge auf seinen Rücken. Der verängstigte Teufel schrie laut um Hilfe und suchte rasch das Freie. Dort bemerkte er zu seinem größten Entsetzen, dass die Tür verschlossen war. Als die sich endlich öffnete und der Teufel in tausend Ängsten hinausstürzen wollte, fühlte er sich plötzlich von hinten gepackt und auf den Rücken eines Ziegenbockes gesetzt. Der suchte mit ihm unter dem schallenden Gelächter des Müllers und seiner Tochter das Weite. Da hatte der Teufel genug vom Thurgau. Er bestellte einen Baumeister, der dem Müller das Schloss bauen sollte, das er ihm versprochen hatte, schnürte schleunigst sein Bündel und fuhr zornschnaubend zur Hölle. Von den pfiffigen Thurgauern hat er seither nichts mehr wissen, sehen und hören wollen.

Wir wenden uns nun gen Norden und betreten die Insel Reichenau, um einen Schlangenvertreiber zu treffen ...

PIRMIN DER SCHLANGENVERTREIBER

Die Reichenau als Zentrum abendländischer Klosterkultur

Einst war die größte Insel des Bodensees, die Reichenau, wildes, von Unkraut überwuchertes Ödland, das von einem austrasischen (fränkischen) Landvogt namens Sintlas verwaltet wurde. Dieser residierte auf der nahen Burg Sandeck, oberhalb Bergnang am Untersee. Nach ihm wurde die Reichenau ursprünglich Sintlas-Au genannt. Sintlas galt als frommer und eifriger Mann, der sich die Verbreitung des Christentums in der Region zum Ziel gesetzt hatte. Ihm gelang es, den heiligen Pirmin für seine Heimat zu gewinnen.

Pirmin stammte wahrscheinlich von der grünen Insel, von Irland, wie so viele christliche Missionare des Frühmittelalters. Um 690 geboren, zog er nach Frankreich, wurde um 720 im Meaux zum Wanderbischof geweiht und als Missionar in das heutige Nordwestfrankreich und an den Oberrhein geschickt. Zum fränkischen Hausmeier, dem wahren Herrscher des mächtigen Frankenreiches, unterhielt er gute Beziehungen. Karl Martell, der Großvater Karls des Großen, unterstellte Pirmin seinem persönlichen Schutz. Auf seinen Wandermissionen gründete Pirmin zahlreiche Klöster auch in der heutigen Nordschweiz, darunter wohl Pfungen bei Winterthur.

Nun kam er also im Jahr 724 auf Einladung von Sintlas an den Bodensee. Dieser bat ihn, ein Haus der Andacht in der Gegend zu gründen. Pirmin wählte zu diesem Zweck die von Unkraut zugewucherte Insel. Da sie aber zusätzlich von allerlei scheußlichem Kriechgetier, vor allem Schlangen, bewohnt war, riet Sintlas dem Heiligen von seinem Ansinnen ab. Dessen Entschluss stand jedoch fest und so ließ er sich von einem Schiffer auf die Insel hinüberfahren, die neben den bereits erwähnten Schlangen nur Kröten, giftige Insekten, finstere Wälder, dorniges Gebüsch und Sümpfe beherbergte.

Als der Wanderbischof an Land ging, entstand wundersamerweise an der Stelle, die sein Bischofsstab zuerst berührte, eine Quelle mit frischem Wasser. All die hässlichen Tiere aber flohen angesichts des Heiligen und schwammen über den See. Drei Tage und Nächte soll ihre Flucht gedauert haben. Nun war die Insel frei von diesem Gewürm, sodass Pirmin als Nächstes mit 40 Helfern die wilden Sträucher und das dichte Unkraut ausriss, um die Insel für Menschen bewohnbar zu machen. Nach diesem zivilisatorischen Akt wurde nun ein Kloster gegründet, das weit über die Grenzen des Bodensees berühmt werden sollte. Dies durfte Pirmin jedoch nicht mehr erleben, denn schon nach drei Jahren musste er die von

Insel Reichenau im Bodensee, Ansicht aus 2003

ihm urbar gemachte Insel wieder verlassen, da er zwischen die Fronten von Streitigkeiten der Alemannen einerseits und der Franken andererseits geraten war. Bevor er abreiste, setzte er seinen Schüler Heddo als Vorsteher seines Stifts auf der Sintlas-Au ein. Dieser führte sodann die Ordensregel des heiligen Benedikt ein und leitete das Kloster klug und gewissenhaft.

In den folgenden Jahrhunderten wurde es zu einem Mittelpunkt des abendländischen Mönchtums nördlich der Alpen. Weithin drang der Ruhm des Klosters, das lange Zeit neben St. Gallen eine der ersten Bildungsstätten im deutschsprachigen Raum war. Könige und Kaiser wetteiferten in ihren Schenkungen an das Kloster, das zu den wohlhabendsten weit und breit wurde. Unter Abt Waldo wurde es im späten 8. Jahrhundert zur karolingischen Abtei und genoss fortan königliche Gunst. Mittlerweile erhielt die Insel auch einen neuen Namen. Aufgrund ihres – vor allem spirituellen – Reichtums wurde aus der Sintlas-Au die „Reichenau". Eine erste Blütezeit fiel in das frühe 9. Jahrhundert, was mit der Gründung der Reichenauer Gelehrtenschule zusammenfiel. Abt Haito war der Erbauer des Marienmünsters in Mittelzell, in dessen Chor 888 Kaiser Karl der Dicke beigesetzt wurde – immerhin der einzige Herrscher, dessen Gebeine am Bodensee ihre ewige Ruhe gefunden haben.

Wie ging es mit der Reichenau, mit „Pirmins Kind" weiter? Die Könige und Kaiser aus dem Herrschergeschlecht der Ottonen unterstützten eifrig das Kloster und sorgten für eine zweite Blüte im beginnenden Hochmittelalter. Buchmalerei, Musik, Dichtung und spirituelle Literatur sind ein Ausdruck dieses Kulturschaffens. Im 13. Jahrhundert begann der allmähliche spirituelle und wirtschaftliche Niedergang in einer sich stark verändernden sozialen und wirtschaftlichen Umwelt des anfangenden Spätmittelalters. Reformversuche scheiterten wiederholt. Zeitweise war der ganze Klosterbesitz verpfändet. 1402 gab es neben dem Abt nur noch zwei Mönche. Das Ende dieser altehrwürdigen Institution schien nahe. In der Renaissance konnte die Existenz des Klosters aber noch einmal gerettet werden; es gab wieder „Mönchsnachwuchs". Ab dem 16. Jahrhundert wurde das Kloster dem Besitz der Bischöfe von Konstanz einverleibt. 1803 war es dann vorbei: Im Rahmen der Napoleonischen Kriege und des Reichsdeputationshauptschlusses, Historiker nennen dieses sehr umfangreiche und zäh zu lesende Werk kurz nur den „Reichsdep(p)", wurde das Kloster und dessen Besitz aufgehoben. Die weltlichen Güter fielen an den Staat. Diese „Verstaatlichung" geistlich-kirchlicher Güter nennt man auch „Säkularisation".

2000 wurde die Reichenau mit ihrer herausragenden Bedeutung für das christliche Europa in das Weltkulturerbe der UNESCO aufgenommen und damit auch der Bodensee – zumindest zum Teil.

Doch mittlerweile gibt es auch wieder Mönche auf der Reichenau. Seit 2001 sind es immerhin zwei Benediktinerbrüder. 2004 wurde hochoffiziell die Cella St. Benedikt gegründet und das Reichenauer Kloster wiederbelebt. Wesentliche Aufgaben sind vor allem die Pfarrseelsorge auf der Reichenau. Auch wenn die historische Entwicklung manchmal an einem Endpunkt angekommen scheint, wird der Faden der Geschichte bisweilen zu einem späteren Zeitpunkt wieder aufgegriffen und weitergesponnen.

Die Legende des heiligen Pirmin wird heute noch jedem Schulkind auf der Reichenau und in der Umgebung erzählt. Er gehört zu den populärsten Persönlichkeiten der Region. Auch wenn wir heute die Geschichte mit der Schlangenvertreibung korrekterweise allegorisch deuten und nicht wörtlich nehmen – die Schlangen, Kröten und das Unkraut stehen für das vorchristliche Heidentum, das Pirmin und seine Helfer verbannten – hat sie dadurch ihre sprachliche Schönheit und geschichtliche Wirkung keineswegs eingebüßt.

Allerdings sollte man bei aller Beachtung dieses Mannes die Reichenau nicht auf das Kloster oder ihren Gründer reduzieren. Ein Ausflug auf diese Insel lohnt sich immer, besonders bei schönem Wetter im Sommer. Ob man einen schönen Tag im Strandbad verbringt, am Ufer entlangspaziert, einen leckeren Seefisch in einem der Restaurants genießt oder einfach nur mit dem Fahrrad das Eiland erkundet, die Schönheit dieser Ecke des Bodensees erschließt sich jedem sofort.

Den heiligen Pirmin kann man übrigens noch heute auf der Reichenau besuchen. Ein überlebensgroßes Standbild, das ihn darstellt, befindet sich am Ende des Reichenauer Damms unmittelbar vor der Radwegbrücke. Bis in unsere Zeit ist der Taufname Pirmin sehr beliebt bei Reichenauer Familien. Wenn Sie mal wieder – oder erstmals – auf dieser wunderschönen Bodenseeinsel voller Geschichte und Kultur sind, vergessen Sie nicht, ihn zu besuchen. Er hat es verdient.

Wir bewegen uns ein paar Kilometer nach Norden auf die andere Seeseite nach Meersburg und hören unter anderem vom Zwingtor ...

DAS VERMAUERTE ZWINGTOR

Über die Stadt Meersburg

Einer alten Sage nach steht die Stadt Meersburg auf dem Wasser. Nur eine dünne Erdschicht liegt zwischen ihren Straßen, Plätzen und dem See. Vor Zeiten wollte einer einen Brunnen graben, aber bald brach das Seewasser aus der Tiefe hervor. Kommt einmal ein Erdbeben, so falle Meersburg ins Wasser. So weit die Mythologie.

Im Jahr 988 ist in einer Urkunde Ottos III. erstmals von Burg bzw. Stadt Meersburg die Rede. Es ist anzunehmen, dass eine Fähre von hier nach Staad führte und die Burg die Aufgabe hatte, den Weg über den See und das Hinterland zu decken. Hier war eine wichtige Handelsroute zwischen Oberschwaben und Rätien. Die Burg gehörte offenbar einem Franken namens Martin, denn in der ersten Hälfte des 12. Jahrhunderts werden Herren von Merdespurch, Mersburg, Merdesbuch, Mercesburch bzw. Mercespurc erwähnt. Sie weisen auf den Namen Merti hin, der alemannischen Form für den fränkischen Heiligen Martin. Meersburg wäre also die Burg des Franken Martin gewesen.

Der hohe viereckige Turm ist wohl der älteste Teil der Burg, von dem merowingischen König Dagobert erbaut. Später bewohnte Karl Martell, der fränkische Hausmeier und Begründer der fränkischen Großmacht, die Felsenburg, als er gegen die aufrührerischen Alemannen zog. In den Bereich der Sage gehört es wohl auch, dass von hier aus der junge Konradin, der letzte Hohenstaufer, seinen Weg nach Italien angetreten und auf dem Schafott in Neapel beendet hat. Nachweislich 1211 geht der Besitz von den königlichen Lehensträgern auf den Bischof von Konstanz über, die Jahrhunderte lang hier residierten, bis die Stadt 1802 an Baden fiel. Im Jahr 1233 erhält der Ort ein Marktrecht, 1260 eine Mauer und 1299 das Stadtrecht. Fiel bis dahin das Ufer steil in den See hinab, erweiterte man nun durch Aufschüttungen den Ort in den See hinein, wodurch die Unterstadt mit dem großen Marktplatz entstehen konnte.

In die konstanzisch-bischöfliche Zeit führt auch die Sage vom vermauerten Tor. Oberhalb der Stadt, in der Nähe der Kirche, stand dereinst das sogenannte „Zwingtor" oder das „zugemauerte Tor", das seinen Namen daher hatte, weil außer dem Bischof niemand hier durchgehen durfte. Ein Ritter, der diesem Gebot zuwider den Tordurchgang benutzen wollte, wurde von einem wachhabenden Meersburger Bürger daran gehindert. Darüber kam es zum Streit, der Ritter schlug zu. Tot sank der Bürger zu Boden. Männer eilten herbei, doch der Ritter konnte sich in die bischöfliche Burg flüchten, deren Tore hinter ihm verrammelt wur-

Meersburger Hafen, Ansicht um 1920

den. Die Bürgerschaft war empört über den als ungerecht empfundenen Tod ihres Mitbürgers und die Empörung wurde noch gesteigert, als der Ritter Schutz im Schloss fand. Als ihnen die Auslieferung des Mörders verweigert wurde, stürmten die Bürger das Schloss.
Sowohl der Bischof als auch der Ritter hatten sich durch einen unterirdischen Gang zum Kapitelstorkel, von da durch den hintern Seetorturm zum Kapitelshof, heute Hotel zum Schiff, dann an den See geflüchtet und nach Arbon hinüberschiffen lassen. Der Bischof soll hierauf die Stadt in die Acht genommen und seinen Sitz nach Konstanz verlegt haben. Das Zwingtor wurde zugemauert, weshalb man es auch das „zugemauerte Tor" geheißen hat. Als man im Jahre 1820 das Tor abbrach, fand man mehrere Bündel Armbrustpfeile, wovon noch vier im Stadtarchiv zu finden sein sollen. Ob diese von der spektakulären Verfolgungsjagd stammen, ist bisher ungeklärt.

Sind der Bodensee und ein See in Schweden miteinander verbunden ...?

BODENSEE UND VÄTTERSEE

Unterirdische Verbindung nach Schweden

Eine alte bemerkenswerte Volkssage, die der aus Birmingham stammende Engländer Alfred Radcliffe-Brown, Pionier der britischen Sozialanthropologie, aus Schweden berichtet, handelt vom Vättersee. Der in Schweden kurz Vättern, vom altschwedischen Wort für See oder Gewässer, genannte See in Östergotland ist der zweitgrößte des Landes und mehr als dreimal so groß wie der Bodensee. Mit einer maximalen Tiefe von nur hundert Metern kann er jedoch mit der Tiefe des Bodensees bei Weitem nicht mithalten. Nach Vättern ist eine Badmöbelserie des schwedischen Möbelherstellers IKEA benannt. Die größte Stadt am See ist Jönköping mit Huskvarna. Huskvarna ist mit seiner Gewehrmanufaktur seit dem 17. Jahrhundert industriell aktiv. Später wurden im gleichnamigen Unternehmen Fahrräder und Nähmaschinen gefertigt, die bis heute international bekannt sind.
Dem Vättersee sagt man Folgendes nach: Oft bei stillstem Wetter stürmt der See plötzlich auf. Dies geschehe immer dann, wenn am Bodensee ein Sturm braust. Umgekehrt erspürt der Bodensee jeden Sturm am Vättersee und schlägt trotz offensichtlicher Windstille Wellen. Dies geschieht durch ein unterirdisches Höhlensystem, das beide Seen miteinander verbindet. Aus diesem Grund sind in ihnen auch die gleichen Fischarten zu finden. Dies gilt natürlich auch für die Seeungeheuer, die man bisher noch nicht gefunden hat. Denn immer, wenn sie in dem einen See gesucht werden, flüchten sie sich in den anderen.

Wir bleiben auf dem See und besuchen den feurigen Fischer ...

DER FEURIGE FISCHER

Die pyrotechnische Tradition auf dem See

Früher sah man auf dem Bodensee zur Nachtzeit oftmals einen feurigen Mann, den man nur den „feurigen Fischer" nannte. Derselbe lief auf der ganzen Fläche des Sees umher und neckte die Fischer, die bei Nacht fuhren. Er setzte das oft so lange fort, bis sie ihm ein Band oder ein gewobenes Seil zuwarfen und riefen: „Fischer, hier hast du ein Bändel!" Dann kam er sogleich ans Schiff, nahm das Bändel oder Seil, zündete es an und soll manchmal gesagt haben: „So lang dies Bändel brennt, so lang darf ich ruhen von meinen höllischen Qualen."

Man hat ihn an allen Orten, die am Bodensee liegen, schon gesehen. Einst geschah es, dass die Spinnerinnen, die den feurigen Fischer auf dem See erblickten, ihm zuweilen einen lang und dick gesponnenen Faden zum Fenster hinaushielten und ihm zuriefen. Augenblicklich stand er hinter dem Fenster und nahm den Faden, und wenn derselbe recht lang war, so schlug er ein helles Freudengelächter an, begab sich wieder auf den See und zündete den Faden an.

Das größte Feuerspektakel findet alljährlich am zweiten Samstag im August statt. Das Seenachtsfest gipfelt in einem riesigen Feuerwerk, bei dem die Pyrotechniker in Konstanz und Kreuzlingen um die Wette funkeln. Bereits 1507 wollten die schlauen Bürger der Stadt mit einem Feuerwerk den „letzten Ritter" Kaiser Maximilian zu Wohltaten und handfesten Vorteilen überzeugen. Der Feuerzauber wurde daraufhin regelmäßig wiederholt. Mitte des 19. Jahrhunderts wollte der noch junge Verkehrsverein den wachsenden Tourismus stärker ankurbeln. An sogenannten „Beleuchtungsabenden" wurden illuminierte Boote in einem Korso auf den See geschickt und der noch junge Stadtgarten mit bengalischen Feuern erleuchtet. Sprangen dann noch ein paar Feuerwerkskörper in den sommerlichen Himmel, war die Begeisterung groß. Nach dem Zweiten Weltkrieg versuchten sich viele Badeorte am See mit solchen Veranstaltungen. Von dieser Vielfalt ist heute nur noch das große Seenachtsfest in der Konstanzer Bucht übrig geblieben. Die beiden Veranstalter wetteifern um die besten Effekte, sodass hohes pyrotechnisches Niveau garantiert ist. Seit einigen Jahren werden die Lichteffekte mit Musik untermalt. Die Begeisterung der Zuschauer ist ungebrochen. Das sollten Sie sich nicht entgehen lassen!

Gestatten Sie, dass wir Ihnen den nächsten Gast vorstellen, sein Name ist Bond, James Bond ...

JAMES BOND ZU GAST

Wie der berühmteste Agent der Filmwelt den Bodensee besuchte

Wer kennt ihn nicht, den smarten britischen Agenten im Geheimdienst ihrer Majestät mit der Lizenz zum Töten? Ausgedrückt in der wohl berühmtesten Zahlenfolge der Filmgeschichte: 007. Seit über 50 Jahren – beginnend 1962 mit dem Blockbuster „James Bond jagt Dr. No" – begeistert er Millionen von Kinobesuchern und Fernsehzuschauern, wenn er spektakulär die Welt vor finsteren Mächten rettet, nebenbei noch die schönsten Frauen verführt und mindestens einmal pro Abenteuer seinen berühmten Drink „Wodka Martini" bestellt – natürlich „geschüttelt, nicht gerührt". James Bond ist ein cineastisches Jahrhundertphänomen, auf Zelluloid gebannter Zeitgeist. Erfunden wurde die Romanfigur vom britischen Schriftsteller Ian Fleming, der während des Zweiten Weltkriegs tatsächlich eine Zeitlang als Spion für den britischen Geheimdienst im Einsatz war.

Eines der Erfolgsrezepte der James-Bond-Filmreihe, die mittlerweile über 20 Spielfilme umfasst, sind die oftmals exotischen, wunderschönen Drehorte, die zum Träumen einladen und nicht selten die Tourismusindustrie der jeweiligen Städte und Länder ankurbelten. James Bond ist auf der ganzen Welt im Einsatz und hat mittlerweile schon fast alle berühmten Orte der Welt besucht.

Im Laufe seiner Einsätze für Freiheit, Vaterland und Königin war er schon dreimal in Venedig, zweimal in Istanbul, mehrmals in der Schweiz, aber auch in Rio de Janeiro, an den Iguazú-Wasserfällen an der brasilianisch-argentinischen Grenze, bei den ägyptischen Pyramiden von Gizeh, an den schönsten Stellen Indiens (vor allem am Taj Mahal und dem Palast von Udaipur), an mehreren Orten der Karibik, in St. Petersburg, Island, auf der Golden Gate Bridge in San Francisco, in New York, Fort Knox, Japan, Hongkong, Macao, Las Vegas, Bangkok, auf den griechischen Inseln, in den Meteora-Klöstern, in Ostberlin, Stuttgart, Afghanistan, Marokko, Kuba, London, Schottland, Siena und noch vielen Orten mehr. In einem Film war er sogar außerhalb der Erde in einem Raumschiff in gefährlicher Mission unterwegs.

Das Ganze liest sich wie eine Liste, die man „1000 Städte und Orte, die ich vor meinem Ableben besucht haben sollte" nennen könnte. Dabei dürfen wir nicht vergessen, dass vor allem in den Anfangsjahren von Bonds Karriere viele dieser Schauplätze noch dem internationalen Jetset vorbehalten waren. Der Massentourismus befand sich erst im Entstehen. Noch in den Siebzigerjahren waren die allerwenigsten Bundesbürger

Daniel Craig alias James Bond 007

jemals an der Copacabana, in indischen Tempeln oder der sonnigen Karibik gewesen.
Einmal kam James Bond auch an den Bodensee. In seinem 22. Abenteuer „Ein Quantum Trost" aus dem Jahr 2008 verfolgte er Mitglieder eines internationalen Verbrechersyndikats bis nach Bregenz. Auf der Seebühne, während der Vorstellung der Puccini-Oper „Tosca", kam es zu einem vorläufigen Showdown.
Als nun im Vorfeld der Dreharbeiten bekannt wurde, dass das neue Bond-Abenteuer unter anderem in der Hauptstadt Vorarlbergs gedreht werden sollte, war die Begeisterung grenzenlos. Manche Geschäftsleute witterten neue Einnahmequellen. Beispielsweise kamen einige Bregenzer Bäcker auf die Idee, Brot in 007-Form zu backen. Viele aber träumten davon, irgendwie bei diesem Film vor der Kamera dabei sein zu dürfen. Zehntausende von Menschen – zum Teil aus der ganzen Welt – bewarben sich um die sehr begehrten Statistenrollen. Dies passiert bei jedem Dreh, denn Millionen Fans rund um den Globus haben den sehnlichsten Wunsch, einmal – und sei es auch nur für eine halbe Sekunde – in einem Bond-Film zumindest im Hintergrund zu sehen zu sein. Wie gesagt, viele bewarben sich mit der Hoffnung auf ein Quäntchen Glück. Dabei wurden nicht wenige enttäuscht, die nicht berücksichtigt oder vom Filmset wieder weggeschickt wurden. Insgesamt wurden jedoch Hunderte von Statisten und Komparsen benötigt, die zum Teil stunden-

lang stehend auf einen sekundenschnellen Einsatz warten mussten, ohne Gewähr, dass der Regisseur bei der Nachbearbeitung des Films nicht vielleicht genau diese Szene rausschnitt, in der man gerade für einen Augenblick zu sehen war.
Zusätzlich kamen Tausende von Schaulustigen an die Absperrungen, um zumindest einen kurzen Blick auf den Hauptdarsteller erhaschen zu können. Immerhin wurden die Glücklichen, die beim Dreh als Statisten dabei sein durften, mit 60 Euro pro Tag entlohnt. Ihnen wurde genau vorgeschrieben, was sie wie tragen sollten: Die Frauen ein schickes Abendkleid, die Männer einen tadellos sitzenden Smoking. Wessen Kleidung nicht ganz passte, fleckig oder sonst irgendwie nicht perfekt aussah, der wurde weggeschickt. Manche wollten protestieren, doch die Produktionsfirma ließ sich auf keine Diskussionen ein. In einem Bond-Film sollen nun mal nur schöne, gut gekleidete Menschen zu sehen sein. Dabei blieb es nicht aus, dass die eine oder andere peinliche Situation die Anwesenden erheiterte. Eine junge Frau aus Konstanz gehörte zu den Glücklichen und setzte sich im Casting für eine Statistenrolle durch. Ihre Aufgabe war es, in einem eleganten Abendkleid auf einer Treppe der Seebühne einfach nur herumzustehen und eine gute Figur zu machen. Nach eigenen Angaben war sie seit Kindheitstagen ein großer Fan und fieberte dem Augenblick entgegen, endlich den aktuellen Bond, den englischen Schauspieler Daniel Craig live zu sehen. Nach mehreren Stunden des Wartens schmerzten langsam schon Beine und Füße. Dann plötzlich war es so weit: Daniel Craig alias James Bond stürmte die Treppe herunter – und die junge Frau wurde von ihren Gefühlen überwältigt. Sie verlor die Kontrolle über sich, begann zu zittern und schrie urplötzlich hysterisch los: „Da ist James Bond!" Cut, damit war die Szene im Eimer. Der Regisseur herrschte die Frau an und machte ihr deutlich, dass sie beim nächsten kleinsten Laut den Drehort sofort verlassen müsse. Daniel Craig selbst hat es wohl mit Humor genommen. Wahrscheinlich ist ihm das nicht zum ersten Mal passiert. Die Szene wurde wiederholt, diesmal ohne Zwischenfälle.
Solche und viele andere kleine, manchmal peinliche Dinge passieren bei jedem Dreh eines Films, in dem die Hauptfigur sich stets mit folgenden Worten vorzustellen pflegt: „Mein Name ist Bond, James Bond."
Dieser Geheimagent ist ein Phänomen, eine unvergleichbare Pop-Ikone unserer Zeit. Und wer weiß, vielleicht verschlägt ihn einer seiner nächsten Einsätze wieder an den Bodensee. Genug schöne Landschaften und Städte haben wir allemal, um entsprechend stilvoll mit wunderschöner Hintergrundkulisse von 007 die Welt retten zu lassen.

Wir verlassen jetzt die große Welt des Kinos und tauchen ein in unsere Heimat zum besseren Gebet ...

Benediktinerkloster Maria Einsiedeln, Holzschnitt 1577

DAS BESSERE GEBET

Der Bischof und der Einsiedler

Ein Einsiedler ist ein Eigenbrötler, der aufgrund seines Gedankenguts und seiner Lebensweise selbstgewählt einsam lebt – sei es geografisch, gesellschaftlich oder mental. Die ältesten überlieferten Eremiten, wie man sie auch nennt, haben sich im 3. Jahrhundert in die Wüste zurückgezogen, um nach Christi Vorbild in Gebet, Askese und Arbeit zu leben. Sie waren die Vorläufer heutiger Mönchsorden. Der Wallfahrtsort Einsiedeln in der Schweiz trägt bis heute die Einsiedelei im Ortsnamen. Eine schöne alte Sage berichtet jedoch von einem ganz anderen Eremiten.

Von einem Einsiedler, der in den helvetischen Landen gewohnt haben soll, wird erzählt, dass ihn der Weihbischof von Konstanz besucht hat, um zu erfahren, was hinter ihm stecken möge. Da habe er eine pure Einfalt angetroffen, und als er den Einsiedler befragte, was er bete, hätte er geantwortet, er bete nur ein kurzes lateinisches Gebet. Als nun der Weihbischof gefragt habe, wie es laute, hätte er geantwortet: „O Domine miserere Dei!“ (Oh Herr, erbarme Dich Gottes!) Darauf habe der Bischof gesagt: „Du betest nicht recht, sondern musst sagen: ‚O Domine miserere mei‘.“ (Oh Herr, erbarme dich meiner bzw. hab’ Erbarmen mit mir.)

Als der Bischof nun seinen Rückweg antrat und über den Bodensee fuhr, sei der Einsiedler dem Schiff plötzlich auf dem Wasser nachgelaufen – rufend und bittend, der Bischof solle ein wenig innehalten, er hätte das Gebet vergessen und wäre wieder auf die alte Redewendung gekommen. Als aber der Weihbischof das Wunder sah, hätte er das Kreuz über ihn gemacht und gesagt: „Gehe hin in Gottes Namen, du kannst besser beten als ich.“ Darauf sei der Einsiedler wieder umgekehrt und habe sich zurück in seine Klause begeben.

Woher hat die Höri eigentlich ihren Namen …?

WOHER HAT DIE HÖRI IHREN NAMEN?

Der letzte Augenblick der göttlichen Schöpfung

Der Bodensee gilt nicht umsonst als eine der schönsten und beliebtesten Ferienregionen Deutschlands, ja ganz Mitteleuropas. Die jährlich steigenden Besucher- bzw. Touristenzahlen verdeutlichen dies auf eindrucksvolle Weise. Wenn man gefragt wird, welche Ecke am See man auf jeden Fall besuchen sollte, fällt die Antwort nicht leicht. Jede Ecke am „Schwäbischen Meer“ besitzt ihre Reize und hat es verdient, dass man sie besucht. Doch nach ausgewogener Betrachtung darf eine Landschaft am Bodensee nicht fehlen – die Höri.

Diese Halbinsel im westlichen Bodensee, zwischen Radolfzell und Stein am Rhein, ist bei schönem Wetter vor allem im Sommer ein wahres Kleinod, das man unbedingt besucht haben sollte. Sie ist ungefähr 45 Quadratkilometer groß und umfasst die Gemeinden Gaienhofen, Moos und Öhningen. Der Singener Ortsteil Bohlingen wird ebenfalls dazu gezählt und gerne auch als „Tor zur Höri“ bezeichnet. Der Schiener Berg im Hinterland ist die höchste Erhebung mit ungefähr 716 Metern. Von seiner Spitze aus hat man einen sagenhaften Blick fast über die gesamte Halbinsel.

So verwundert es nicht, dass in den letzten Jahrzehnten immer wieder Menschen auf die Höri zogen, um einerseits die Ruhe und Schönheit dieser Landschaft zu genießen. Andererseits konnte man auch schnell in Konstanz oder Zürich sein, wenn man unter Menschen kommen wollte, um die Vorzüge einer Stadt zu genießen. Während der finsteren Zeit der NS-Diktatur kamen viele bekannte und unbekannte Künstler, die laut brauner Propaganda „entartete Kunst“ erschufen, hierher, um in relativer Ruhe und Zurückgezogenheit zu leben und um gegebenenfalls schnell in die benachbarte Schweiz zu flüchten. In den 50ern kamen weitere Künstler hinzu, sodass sich eine weit über die Grenzen des Bodensees hinausgehende bekannte Künstlerszene etablierte. Der Begriff „Höri-Maler“ oder „Höri-Künstler“ bürgerte sich für diese Menschen ein, die weniger ihre künstlerischen Ansätze, als vielmehr ihr Motiv verband, hier zu leben und zu wirken. Die bekanntesten Namen jener Jahre sind wohl Hermann Hesse, Otto Dix und Hans Sauerbruch. Auch in unserer Zeit leben viele Kunstschaffende in dieser Region, die auf eine verzaubernde Art die Menschen zu künstlerischem Schaffen inspiriert.

Doch die schönste Geschichte rund um diese Halbinsel beschäftigt sich mit der Herkunft ihres Namens. Sicher gibt es die nüchtern-wissenschaftliche Erklärung, nach der der Name sich von der Tatsache ableitet,

Blick auf Hemmenhofen am Untersee

dass die Region früher zum Bistum Konstanz „gehörte", erstmals in einer kaiserlichen Urkunde des Jahres 1155 erwähnt. Doch hier wollen wir auch die andere Legende erzählen:
Seit Jahrhunderten berichtet der Volksmund davon, dass der Herrgott persönlich der Landschaft den Namen gegeben habe. Der biblische Schöpfungsmythos berichtet, dass Gott in sechs Tagen die Welt erschuf, beginnend mit dem Licht, das in die Welt kam, und – nach alemannischer Überlieferung – endend mit dem Bodensee und seiner lieblichen Landschaft. Als Gott zum Schluss sich noch einmal besonders anstrengte und unseren See formte, war er zufrieden und erschöpft zugleich. Er bemerkte, wie schön ihm speziell sein letztes Werk gelungen war und rief zufrieden in alemannischer Mundart aus: „Jetzt hör i!", schriftdeutsch „Jetzt höre ich auf!". Und so erhielt die Höri ihren Namen. Welch wunderschöne Legende.

Was ist laut Volksmund schlimmer als Tod und Teufel? Genau, ein zänkisches Weib …

DAS ZÄNKISCHE WEIB

Wie man die Damen vom späten Ausgang abhält

Eine alte Sage berichtet vom Dorf Allensbach am Gnadensee. Auf dem Platz, wo einst ein Schloss gestanden habe, dem „Schlossbuck", hüte ein großer schwarzer Pudel vergrabene Schätze. Der Anblick des Tieres sei so schrecklich, dass man ihn den „Borstigen" nenne.
Vor einigen Jahren lebte in selbigem Ort ein zänkisches Weib, das mit ihrem Mann tagaus tagein Händel hatte. Einmal in später Nacht, als sie wieder mit ihrem Gatten im Streit lag, verließ sie das Haus unter lauten Verwünschungen und sprang zornentbrannt durch das Dorf. Wie sie nun am „Schlossbuck" vorbeikam, war es gerade Mitternacht.
Da trat ihr der „Borstige" in den Weg, flößte ihr mit seinen glühenden Augen einen solchen Schrecken ein, dass sie schnurstracks umkehrte und zu ihrer Wohnung zurückeilte.
Doch der schwarze Pudel geleitete sie bis vor die Haustüre. Hier begann das böse Weib dermaßen zu klopfen, als ob die ganze Hölle hinter ihr her wäre, bis ihr der Mann endlich die Türe öffnete. Als dieser den gespenstischen Begleiter sah, den seine Frau bei sich hatte, sagte er spöttisch: „Du hast bei Gott einen sauberen Gesellen mitgebracht!"
Seitdem war das zänkische Weib geheilt und nie mehr vom Haushalt fortgelaufen.

In der nächsten Geschichte wird es esoterisch außerirdisch ...

KORNKREISE AM BODENSEE

Außerirdische Spuren oder nur ein origineller Scherz?

Wer hat noch nicht von den mysteriösen symmetrischen Mustern in Getreidefeldern gehört, die allgemein als „Kornkreise" bezeichnet werden? Seit über 30 Jahren tauchen weltweit immer wieder Berichte über solche Felder auf, in denen Kornhalme in einer bestimmten Weise gebogen oder abgemäht wurden. Die dadurch entstehenden geometrischen Muster – es muss sich keineswegs nur um einfache Kreise handeln – sind meist nur aus der Vogelperspektive erkennbar. Wer ist dafür verantwortlich? Und was wird damit bezweckt? Wir wissen es nicht.

Erstaunlich ist dabei, dass die sogenannten Kornkreise wohl schon vor Jahrhunderten auftauchten, sich erst in den 1980ern durch regelmäßige Berichterstattungen in den Massenmedien – allen voran dem Fernsehen – häuften und dadurch weltweite Beachtung fanden. Auf die frühesten Quellen, die auf Kornkreise hindeuten, stößt man in Frankreich im späten 16. Jahrhundert: Eine Gruppe von Männern wird beschuldigt, in einem Kornfeld durch einen Kreistanz den Teufel beschworen zu haben. Der dazu benutzte Kornkreis wird ausdrücklich erwähnt. Hier erkennt man die deutlichen Verbindungen der Kornkreise zu Aberglauben sowie Zauberer- und Hexenverfolgungen. Dies sollte in den folgenden Jahrhunderten eine feste Konstante bleiben. Bis in das 20. Jahrhundert bezeichneten Bauern in England diese mysteriösen Gebilde „Devils Twist" („Teufelsspirale"). Die deutschstämmigen Amish in den USA nennen sie noch heute auch „Deiwelskreis".

In den 90ern wurden die Formen der Kreise immer komplexer und insbesondere die Esoterikszene nahm sich des Themas an – 2002 kam sogar ein Hollywoodfilm in die Kinos („Signs"), in dem die geheimnisvollen Muster außerirdischen Ursprungs waren. Manche Esoteriker glauben, dass die Kreise Warnungen übernatürlicher unbekannter Wesen – der Erde selbst? – sind. Andere vermuten eine Art kollektive Pflanzenintelligenz, kosmische Energien oder morphogenetische Felder als Verursacher. Die seriöse Wissenschaft lehnt all dies natürlich ab, ohne bisher eine eigene allgemeingültige Erklärung vorlegen zu können.

Bei diesem wahrhaft global verbreiteten Rätsel blieb es selbstverständlich nicht aus, dass früher oder später Kornkreise auch bei uns am Bodensee auftauchen würden. Seit gut 25 Jahren berichten die lokalen Medien in unregelmäßigen Abständen von diesen geometrischen Mustern in den Getreidefeldern: Ob bei Stockach, auf der Schweizer Seite nahe Romanshorn, Richtung Bregenz oder hinter Friedrichshafen, wann immer sie

Faszination Kornkreise

auftauchen, ist das Interesse zuerst groß – und flacht auch schnell wieder ab. Der vielleicht spektakulärste Fall in unserer Region ereignete sich im Sommer 2006 bei Überlingen. Ein Landwirt entdeckte auf seinem Weizenfeld ein gewundenes Muster mit einer Fläche von fast 8000 Quadratmetern. Zu Hunderten pilgerten Menschen zu diesem Feld, um das Spektakel mit eigenen Augen zu sehen. War dies ein weiteres Zeichen außerirdischer Intelligenzen oder ein Hinweis von Mutter Natur, dass wir aufhören sollen, unsere eigene Lebensgrundlage zu zerstören? Der Landwirt selbst konnte diesen Interpretationen nichts abgewinnen und vermutete irdischen, sprich menschlichen Ursprung. Viele der Schaulustigen aber spürten geheimnisvolle Energien und Schwingungen. Eine Frau behauptete, dass in der Mitte des Kreises ihre Finger gekribbelt hätten und kam zu dem für sie einzig möglichen Schluss: Diese starke kosmische Energie könne nur von Sirius kommen. Woher denn sonst? Schließlich nahm dieser Esoteriktourismus überhand und der Landwirt mähte das Feld kurzerhand ab, denn langsam wurde es ihm zu viel. Die Anfragen per Post, Telefon, Internet und E-Mail sollten ihn noch längere Zeit beschäftigen, manchmal sogar ärgern.
Seitdem werden in zahlreichen Mystik- und Parapsychologieforen im Internet und in Zeitschriften die Kornkreise vom Bodensee immer wieder besprochen, interpretiert und neu interpretiert, stets auf der Suche

nach der wirklichen Wahrheit oder der endgültigen tieferen kosmischen Erkenntnis.
Es ist auch nur eine Frage der Zeit, bis die nächsten mystisch-geometrischen Figuren bei uns am See auftauchen werden. Vielleicht sogar in Ihrer unmittelbaren Nachbarschaft oder gar in Ihrem Garten?
Ob man wirklich eines Tages herausfinden wird, was es mit diesen geheimnisvollen Kornkreisen auf sich hat und wer sie erschuf? Das „steht wohl in den Sternen".

Nach diesem Abstecher in die Esoterik nun zurück auf den Boden der legendenhaften Tatsachen. Besuchen wir mal Meersburg und treffen dort eine unglaublich hässliche Frau, die Konstanz aber viel Glück gebracht hat ...

WENDELGARD VON HALTEN

Wie Konstanz zu seinen besten Reben kam

Die bekannteste Besitzerin des großen Rebguts Haltnau war das Edelfräulein Wendelgard von Halten als Letzte ihres Geschlechts. Sie hatte durch Güte, Wohltun und Milde ihren Titel berechtigt geführt. Trotzdem wurde sie gemieden, denn ihr Äußeres war das Gegenteil ihres Innern und ihrer vornehmen Herkunft. Zur allgemeinen körperlichen Missgestalt hatte sie noch einen Höcker am Rücken und an Stelle des Mundes einen „Schweinsrüssel". Während diese Verunstaltung in jugendlichen Jahren vielleicht ein allerliebstes Schweinsrüsselchen war, veränderte es sich mit den Jahren zur ausgesprochenen Hässlichkeit, dass selbst das Gesinde vor seiner Gebieterin einen Ekel hatte. Einen Löffel konnte sie nicht benutzen, und so ließ sie sich eine silberne Schüssel fertigen, die einem Schweinströglein nicht unähnlich war. Aus diesem schlurfte und schlunzte sie ihr Essen.

Da sie aber Angst um ihr Leben hatte und meinte, weil man sie mied, man wolle sie vergiften, mussten immer zwei Personen ihres Gesindes mitessen. Das hielten aber weder die Weinbergknechte noch die Mägde lange aus und verließen lieber ihren Dienst. Die Furcht aber wurde in Wendelgard immer stärker. Deshalb stellte sie nun an den Rat der Stadt Meersburg das Verlangen, dass immer ein Ratsherr mit ihr essen solle. Dafür wollte sie sich im Spital verpfründen, wollte aber auch eine Chaise (zweisitzige Kutsche) haben, die nach ihren Begriffen zu einem angenehmen Lebensabend gehörte. Damit kam sie bei den urchigen (kernigen) Meersburger Ratsherren von anno dazumal schlecht an und sie mögen vielleicht gesagt haben: „Was? Au no mit dere esse? Mit d'r Wendelgard mit em Rüssel? Mahlzeit! Und au no Schees fahre? Ausg'rechnet d'Wendelgard! Des brucht se nit, onsereins muess au laafe. Des gibt's nit. Ihre Rebe kann se doch nit mitnehme, wenn se abkratzt." So oder so ähnlich wird das Ansuchen abgelehnt worden sein.

Darauf verhandelte Wendelgard mit dem Rat der Stadt Konstanz. Hier müssen wohl ihre Wünsche erfüllt worden sein, samt Chaise und zwei Dienstboten zu ihrer eigenen Verfügung, denn sie verpfründete sich im Spital mit ihrem schönen Gut als Pfründgabe. „Ihr dumme Kocke (Nichtsnutze), jetzt hennt er den Dreck! Warum hennt er au nit mit ihr esse wolle? Und warum hennt er kei Schees bewilligt?" So soll der Bürgermeister von Meersburg seine Ratsherren angefahren haben, als er den Ausgang der Geschichte erfuhr. Worauf die Räte ähnliche Gegenfragen stellten und behaupteten, der Bürgermeister wäre zuerst verpflichtet ge-

Morgenrot und Nebelschwaden über dem Haltnausteg

wesen, an den Mahlzeiten teilzunehmen. Es war nichts mehr zu machen und die Lust zur Tischgenossenschaft kam zu spät.
Wendelgard muss sich als Fremde in Konstanz aber sehr wohl gefühlt haben, denn nach ihrem Tode ergab sich, dass sie der Stadt auch ihre gesamte Hinterlassenschaft vermacht hatte. Da ist es erklärlich, dass die Meersburger Bürgerschaft dem Rat der Konstanzer Konkurrenz die verwunderlichsten Demütigungen nachsagte, was Wendelgard alles verlangt habe, vor allem, dass immer zwei Ratsherren mit ihr hätten essen müssen. Der Konstanzer Bürgermeister aber habe sofort gesagt, als er in Wendelgards Angelegenheit eingeweiht gewesen sei: „Machen wir, denn ewig wird sie ja wohl nit leben. Die erste Woche esse ich mit, und dann kommt einer nach dem andern von Euch dran, und zwar nach dem Alter." Und so geschah es auch. Wendelgard fiel die Frömmigkeit ihrer Tischgenossen auf, die vor jeder Mahlzeit ein stilles Gebetlein sprachen. Erfahren hat sie den Text nie, hat aber auch nie danach gefragt.
Das Gebetlein lautete:

Zum Wohl der Stadt trotz Rüssel,
fress' ich aus dieser Schüssel.
Die Wendelgard gleicht zwar dem Schwein,
doch stärk' ich mich am Haltnauwein.

Wenn dann Wendelgard nach dem Essen ihre Spazierfahrt machte, ließ der „Ratsherr vom Wendelgard-Dienst", wie sein Wochentitel lautete, sich einen Liter Haltnauer Auslese wohl schmecken. Den Armen von Konstanz erwies Wendelgard viel Gutes. Gestorben aber ist sie erst viel später, als von den Ratsherren erwünscht; manchen hat sie sogar überlebt. Die Schenkung der Haltnau an das Spital ist ein schönes Beispiel für Legendenbildung. Eine Urkunde, die sich heute im Stadtarchiv Konstanz befindet, hat diesen Vorgang dokumentiert. Danach schenkte am 6. November 1272 ein Konstanzer Bürger namens Ulrich, genannt Sumbri, dem Heilig-Geist-Spital in Konstanz einen Weinberg in „Halthuon" mit der Bestimmung, dass das Spital nach seinem Tod seiner Witwe Adelheid jährlich 20 Eimer Wein (etwa 1400 Liter) abliefern müsse.

Allein schon diese Menge zeigt, dass der Weinberg ziemlich groß und produktiv war, und er erwies sich tatsächlich bis heute als eine der einträglichen Stiftungen. Es war daher nur natürlich, dass – nachdem die wahren Hintergründe für diesen Besitz des Spitals im Laufe der Jahrhunderte vergessen worden waren – mancher Bürger aus dem benachbarten Meersburg voller Neid auf diesen Konstanzer „Schatz" blickte, den man zu gerne selbst gehabt hätte. Als literarische Reaktion darauf ist wohl die „Wendelgard"-Sage entstanden.

Die Meersburger können sich allerdings damit trösten, dass es nicht mangelndes Verhandlungsgeschick oder übertriebenes Schönheitsgefühl ihrer Vorfahren waren, die ihnen die Haltnau vorenthielten, sondern lediglich die geschichtliche Realität. 1272, zum Zeitpunkt der Stiftung, gab es noch kein Meersburger Heilig-Geist-Spital, sodass Ulrich gar keine andere Wahl hatte.

Erstmals erzählt wird diese Sage im Jahre 1861 von Franz Xaver Staiger in seiner Publikation „Meersburg am Bodensee". Einem größeren Publikum bekannt wurden sie erst, als der Konstanzer Stadtrat regelmäßig alljährlich im Herbst die Haltnau besuchte. So dauerte es bis zum Jahre 1921, als die „Konstanzer Zeitung" die „Wendelgard"-Sage wieder aufgriff.

Die Autoren, die die Sage erzählen, verweisen lediglich darauf, dass sie schon seit vielen Generationen weitergegeben wird. Aus den vielen bis heute veröffentlichten Fassungen kristallisieren sich zwei Versionen heraus. In der einen ist das treibende Motiv für Wendelgard, einen Ratsherrn an ihrer Tafel zu haben, die große Angst, vergiftet zu werden. In der anderen überwiegt die Vereinsamung und Missachtung durch ihre Mitmenschen.

Möglicherweise ist die erste Version die ältere, da gerade das 17. und 18. Jahrhundert von einer fast hysterischen Angst vor Vergiftung geprägt waren. Besonders der Adel hegte ständig Befürchtungen, durch vergiftete Mahlzeiten ermordet zu werden. So erfreuten sich damals Vorkoster und vermeintlich unfehlbar Gift anzeigende „Krötensteine" einer außerordentlichen Beliebtheit.

Gruseln wir uns nun ein bisschen beim Totenheer ...

GOTTLIEBEN

Von einem Totenheer und Geschwisterliebe

Fährt man mit dem Schiff den Seerhein, die Verbindung von Ober- und Untersee, flussabwärts, sieht man bald auf der linken Seite das Schloss Gottlieben. Es ist am Ortsrand von Gottlieben, eine der kleinsten Gemeinden der Schweiz, im Kanton Thurgau gelegen. Vom Wasser bietet es eine prächtige Steinfassade, die oben mit Zinnen begrenzt ist. Die Maßwerkfenster stammen aus dem Konstanzer Münster. Zwei wehrhafte Türme strecken sich trutzig in die Höhe. Die ehemalige Wasserburg wurde Mitte des 13. Jahrhunderts vom Konstanzer Bischof Eberhard II. Truchsess von Waldenburg errichtet. Sie diente als Zufluchtsort und Gerichtsstätte, weshalb sie über einen Gefängnistrakt verfügte. Damals führte an dieser Stelle eine Holzbrücke über den Rhein. Der Bischof wollte mit der alternativen Rheinquerung den Bürgern der Stadt Konstanz Konkurrenz machen, mit denen er im Streit lag. Sie war weithin die einzige Möglichkeit, den Bodensee bzw. den Rhein zu überqueren. Die Wasserburg hatte einen Wehrgang um das ganze Gebäude, damit sie größeren Angriffen standhalten konnte. Mit seinen Plänen, Gottlieben als befestigten Handelsort neben Konstanz zu etablieren, ist der Bischof jedoch letztlich gescheitert.
In der einstigen Burg Gottlieben lässt es sich einer alten Sage nach nicht ruhig schlafen. Zweimal im Jahr öffnen sich die Tore um Mitternacht. Das Fußstampfen bewaffneter Ritter lässt den Boden erdröhnen. Durch die Luft schallt das Klirren der Waffen und Ketten, begleitet von gequälten Schreien und dem Gejammer der Untoten. Blickt man aus dem Fenster, sieht man nichts. Und doch ist deutlich zu hören, wie das Totenheer in Richtung Tägermoos weiterzieht. Dem tosenden Waffengetümmel nach findet dort eine gewaltige Schlacht statt. Nach einiger Zeit werden zwei dunkle Kriegergestalten sichtbar, die brennende Lichter auf dem Kopf tragen. Doch plötzlich erschallt ein sonderbares Zischen und die beiden Gestalten sind mitsamt ihren Lichtern wieder verschwunden.
Eine weitere Sage berichtet von einer kleinen Landzunge, die einst neben der Burg Gottlieben in den Seerhein ragte. Darauf stand eine armselige Hütte, die von einem fleißigen Fischer und einem wunderschönen jungen Mädchen bewohnt wurde. Das hübsche Kind wurde dem Fischer vor Jahren durch eine adlige Frau anvertraut, warum war ungewiss. Eines Tages wurde das Fischermädchen durch einen angehenden Ordensbruder bei einem seiner Spaziergänge am Seeufer entdeckt. Erwin von Salenstein war gegen seinen Willen in ein Kloster aufgenommen worden und

versuchte nun, durch Ausflüge seinen Gram zu vergessen. Der Jüngling verliebte sich auf der Stelle in die Schöne und sie wuchs ihm mit der Zeit arg ans Herz. Da schwor er sich, niemals Mönch zu werden, sondern sie zu heiraten. Sein Vater jedoch, der von der Liebschaft erfahren hatte, ließ unverzüglich seinen Sohn zu sich kommen. Er gestand ihm, dass das Mädchen seine Tochter aus einer unseligen Liebschaft sei. Die Mutter des Mädchens habe es nach der Geburt dem Fischer zur Erziehung anvertraut. Da der Vater seinem Sohn nun jeden weiteren Kontakt zur leiblichen Schwester verbot, eilte der Jüngling entsetzt zu seiner Liebsten. Eng umschlungen saßen die beiden neben der Fischerhütte am Ufer des Seerheins und beklagten ihr Schicksal. Plötzlich trat der See mit dumpfem Brausen über die Landzunge und verschlang die Liebenden.
Während des Konstanzer Konzils kam Schloss Gottlieben eine besondere Rolle zu. Nachdem Papst Johannes XXIII., der die Kirchenversammlung einberufen hatte, geflohen war und zur Abdankung gezwungen wurde, hielt man ihn auf Schloss Gottlieben fest. Zeitgleich wurde Jan Hus, der als böhmischer Reformator mit einer persönlichen Einladung von König Sigismund und Papst Johannes XXIII. sowie dem Versprechen auf freies Geleit, nach Konstanz gelockt worden war, der Prozess als Ketzer gemacht. Der Papst wollte persönlich für die Unversehrtheit seiner Person garantieren, doch war ihm dies im Gefängnis wohl nicht mehr möglich. Jan Hus wurde zuerst in Konstanz eingesperrt. Nach ihm wurde ein halbrunder Anbau des heutigen Inselhotels „Hussenturm" benannt, in dem er geschmachtet haben soll. Von da wurde er in den Barfüßerturm an der heutigen Stefansschule verlegt. Beide Domizile sollen der Gesundheit des Böhmen nicht gut getan haben, weshalb man entschied, ihn gleichfalls auf Schloss Gottlieben unterzubringen.
Nun waren der Magister Jan Hus und Baldassare Cossa, einst Papst Johannes XXIII., der für die Unversehrtheit des Reformators garantieren wollte, auf dem westlichen Burgturm in einem hölzernen Blockhaus gefesselte Zellennachbarn. Dies ist sicher eine große Ironie des Schicksals. Ob sich die Zellennachbarn eine Nacht Wand an Wand was zu erzählen wussten? Während Jan Hus im Juli 1415 bei lebendigem Leibe verbrannt wurde, musste der Gegenpapst bis ins Frühjahr 1419 in verschiedenen Gefängnissen weiter ausharren. Nach seiner Freilassung hatte er jedoch nicht mehr lange zu leben. Ob es die schweren Haftbedingungen oder das schlechte Gewissen war, das er Jan Hus gegenüber haben musste, die ihn letztlich ins Grab brachten, ist nicht überliefert. Doch die Zeit entscheidet, wie jemand in die Geschichte eingeht und somit in den Köpfen der Menschen Präsenz zeigt. Baldassare Cossa, der ein paar Jahre als Gegenpapst Johannes XXIII. wirken konnte, ist heute nahezu unbekannt. Von ihm blieb nur ein prachtvolles Grabmal mit der Inschrift „einst war er Papst" im Dom zu Florenz. Fast 600 Jahre nach seiner

Hinrichtung ist Jan Hus jedoch immer noch vielen Menschen bekannt. Straßen und Gebäude tragen seinen Namen. In Tschechien wird er bis heute als Reformator und Nationalheld gefeiert. Zwei Gefangene Wand an Wand in Schloss Gottlieben, die das Schicksal beim Konstanzer Konzil zusammenführte und das letztlich über ihren Tod bzw. ihr Nachwirken entschied.
Falls Sie nun ganz gespannt sind, die geschichtsträchtigen Gemäuer des Schlosses Gottlieben selbst zu besichtigen, müssen wir Sie leider enttäuschen. Heute befindet sich das Gebäude in Privatbesitz und ist deshalb nicht mehr für die Öffentlichkeit zugänglich. Doch die „Weiße Flotte“ verkehrt regelmäßig mit ihren flachen Schiffen zwischen Stein am Rhein und Konstanz. Vom Sonnendeck haben Sie einen traumhaften Blick auf die Uferlandschaft, die besonders am Seerhein dicht an das Auge des Betrachters heranrückt. Den Höhepunkt stellt hier das Schloss Gottlieben dar, das man nun wenigstens von der Seeseite eingehend prüfen kann, ob nicht doch vielleicht etwas von den unglücklich Verliebten oder dem legendären Totenheer zu erkennen ist.

Und nun zu einer Hochzeit in einer Höhle ...

DIE HÖHLENHOCHZEIT ZU BERMATINGEN

Ein Ritter nimmt sich seine Braut

In Schiggendorf, heute ein Stadtteil von Meersburg, stand vor Urzeiten ein Schloss, worin ein böser und verwegener Raubritter hauste. Er hieß Riuhle und war kinderloser Witwer. Als dieser eines Tages unter den adligen Töchtern Ausschau hielt, um sich wieder zu vermählen, wollte ihn keine zum Manne haben. Da fasste er den kühnen Plan, sich mit der Hilfe seines Freundes, des benachbarten Ritters von Baitenhausen, der ein gar schlauer Fuchs war, des holdseligen Fräuleins zu bemächtigen, das drüben auf der Burg Ittendorf, heute ein Ortsteil von Markdorf, lebte.
Nun fügte es sich, als der Baitenhauser wieder einmal beim Schankwirt von Ittendorf und seiner Tochter zu Gast war, dass der Ittendorfer das Zimmer auf eine Weile verließ, um nach einem kranken Knecht zu sehen. Diesen Augenblick wusste der Baitenhauser alsbald auszunutzen, indem er die Schankwirtin bat, sie möge ihm doch die schönen Blumen zeigen, die sie von der Burg mitgebracht habe. Da führte ihn das Fräulein arglos in den Garten und zeigte ihm die Blumen. Als aber die beiden an der äußeren Gartenmauer angelangt waren, sprangen plötzlich vermummte Männer aus dem Gebüsch hervor, schafften das Fräulein auf Leitern über die Mauer, setzten es auf ein Ross und sprengten mit ihm davon.
Währenddessen zog über den See her ein heftiges Gewitter. Wie nun die Räuber mit der Gefangenen zur Bermatinger Höhle kamen, strahlte ihnen aus dem Innern der hell erleuchteten Höhle Lichterglanz entgegen, wie er noch nie gesehen worden war. Da brannten auf einem Altar an die tausend Kerzen. Vor ihnen standen festlich geschmückte Ritter in silberblanken Rüstungen. Dorthin wurde nun die Schenkin geführt und musste es trotz ihres Sträubens geschehen lassen, dass sie von einem Mönch mit dem Ritter von Schiggendorf getraut wurde. Nach dem Hochzeitsmahl ritten sie in früher Morgenstunde auf und davon. Da war auch der Glanz in der Höhle erloschen und jede Spur dieser geheimnisvollen Hochzeit verschwunden, als ob nichts gewesen wäre.
Der Schiggendorfer aber zog mit seinem Weibe in fremde Lande. Seine Raubburg zerfiel und wurde zuletzt abgetragen. Heute sieht man von der Burg nur noch sehr wenig. Gräben und Erdwälle, die bis zu fünf Meter tief die Landschaft zerschneiden, erinnern daran, dass hier in frühmittelalterlicher Zeit einmal eine Burg gestanden hat.

Von der rauen Entführung einer Braut zu einem eisigen Erlebnis ...

DIE SEEGFRÖRNE

Wenn der ganze See zufriert

Ungefähr zwei bis drei Mal in einem Jahrhundert friert der Bodensee vollständig zu, das bedeutet: Er ist komplett von einer Eisschicht bedeckt, die zeitweise sogar Menschen und Autos tragen kann. Dieses seltene Ereignis wird mit dem alemannischen Ausdruck „Seegfrörne" umschrieben – die Schweizer benutzen das fast identische Wort „Seegfrörni". Damit solch ein Naturspektakel stattfinden kann, müssen mehrere Faktoren zusammenkommen: Der Wasserstand des Sees sollte konstant niedrig sein. Des Weiteren muss auf einen außergewöhnlich kalten Sommer ein sehr kalter Herbst mit lang anhaltenden Ostwinden folgen, der in einen frühen Winter mit ebenfalls extrem kaltem Wetter, also wochenlangen Temperaturen weit unter dem Gefrierpunkt übergeht. Dann kann der Bodensee vollständig überfrieren, was das letzte Mal vor über 50 Jahren im Winter 1962/63 stattfand. Wer dies einmal miterlebt hat, vergisst es sein Leben lang nicht mehr.

Erstmals in den Quellen angedeutet wird eine Seegfrörne für das Jahr 875, wobei man davon ausgehen kann, dass dieses Phänomen schon seit Jahrtausenden – seit der Bildung des Bodensees – existiert. Ab dem 11. Jahrhundert sind die Grförnen regelmäßig belegt. Im 15. und 16. Jahrhundert – während der sogenannten Kleinen Eiszeit – kamen sie gehäuft vor, was ein weiteres Indiz für diese besondere klimatische Kälteperiode darstellt.

Unter der Rheinbrücke von Konstanz, der Stelle mit der stärksten Strömung, sowie zwischen Friedrichshafen und Romanshorn – der gleichzeitig breitesten und tiefsten Stelle des Bodensees mit regelmäßigem Fähr- und Schiffsverkehr – bildet sich die Eisdecke zuletzt. An diesen beiden Orten sammeln sich deswegen auch die heimischen Schwäne. Das Ende der Seegfrörne wiederum wird durch Tauwetter, Westwinde oder Föhn eingeleitet.

Betrachten wir etwas genauer das letzte Zufrieren des Sees und kehren zurück in einen wirklich eiskalten Winter: November 1962 – übrigens nur wenige Tage nach der Kubakrise, die beinahe zu einem sehr „heißen" Kalten Krieg geführt hätte – fielen die Temperaturen am See auf fast -8°C, um im Dezember sogar auf -13°C abzufallen. Ab Januar wurden immer mehr Wege über das Eis freigegeben und im Februar musste der Schiffs- und Fährverkehr eingestellt werden. Nur in der Mitte des Obersees blieb eine kleine Fläche eisfrei. Nun gehörte der See den Schlittschuhfahrern und Eiswanderern, die vereinzelt sogar über das Eis von Deutschland in

Impressionen von der letzten Seegfrörne 1963

die Schweiz oder umgekehrt liefen. Auch die Fasnacht fand mancherorts ebenfalls auf der Eisdecke statt. Vom 7. Februar bis zum 10. März waren Teile des Sees für Fußgänger, Fahrradfahrer und sogar Autofahrer freigegeben. So schnell – und günstig – kam man sonst nie mit dem eigenen Auto von Konstanz auf die andere Seite nach Meersburg.
Leider kam es, was bei solchen Ereignissen wohl nie ganz verhindert werden kann, zu einigen Unfällen: Manche Autofahrer, die abseits der abgesteckten Pisten fuhren, brachen ein und zwei Jugendliche bei Friedrichshafen erfroren auf einer losgelösten Eisscholle. Insgesamt waren fünf Todesopfer zu beklagen.
Eine seit Jahrhunderten fest etablierte Tradition bei Seegfrörnen sind die sogenannten Eisprozessionen. Vom schweizerischen Münsterlingen bis in das deutsche Hagnau und zurück führt die bekannteste, die das erste Mal 1573 urkundlich erwähnt ist. Dabei wird die Büste des heiligen Apostels Johannes über das Eis getragen und bei der nächsten Seegfrörni wieder zurückgebracht. Momentan wartet Johannes in Münsterlingen auf ein weiteres Zufrieren und seinen nächsten Besuch in Deutschland. Seine Büste steht dort in der Pfarrkirche des ehemaligen Benediktinerklosters. Diese Eisprozession ist ein wirklich schöner und sympathischer Brauch zur Völkerverständigung in, im wahrsten Sinne des Wortes, sehr „kalten Zeiten". Böse Zungen behaupten, dass die Büste aufgrund ihrer zweifelsfreien Hässlichkeit gerne auch wieder bei nächster Gelegenheit über den See verliehen wird.
Daneben gibt es noch weitere Freundschaftsrituale, von denen drei an dieser Stelle erwähnt werden sollen: Die Narrenschar „Löliclique Bottighofen" besuchte am 10. Februar 1963 die Narrengesellschaft „Eule" in Hagnau und schenkte den Gastgebern ein Glücksschwein. Schüler aus dem schweizerischen Altnau hatten bei einer früheren Seegfrörne 1830 ebenso die Hagnauer besucht. Ein Gegenbesuch der Hagnauer blieb im gleichen Jahr nicht aus, im Rahmen dessen ein Jesusbild, das an die Schule von Altnau übergeben wurde. Dieses Bildnis wurde 1963 von Altnauer Schülern nach Hagnau zurückgebracht und kann seitdem im Hagnauer Museum besichtigt werden. Ebenfalls 1963 besuchte die Konstanzer Narrengesellschaft Niederburg die Narrenzunft Schnabelgiere in Meersburg und überreichte als Zeichen der Freundschaft einen Pokal. Bei der nächsten Seegfrörne wird er dann von den Meersburgern nach Konstanz gebracht werden.
Bei so viel freundschaftlicher Verbundenheit kann man sich auf die nächste Eiszeit am Bodensee eigentlich nur freuen.

Nun wollen wir uns ein bisschen aufwärmen beim Anblick einer schönen Frau ...

DIE FISCHERIN VOM BODENSEE

Ein Idyll entsteht

Im Bodensee wird gefischt, seit Menschen an diesem Gewässer wohnen. Neben den unzähligen Privatleuten, die täglich vor der Arbeit mit dem Fischerboot in den frühen Morgenstunden ausfahren, um ihre Netze auszulegen, oder nach Feierabend gerne ihre Angel in das Wasser halten, gibt es in unserer Zeit noch etwa hundert Berufsfischer. Seit der Romantik wird dieses Gewerbe gerne verklärt auf Bildern dargestellt. Mit dem Tourismus am Bodensee kamen die Ansichtskarten, die oft mit Fischermotiven bedruckt waren.

Der Beruf des Fischers wurde, wie die meisten Gewerbe, von jeher von Männern ausgeführt. Doch im Jahr 1947 komponierte und textete der österreichische Musiker und Komponist Franz Winkler das Volkslied „Die Fischerin vom Bodensee". Im verkitschten Nachkriegsdeutschland mit seiner Sehnsucht nach idyllischer Friedlichkeit wurde das Lied rasch zum Gassenhauer:

Im Jahr 1947 entstand das Lied von der „Fischerin vom Bodensee"

Die Fischerin vom Bodensee

Die Fischerin vom Bodensee ist eine schöne Maid juche,
ist eine schöne Maid juche, die Fischerin vom Bodensee.
Und fährt sie auf den See hinaus, dann legt sie ihre Netze aus,
schon ist ein junges Fischlein drin, im Netz der schönen Fischerin.

Ein weißer Schwan ziehet den Kahn,
mit der schönen Fischerin auf dem blauen See dahin.
Im Abendrot schimmert das Boot.
Lieder klingen von der Höh' am schönen Bodensee.

Da kommt ein alter Hecht daher übers große Schwabenmeer,
übers große Schwabenmeer, da kommt ein alter Hecht daher.
Er möchte auch ins Netz hinein, möcht' bei der Maid gefangen sein,
doch zieht die Fischerin im Nu, das Netz schon wieder zu.

Ein weißer Schwan ziehet den Kahn,
mit der schönen Fischerin auf dem blauen See dahin.
Im Abendrot schimmert das Boot,
Lieder klingen von der Höh' am schönen Bodensee.

Es kam ein junger Fischersmann mit einer Rut' drei Meter lang,
mit einer Rut' drei Meter lang kam da ein junger Fischersmann,
der wollt' der Fischerin ans Hemd, ihm gar so sehr die Hosn brennt.
Doch hatte sie die Hand am Knie, glaub' mir, so klappt das nie.

Ein weißer Schwan ziehet den Kahn,
mit der schönen Fischerin auf dem blauen See dahin.
Im Abendrot schimmert das Boot.
Lieder klingen von der Höh' am schönen Bodensee.

Vermutlich wird man selten einen Schwan sehen, der ein Fischerboot hinter sich herzieht. Doch das Lied schlug ein wie eine Bombe. Kaum jemand, der nicht die Melodie und weite Passagen des Liedtextes auswendig vortragen konnte. Die Neubach-Film GmbH aus München produzierte daher 1956 einen gleichnamigen Heimatfilm. Neben „Die Fischerin vom Bodensee" wurde dieser Film mit den Liedern „Im Himmel gibt's kein Bier" und „Ohne Dich kann ich nicht leben" musikalisch untermalt. Marianne Hold, Gerhard Riedmann, Annie Roser und Joe Stöckel spielten tragende Rollen und verhalfen dem Film zu großem Erfolg. In ihm wird die Geschichte des armen Fischermädchens Maria erzählt, deren Familie seit Generationen vom Fischfang lebt. Der reiche Fisch-

züchter Bruckberger will die unliebsame Konkurrenz jedoch loswerden. Heimlich verliebt sich sein Sohn Hans in das schöne Fischermädchen und will sie mit Almosen unterstützen. Das Blatt wendet sich erst, als Maria mit dessen Hilfe ihren reichen Vater findet und zuletzt, wer hätte es anders gedacht, auch ihre wahre Liebe.
Um die Fischer am Bodensee zu sehen, empfehlen wir, kurz nach Sonnenaufgang vom Konstanzer Hafen auf den Bodensee zu blicken. In der Morgendämmerung bieten die zahlreichen Fischerboote im „Konstanzer Trichter" ein wunderbares Fotomotiv. Und wenn Sie genau hinsehen, können Sie vielleicht auch die schöne Fischerin vom Bodensee darunter entdecken.

Von der Bodenseefischerin nun auf in die Neue Welt ...

AMERIKA AM BODENSEE

Hat ein Radolfzeller der Neuen Welt ihren Namen gegeben?

Als Europa noch in seiner mittelalterlichen Enge umfangen, als unser Kontinent noch nicht aus dem „Schlaf des Mittelalters" erwacht war, gab es die Neue Welt noch nicht. Für die Menschen in Spanien, Portugal oder Irland ging die Sonne im Westen über einem riesigen ozeanischen Meer unter, das das Ende der Welt darstellte. Was lag dahinter? Nur wenige hatten sich vor dem schicksalsträchtigen Jahr 1492 in das große ozeanische Nichts vorgetraut, um das Geheimnis zu lüften und „hinter das Wetter zu gelangen".

Auch wenn wir Menschen des 21. Jahrhunderts mittlerweile wissen, dass die Wikinger schon vor 1000 Jahren in Nordamerika waren und es auch nach ihnen wohl vereinzelt zu europäischen Fahrten an die fremden Küsten kam, so können wir doch eines mit Sicherheit festhalten: Erst mit Christoph Kolumbus, dem genuesischen Navigator, der in spanische Dienste trat, wurde die Neue Welt von der Alten endgültig entdeckt, erschlossen und erobert. Kolumbus fuhr nicht einfach nur nach Westen, er segelte in die Unsterblichkeit und wurde zum Paten eines neuen Zeitalters, der Neuzeit, in der wir bis heute leben. So lässt man also mit dieser Entdeckung auch seit jeher das Mittelalter enden. Europa brach im wahrsten Sinne des Wortes zu neuen Ufern auf und verließ die (geografische) Enge des Alten Zeitalters.

Es ist wahrhaft eine Ironie der Geschichte, dass Kolumbus selbst allerdings nie einen neuen Kontinent im Westen entdecken oder gar kolonisieren wollte. Nein, er wollte in den Osten. Die Idee lag seit einigen Jahrzehnten in Europa geradezu in der Luft: Man wollte die (allgemein bekannte) Kugelgestalt der Erde ausnutzen, d.h. nach Westen segeln, um im Osten anzukommen, denn Europa gierte nach den sagenhaften Schätzen des Ostens, des Orients.

Man wollte in die fernen Reiche Indiens, Cathays und Cipangu – wir modernen Menschen kennen diese Länder besser unter den Namen China und Japan – vordringen und vielleicht sogar das irdische Paradies der Bibel finden. Gold, Edelsteine, Gewürze sowie exotische Menschen, Städte und Landschaften beflügelten spätestens seit Alexanders Zug nach Indien um 300 v.Chr. die Fantasien und (Tag-)Träumereien der Abendländer. Doch die islamische Welt, allen voran das aufstrebende mächtige Reich der Osmanen, versperrte den europäischen Händlern und Entdeckern den Landweg nach Osten, sodass nur die Meere blieben. Sie waren frei und gehörten den Wagemutigen. Doch welche Richtung sollte man einschlagen? Die Portugiesen suchten einen Weg um die Südspitze Afrikas und von dort eine Route nach Indien. Dieses Unternehmen erwies sich als sehr zeitaufwendig und mühsam. Kolumbus hatte eine andere Idee. Er berechnete den Erdumfang und glaubte daher, in nur wenigen Wochen auf Hoher See Indien erreichen zu können, wenn man von Spanien gen Westen aufbreche. Doch er verrechnete sich und glaubte die Erde viel kleiner, als sie wirklich war. Wenn die Neue Welt nicht „im Weg gestanden" wäre, hätten Kolumbus und seine Männer nur den Tod in der schier unendlichen Weite des atlantischen Ozeans gefunden – sie wären mangels ausreichend Proviant verdurstet und verhungert. Asien hätten sie mit Sicherheit niemals erreicht. Doch es sollte anders kommen. Kolumbus jagte hinter den Horizont und entdeckte eine Neue Welt. Da er bis zu seinem Tod davon überzeugt war, Indien erreicht zu haben, nannte er die Eingeborenen „Indios" („Indianer").

Dabei darf nie vergessen werden, dass damit auch eines der blutigsten Kapitel der Menschheitsgeschichte aufgeschlagen wurde. Europa kam über den neu entdeckten Kontinent wie eine Plage, eine menschenfressende Seuche. Kolumbus war dabei nur ein Vorbote. In den Jahren nach 1492 kamen die Eroberer aus der Alten Welt, um mit Feuer und Eisen die Reiche der Ureinwohner zu unterwerfen und das Christentum gewaltsam zu verbreiten. Innerhalb von nur zwei Generationen starben Millionen – über 90 Prozent der Indios – durch das Schwert der Eroberer, durch Hunger, eingeschleppte Krankheiten oder an Erschöpfung. Viele brachten sich und ihre Kinder aus Verzweiflung um. Davon sollten sich diese alten Zivilisationen nie mehr erholen. Die Erinnerung blieb lebendig. Fast auf den Tag genau 500 Jahre nach der Landung des Kolumbus in der Karibik am 12. Oktober 1492 feierten die Nachkommen der Indios überall zwischen Mexiko und Argentinien große, bunte Feste. Sie gedachten des letzten freien Tages im Alten Amerika, sie gedachten des 11. Oktober 1492.

Zurück in die Welt, wie sie vor einem halben Jahrtausend war, zurück in das Zeitalter der Entdeckungen. Nachdem Kolumbus im Westen auf Land gestoßen war, dauerte es einige Zeit, bis sich das Wissen durchsetzte, man sei nicht in Indien gelandet, sondern auf einem bisher unbekannten Kontinent. Zu Beginn des 16. Jahrhunderts entbrannte sogleich die Frage, wie man diesen Kontinent nennen sollte. Auf den allerersten Karten, die die Neue Welt noch mit viel Fantasie skizzierten, tauchte der Name „terra incognita" auf, was genau genommen gar kein Name ist. „Terra incognita" ist Latein und bedeutet „unbekanntes Land". Diesen Begriff verwendete man immer dann, wenn neu entdeckte Länder oder Gebiete noch nicht kartografiert oder beschrieben waren. Die beiden Worte verdeutlichen das Unbekannte, was es noch zu entdecken gilt. Ein eigener Name für den neuen Kontinent stand also noch aus.

Doch was hat all das mit unserem Bodensee mitten im Herzen Europas zu tun, weit weg von den Gestaden des Atlantiks? Viel mehr, als man im ersten Augenblick denken mag. Die vorliegende Legende ist ein wunderbares Beispiel dafür, wie die „Große Geschichte", die Weltgeschichte sich in der „Kleinen Geschichte" widerspiegelt – wie man Amerika auf einmal in Radolfzell wiederfindet. Es geht um den Mann, der der Neuen Welt ihren Namen gab – es geht um Martin Waldseemüller.
Er war ein Kartograf des 15. und 16. Jahrhunderts, dessen Arbeit allgemein sehr geschätzt wurde. Über seinen familiären Hintergrund ist nicht allzu viel bekannt. Wir wissen, dass er um 1472 als Sohn eines Metzgers geboren wurde. Schon früh legte er eine außergewöhnliche Intelligenz und Lernbegabung an den Tag, weshalb er wahrscheinlich von kirchlicher Seite gefördert wurde, was es ihm ermöglichte, mit 20 Jahren in Freiburg im Breisgau mit dem Studium der Mathematik und Geografie zu beginnen. Nach erfolgreichem Abschluss zog er in das beschauliche Städtchen St. Dié (St. Didel) in Lothringen. Das dort ansässige Kloster war in Westeuropa eines der Zentren des Frühhumanismus und sollte die Wirkungsstätte Waldseemüllers werden. Er lehrte dort als Professor für Kosmologie und arbeitete nebenbei als Kartograf in einer wirklich aufregenden Zeit, als die Neue Welt entdeckt wurde. Er war fasziniert von den spanischen und portugiesischen Entdeckungsfahrten in das Unbekannte und nahm alles Wissen darüber auf, was ihm irgendwie zugänglich war. So verwundert es nicht, dass er in einer seiner ersten Schriften, die er Hylacomylus nannte, die Entdeckungsreisen des italienischen Seefahrers Amerigo Vespucci darstellte.
Vespucci war ein damals allgemein bekannter Seefahrer und Entdecker aus Florenz. Dass ihn die Nachwelt nur noch selten würdigt, liegt vor allem am Stern des Kolumbus, der (fast) alle anderen Seefahrer seiner Zeit überstrahlen sollte. Doch dies erlebte der berühmte Genueser nicht mehr. Er starb als verkannter, einsamer und irgendwie gescheiterter Mensch 1506 in Valladolid. Zwar hatte er Europa das Tor zur Neuen Welt aufgestoßen, aber erst die Nachwelt wies Kolumbus den ihm gebührenden Platz in der Weltgeschichte zu.
Vespucci wiederum verstand sich gut mit Kolumbus – manche nannten sie Freunde – und bereiste im Auftrag des Bankhauses der Medici Südamerika. 1503 hielt er auf einer seiner Reisen schriftlich fest, davon überzeugt zu sein, dass diese Landmasse keineswegs Indien oder Asien sei. Es sei vielmehr ein neuer Erdteil entdeckt worden, was Kolumbus ja nicht glauben wollte. Schnell verbanden die Menschen die Entdeckung dieses neuen Kontinents mit dem Namen Amerigo Vespucci. Der Bericht „Mundus Novus" („Neue Welt") seiner Reisen entlang der östlichen Küste Südamerikas wurde unter anderem am Wohnort von Martin Waldseemüller gedruckt, in St. Dié. Ausgehend auch von die-

sem Text erstellte der Kartograf mit Matthias Ringmann im Jahre 1507 eine Weltkarte. Sie bildet, gemeinsam mit einem Erdglobus und einer Begleitschrift das Werk „Cosmographiae Introducto“, in der er neben den drei bekannten Kontinenten Europa, Afrika und Asien nun den neu entdeckten gleichberechtigt dazu gesellte. Da mittlerweile kaum einer mehr daran zweifelte, dass es sich um einen vierten Kontinent handeln müsse, war es an der Zeit, ihm endlich einen Namen zu geben. Dies tat Waldseemüller nun als Erster. Und er erinnerte sich an den Namen des Entdeckers dieses Kontinents – Amerigo Vespucci. So wurde der Vorname dieses italienischen Seefahrers der Name der Neuen Welt: Amerika.

Die Nachwelt staunt bis heute nicht schlecht, dass sich nicht der Name Kolumbus durchgesetzt hat. Auch wenn nach ihm das südamerikanische Land Kolumbien benannt ist, war ein Jahr nach seinem Tod die Zeit noch nicht reif, sich würdigend an ihn zu erinnern. Heute gehört Kolumbus zu den berühmtesten Personen der Geschichte, aber Waldseemüller lebte in einer anderen Zeit. Als er Amerika seinen Namen gab, war Vespucci berühmter und anerkannter als der wahre Entdecker der Neuen Welt. Der neue Name setzte sich überraschend schnell durch und ist heutzutage so selbstverständlich, dass kaum jemand mehr nachfragt, woher er eigentlich kommt und was er bedeutet. Vespucci selbst ist mittlerweile nur noch historisch interessierten Menschen ein Begriff. So können sich die Dinge manchmal ändern.

Eine Sache sei noch kurz erwähnt: Waldseemüller verwendete den neuen Namen eigentlich nur für Mittel- und Südamerika. Nordamerika war auch für ihn noch ein Teil Asiens. Erst gut 20 Jahre später übertrug ein anderer Kartograf, ebenfalls ein Deutscher namens Gerhard Kremer (auch Mercator genannt), den Namen auf den ganzen Kontinent von Alaska bis Feuerland.

Ist es nun gerecht oder ungerecht, dass Amerika nicht „Kolumbia“ heißt? Letztendlich spielt es keine Rolle und um Gerechtigkeit muss es uns auch nicht gehen. Am vielleicht treffendsten hat es der deutsche Schriftsteller Stefan Zweig auf den Punkt gebracht. Er stellte treffsicher dar, dass Kolumbus Amerika zwar entdeckt, aber (als neuen Kontinent) nicht erkannt habe. Vespucci hingegen habe den Kontinent nicht entdeckt, aber erkannt. Beide sind sie bzw. ihre Namen auf diese Weise wahrhaft unsterblich geworden.

Und wie ging es mit unserem Kartografen weiter? 1520 starb Martin Waldseemüller, nicht ahnend, welch globale Bedeutung seine Namenswahl haben sollte.

Nun haben wir viel erfahren über die Große Geschichte, über die Entdeckungsfahrten des Kolumbus und über den Namen Amerika. Ein deutscher Kartograf ist dafür verantwortlich, von dem der Leser eine Information allerdings noch nicht besitzt: Wo wurde dieser Mann ge-

boren? Mehrere Städte stritten – und streiten – sich um ihn. Manche gingen davon aus, dass er aus Freiburg kommt. Doch ein anderer Bericht weist in eine andere Richtung, an den Bodensee. Hier, genau genommen in Radolfzell, soll er das Licht der Welt erblickt haben, jener Welt, die zu einem Fünftel von ihm seinen Namen erhielt. Selten kann man den „Hauch der Weltgeschichte“ an den Ufern unseres lieblichen Sees so deutlich spüren wie im Falle des Martin Waldseemüller, eines möglichen Sohnes der Stadt Radolfzell.
Martins Herkunft ist jedoch nicht vollends geklärt. Neueste Untersuchungen favorisieren Wolfenweiler im Breisgau als seine Geburtsstadt. Auch wenn dies zutreffen mag, bleibt ein Rest von Zweifel bzw. ein Rest von Hoffnung für die Menschen am Bodensee. Und sind wir doch mal ehrlich: Es ist doch eine faszinierende Vorstellung, dass ein Radolfzeller dem Kontinent Amerika seinen Namen gab, dass diese welthistorische Spur zurückführt in diese sympathische Kleinstadt am Untersee, dass man Amerika in Radolfzell findet. Manchmal liegen die größten Geheimnisse direkt vor unserer Haustür.

Piraten gab es nicht nur in der Karibik, sondern auch am See …

DER BODENSEEPIRAT

Ein Raubritter traut sich auf den See

Burg Grimmenstein war einst eine prächtige Burg bei Rorschach, wie man sich das heute nur noch schwerlich vorstellen kann. Auf einem Grat hoch über dem Bodensee wurde sie bergseits durch einen Graben geschützt. Ein mächtiger Wohnturm aus Sandstein, der im Grundriss etwa 15 Meter mal 15 Meter maß, hatte bis zu drei Meter dicke Mauern, die sich auf über vier Stockwerke auftürmten. Unterhalb der Burg schloss sich ein Burghof mit Wohn- und Ökonomiegebäuden an. Nachdem die Familie Grimmenstein ausgestorben war, übernahmen die Freiherren von Enne aus Südtirol das Anwesen.

Zur Zeit des Konstanzer Konzils waren die Brüder Wilhelm VI. und Georg II., auch Jörg von Enne genannt, Herren zu Grimmenstein. Beide betätigten sich kräftig als Raubritter, um ihren gehobenen Lebensstandard zu halten. Der Begriff des Raubritters ist erst in neuerer Zeit entstanden. Im Mittelalter war das Austragen von Fehden fester Bestandteil des ritterlichen Lebens. Da die Brüder jedoch zunehmend Handelsreisende überfielen, gerieten sie bei den Städten in Ungnade und der Begriff ist im heutigen negativen Sinne sicher zutreffend.

Weil die Gunst ihres Lehnsherrn Herzog Friedrich „mit den leeren Taschen“ IV. von Österreich zu sinken begann, traten sie am Konstanzer Konzil 1415 ins Gefolge von König Sigismund über. Leider verfolgten sie ihr Hobby des Raubrittertums weiterhin und überfielen Reisende auf dem Weg von und zu dem Konstanzer Konzil. Im Frühling 1416 gipfelte die Durchtriebenheit der Brüder im Überfall auf ein Handelsschiff im Bodensee durch ihre Schergen. Das Schiff war im Besitz der Bürger von Konstanz und Feldkirch und war reich mit Korn beladen. Jörg von Enne wurde gleich in Konstanz verhaftet. Einer seiner Häscher wurde auf der Flucht ergriffen und im See ertränkt. Die Herren von Enne konnten ihr Leben vor der Richtbank nur dadurch retten, dass sie die Burg Grimmenstein an die Stadt Konstanz überschrieben. Wütende Bürger brannten die Burg daraufhin nieder und schliffen die Reste bis auf den Grund. Über Jahrhunderte war von der Burg nichts mehr zu sehen. Erst um 1936 wurde sie teilweise wieder ausgegraben und gesichert.

Jörg von Enne schloss sich nach dieser Schmach dem Deutschritterorden an, um für diesen in Polen zu kämpfen. Seine Rachegedanken ließen ihn jedoch nicht los. Bald schon kehrte er zurück, um seinen Gelüsten Befriedigung zu verschaffen. 1425 entführte er mit Komplizen zwei Konstanzer Bürger auf die Burg Rappoltstein im Elsass, um ein Lösegeld

zu erpressen. Während dem Sohn die Flucht gelang, wurde der Vater so misshandelt, dass er in Gefangenschaft starb.
Die Stadt Konstanz und ihre verbündeten Städte erklärten Jörg von Enne daraufhin den Krieg. Dies war der Auslöser für eine lange Auseinandersetzung zwischen dem Adel und den Städten in Süddeutschland, der einige Jahre andauern sollte. Das Hofgericht zu Rottweil verhängte über die am Überfall Beteiligten die Acht, womit sie ihre Rechtsfähigkeit verloren und von jedermann getötet werden durften. Ein Friedensschluss im Jahre 1426 war nur von kurzer Dauer. Erst 1431 wurde dieser erneuert und hielt stand.
Nach 1432 taucht der Name Jörg von Enne nirgends mehr auf. Vermutlich hat der finstere Geselle erst bei seinem Tod um 1436 seinen inneren Seelenfrieden wiedergefunden. Ruhe er in Frieden.

Haben Sie schon einmal ein Kriegsschiff auf dem Bodensee gesehen ...?

KRIEGSSCHIFFE AUF DEM BODENSEE

Gab oder gibt es eine Schweizer Marine?

Auf Patrouille: das Polizeiboot WSP 21 der Wasserschutzpolizei vor Friedrichshafen

Irgendwie ist die Vorstellung sehr bizarr: Kriegsschiffe oder U-Boote auf dem Bodensee? Gab oder gibt es sie immer noch? Schon seit Jahrzehnten erzählt man sich, dass die Schweiz früher Kriegsschiffe auf dem Bodensee stationiert habe, um einen möglichen deutschen Angriff auf dem Wasser abwehren zu können. Bisweilen hört man sogar von einem eidgenössischen U-Boot, dessen Turmspitze man von Zeit zu Zeit schemenhaft aus dem Wasser ragend sehen könne. Es klingt fast zu fantastisch, um wahr zu sein. Ist das alles nur Seemannsgarn oder vielleicht doch wahr?
Denn die Schweiz als Binnenland hat eigentlich keine Marine. Wenn man der offiziellen Homepage der Schweizer Armee einen Besuch ab-

stattet, stellt man fest, dass dort das Wort „Marine“ nicht auftaucht. Wenn man dann aber etwas genauer nachforscht, stößt man sehr wohl auf bewaffnete Boote. Ein Zeuge will im Sommer 2014 am Konstanzer Hafen sitzend ein kleines Schweizer „Kriegsschiff“ gesehen haben, das auf dem See patrouillierte. Erkannt haben will er es an einem kanonenartigen Aufbau am Bug und an einer auffälligen Panzerung. Nun darf man nicht vergessen, dass sich auf dem Bodensee die Grenzen dreier souveräner Staaten befinden: Deutschland, Schweiz und Österreich. Zusätzlich stellt die Grenze zur Schweiz eine Außengrenze der EU dar.
So gibt es hochoffiziell eine Schweizer „Marine“ – einen besonderen mobilen Grenzschutz über die normalen Boote der Grenzschutzpolizei hinaus nicht nur auf dem Bodensee, sondern auch auf dem Genfer See (Grenze zu Frankreich) und auf dem Lago Maggiore (Grenze zu Italien). Doch dies sind keine eindrucksvollen Schlachtschiffe – was auch wirklich arg übertrieben und nebenbei sehr kostspielig wäre –, vielmehr Patrouillenboote der sogenannten Motorbootkompanie 10. In der Tat ein Überbleibsel mehrerer eidgenössischer Kampfbootgeschwader, die früher eine Invasion von Seeseite verhindern sollten. Heute zählt diese Sondereinheit noch rund 180 Mann. Sie verfügt über 10 Boote der Aquariusklasse. Mit diesen über 10 Meter langen Flitzern wird das „normale“ Grenzwachtkorps unterstützt. Zu ihren Aufgaben zählt aber nicht nur der Grenzschutz. Darüber hinaus kommen sie auch bei Seenotrettungen zum Einsatz. Aktuell befinden sich vier solcher Boote auf dem Bodensee, vier auf dem Genfer See und zwei auf dem Lago Maggiore. Sie haben je sieben Mann Besatzung und zwei große Maschinengewehre. Mehr braucht man zum Schutz auch nicht. Stellen Sie sich mal einen Flugzeugträger auf dem Bodensee vor; diesen könnte man dann schon fast als Brücke zwischen Konstanz und Meersburg nutzen – mit Sicherheit zum Leidwesen des Fährbetriebs.

Auf zum Honigschlecker von der Birnau ...

„Der Honigschlecker", Engelsfigur in der Wallfahrtskirche Birnau

DER HONIGSCHLECKER

Die Birnau erschafft ein Wahrzeichen

Die Wallfahrtskirche Birnau ist das Juwel der Oberschwäbischen Barockstraße. Bereits Ende des 9. Jahrhunderts wurde östlich von Nussdorf eine Wallfahrtskirche betrieben. Diese war so beliebt, dass sie in den folgenden Jahrhunderten ständig erweitert und vergrößert wurde. Abt Stephan II. des Klosters Salem wollte jedoch eine ganz neue Kirche auf klostereigenem Grundstück neben dem Kloster Maurach und auf einem Hügelvorsprung mit traumhaftem Blick auf den Bodensee errichten. Als er im Jahre 1746 starb, unkte die Bevölkerung, dies sei die Strafe dafür, dass er das Gnadenbild, die wundertätige Marienstatue, „entführt" hatte. Der Vorarlberger Baumeister Peter Thumb vollendete bereits 1750 die Wallfahrtskirche, die wie ein Bindeglied zwischen Gottes Schöpfung und dem Himmel wirken sollte. Zu diesem Zweck hatte man sogar in Kauf genommen, dass der Altar nicht, wie sonst üblich, nach Osten ausgerichtet werden konnte. Die Predigten zur Einweihung wurden von Abt Anselm und dem eigens geladenen Prämonstratenser Sebastian Sailer gehalten – dem „schwäbischen Cicero", der die schwäbische Mundartdichtung begründete. Beide gingen auf die malerischen Motive göttlicher Gnade ein. Der schnelle Baufortschritt war sicher den üppigen finanziellen Mitteln des Ordens zu verdanken, der mit der beliebten Marienwallfahrt eine stetige Einnahmequelle besaß.
Der Platz vor der Wallfahrtskirche wurde in den frühen 1970er-Jahren durch den Pflaster- und Straßenbaumeister Willi Maier aus Oberried im Schwarzwald gefertigt und gibt der traumhaften Aussicht auf den malerischen Bodensee die notwendige Bodenhaftung.
Der rechte Seitenaltar, der sogenannte Bernhardsaltar, ist dem mittelalterlichen Mystiker, Kreuzzugsprediger und Zisterzienserabt Bernhard von Claivaux gewidmet, der im frühen 12. Jahrhundert wirkte und ein begnadeter Redner war. So war es kein Wunder, dass er auf den meisten Reisen, die er unternahm, Dutzende von gebildeten Männern aus vornehmem Haus dazu bewog, ihm zu folgen, um mit ihm in Armut und Demut zu leben. Mit Worten kämpfte er dagegen an, dass zwei Päpste um die Legitimation als Christenführer buhlten. Des Öfteren wurde er als Mittler zwischen den verfeindeten Lagern eingesetzt. Er predigte auch für die Kreuzzüge. Ihm ging es dabei nicht nur um die Befreiung Jerusalems, sondern auch um die Christianisierung in Europa, sogar die ganze Welt wollt er zum rechten Glauben missionieren. Für ihn waren die Tempelritter wahre Vorbilder, da er die weltlichen Ritter, die nur

nach Materiellem strebten, als verdorben ansah und für ihn der Kampf um den wahren Glauben im Vordergrund stehen sollte. Heute würden wir Bernhard von Claivaux als Hassprediger bezeichnen, denn er forderte alle Christen auf, im Namen Gottes das Schwert zu heben, um den Kampf um den wahren Glauben zu kämpfen. Weil seine wohlformulierten Reden wie Honig flossen, ist er Patron für die klösterliche Berufung, der Prediger und der Imker. Er trägt den Beinamen „Der letzte Kirchenvater“, weil er im Stil der großen Kirchenväter Schriften verfasste, die aus liturgischem Zusammenhang auf die ganze christliche Existenz schlossen. Gerne wird er mit weißer Mönchstracht, Buch, Stab, Passionsinstrumenten oder seit dem 16. Jahrhundert mit einem Bienenkorb dargestellt.
Links über dem Bernhardsaltar befindet sich in der Klosterkirche Birnau eine der bemerkenswertesten Figuren: der Honigschlecker. Ein etwas pummelig wirkender Knabe mit wohlgeformtem Bauch, kaum bekleidet, nur ein Tuch verhüllt den Unterleib, streckt keck den Hintern zur Seite. Hinter sich, als wolle er ihn verstecken, trägt er einen Bienenkorb. Vorsichtig streckt er einen Finger zum Mund. Vermutlich hat er soeben vom Honig „geschleckt“. Sein Haar wird durch eine Lockentolle dominiert. Der Putto, wie man die pummeligen, nackten Kindergestalten, ob mit oder ohne Flügel, nennt, hat seinen Namen aus dem Lateinischen und steht für „Knäblein“. Das weibliche Gegenstück ist die Putte, die Mehrzahl beider die Putten. Sie wiederholen allegorisch ein thematisches Gestaltungskonzept, in diesem Fall die honigfließenden Reden des Bernhard von Claivaux, seine Beredsamkeit. Es wird aber auch der Fleiß der Bienen thematisiert, die alle gemeinsam an einem Ziel arbeiten, um ein süßes Ergebnis zu erhalten. Spielerisch wird aber auch auf die Versuchung als Verfehlung hingewiesen, da das Knäblein mit einem Finger vorsichtig von der Leckerei nascht. Seit der Antike sind Putten in der Kunst verbreitet und wurden damals auch gerne als kindliche Erosfiguren verwendet. Wer kennt nicht etwa den Liebesgott Amor, der nicht selten als Putto mit Pfeil und Bogen dargestellt wird und mit seinen Pfeilen die Liebe verschießt. Dieser trägt dann den Namen Amoretto, die namentliche Verschmelzung von Amor und Putto.
Der Bildhauer und Stuckateur Joseph Anton Feuchtmayer schuf in der Wallfahrtskirche um die hundert Putten aus Gips. Wie viele es genau sind? Da sollten Sie einmal selbst nachzählen. Halten Sie dabei auch nach einer Besonderheit Ausschau: Der Barockkünstler hat in allen Gebäuden, die er ausgestattet hat, immer einen Putto ohne Haare hinterlassen. Wer findet das „Glatzköpfle“ zuerst? Im 18. Jahrhundert wirkte der gebürtige Linzer im ganzen Bodenseegebiet, dem angrenzenden Süddeutschland und in der Schweiz. Er prägte in dieser Region das Rokoko, die Krönung des Spätbarock, in dem sich die festen Barockformen zu asymmetrischen

Ornamenten auflösten, die häufig an Muscheln erinner(te)n und daher namensgebend für die üppigste Stilrichtung waren. Sie stellt die verspielteste Kunst- und Baumode dar, wird bis heute von den Menschen allgemein bewundert und kann als verschnörkelter Höhepunkt angesehen werden. Das Rokoko wurde nach dem Tod Feuchtmayers vom Klassizismus abgelöst, der sich durch gerade, klare und symmetrische Formen darstellt, die der antiken Architektur entlehnt sind.

Wer in der ersten Hälfte des 18. Jahrhunderts etwas Bedeutendes schaffen wollte, kam um den Meister des Rokoko nicht herum. Neben der Wallfahrtskirche Birnau kann man die Werke Feuchtmayers auch im Neuen Schloss in Meersburg, dem Salemer Münster, der Schlosskapelle Mainau, Franziskanerkirche Überlingen, Stiftskirche St. Gallen, dem Kloster Einsiedeln, der St.-Martin-Kirche, Pfarrkirche Bad Wurzach, in Weingarten oder im Kloster St. Peter im Schwarzwald bewundern.

Das Motiv des Honigschleckers findet sich heute an den meisten Postkartenständern um den Bodensee. Kaum ein gut sortiertes Geschäft lässt den Honigschlecker fehlen, seit die Südtiroler Schnitzmanufakturen das Potenzial des Honigschleckers erkannt haben.

Am schönsten wirkt der Honigschlecker aber an seiner Wirkungsstätte in der Wallfahrtskirche Birnau. Verbinden Sie eine Radtour am See mit einem Besuch dieses prunkstrotzenden Rokokojuwels mit bester Seesicht.

In der nächsten Geschichte erfahren Sie, dass Deutschland schon einmal vom Bodensee aus regiert wurde ...

Kressbronn vor Alpenpanorama

DER KRESSBRONNER KREIS

Die große Politik zu Besuch am Bodensee

Die Menschen am Bodensee leben schon seit Jahrhunderten fern der politischen Entscheidungszentren und in der Regel gut damit. Sowohl Wien als auch Bern und selbst Stuttgart, die nächsten Hauptstädte, sind weit genug entfernt, um sich ein bisschen in einem Wetterwinkel der Politik zu fühlen. Doch in den 1960er-Jahren war dies eine Zeitlang mal anders, um genau zu sein, während der ersten Großen Koalition der Bundesrepublik zwischen CDU/CSU und SPD in den Jahren 1966 bis 1969. Dieses damals in Teilen der Bevölkerung sehr umstrittene Parteienbündnis wurde angeführt von dem CDU-Vorsitzenden Kurt-Georg Kiesinger. Der Kanzler war ein Schwabe und Zeit seines Lebens mit dem deutschen Südwesten eng verbunden. Besonders gerne und wann immer er Gelegenheit dazu hatte, zog es ihn an den wunderschönen Bodensee. Sein bevorzugter Urlaubsort am „Schwäbischen Meer" war die kleine Stadt Kressbronn am nördlichen Bodenseeufer, zwischen Friedrichshafen und Lindau gelegen. Dieser Teil des Sees gefiel Kiesinger so sehr, dass er seinen ganzen Einfluss als Bundeskanzler, insbesondere seine im Grundgesetz garantierte Richtlinienkompetenz, einsetzte, um den Spitzenpolitikern der Koalition die geografische Richtung vorzugeben: auf zum Bodensee, auf nach Kressbronn.

Hier fanden inoffizielle Koalitionsausschüsse statt und wurden Sachinhalte besprochen und beschlossen, die in jenen Jahren die noch junge Bundesrepublik prägen und zum Teil in Aufruhr bringen sollten. Diese Treffen bundesdeutscher Spitzenpolitiker am Bodensee nannte man „Kressbronner Kreis". Kiesinger hatte dabei ein recht gutes Gespür bewiesen: Die schöne Landschaft und angenehm liebliche Atmosphäre vor Ort wirkten sich positiv auf die Gesprächsatmosphäre zwischen den Regierungspartnern aus. Schon seit jeher ist es in der Diplomatie üblich, schwierige Gespräche – wenn möglich – in einer angenehmen Umgebung zu führen, denn eines steht fest: Ein gut gelaunter Diplomat oder Politiker ist eher kompromissbereit. Und der Kanzler wusste: Schöner als am Bodensee ist es in Deutschland fast nirgends. Dazu kam das leibliche Wohl, das auch nicht zu kurz kommen sollte. Eine gute Küche bescheinigt den Menschen des Bodensees die ganze Republik. Von dem damaligen Außenminister und SPD-Vorsitzenden Willy Brandt wissen wir genau, dass er, wenn man sich mal wieder in Kressbronn traf, gerne Bodenseefisch aß. Besonders wild war er auf Kretzerfilets. Herbert Wehner wiederum, der sozialdemokratische Bundesminister für gesamtdeut-

sche Fragen, bevorzugte die deftige schwäbische Küche inklusive der Bodenseeweine und der CSU-Vorsitzende und Finanzminister Franz-Josef Strauß dachte sich wohl: „Das eine schließt das andere doch nicht aus?" Von ihm wissen wir, dass er all diese Köstlichkeiten zu ihrer jeweiligen Zeit zu genießen wusste. Wer kann es ihm verdenken?
Doch während dieser Kressbronner Sitzungen wurde nicht nur gegessen, getrunken und die schöne Landschaft genossen. Es wurde auch Politik gemacht. Dieser Koalitionsausschuss entwickelte sich in den zwei Jahren seines Bestehens zum wichtigsten Koordinationsgremium zwischen der Bundesregierung und den sie stützenden Parteien und Fraktionen. Alle zentralen Sachfragen der Großen Koalition wurden erst einmal im Kressbronner Kreis besprochen, bevor sie in Bonn diskutiert und beschlossen wurden: die Änderung des Wahlrechts, die Etablierung des Mehrheitswahlrechts nach britischem Vorbild, was dann letztendlich von der SPD wieder verworfen wurde. Des Weiteren stand die Frage der Verjährung von Mord und Völkermord (seither verjährt Mord nicht mehr) ebenso auf der Tagesordnung wie der Atomwaffensperrvertrag oder die neue Deutschland- und Ostpolitik. Am intensivsten wurde allerdings über die sogenannte Notstandsgesetzgebung gestritten, die die Handlungsfähigkeit von Regierung und Parlament auch bei einem Notstand – beispielsweise im Verteidigungsfall – garantieren sollte.
Das entsprechende Gesetz wurde von der Großen Koalition nach zähen Verhandlungen 1968 verabschiedet. Nicht zuletzt diese Kontroverse und die Ängste vieler Menschen vor einer neuen möglichen Diktatur waren ein Katalysator für die Studentenbewegung, die im Jahr 1968 ihren Höhepunkt erlebte: Die Osterdemonstrationen, das Attentat auf Rudi Dutschke, den charismatischen Wortführer der APO (Außerparlamentarische Opposition), und vieles mehr haben sich in das Gedächtnis der Deutschen jener Jahre eingebrannt.
Kurios ist dabei, dass kaum jemand all diese Ereignisse der späten 60er-Jahre mit dem beschaulichen Kressbronn in Verbindung bringt. Manchmal wird die Große Geschichte auch in kleinen, pittoresken Orten geschrieben. Vielleicht sollte jemand bei der nächsten bundesdeutschen Regierungs- oder Koalitionskrise die Spitzenpolitiker an den Bodensee einladen. Womöglich würden sich Frau Merkel, Herr Steinmeier oder Herr Seehofer wie schon ihre Vorgänger vor über 45 Jahren von dieser wunderschönen Landschaft verzaubern und inspirieren lassen. Und wer weiß, eines Tages wird Deutschland vielleicht mal wieder vom Bodensee aus regiert werden.

Kommen wir von der Politik zur eng benachbarten Narretei, besuchen wir doch mal das Stockacher Narrengericht ...

DAS STOCKACHER NARRENGERICHT

Rechtsprechung der besonderen Art

Im frühen 14. Jahrhundert soll der Hofnarr Kuony von Stocken, mit Stocken ist Stockach am Bodensee gemeint, Erzherzog Leopold I. von Österreich einen Tipp gegeben haben. Dieser stand kurz vor einer Auseinandersetzung mit der Schwyz, einem der drei Gründerkantone der späteren Schweiz. Er gab dem Erzherzog zu bedenken: „Ihr wisst wohl, wie Ihr nach Schwyz hineinkommt, aber nicht, wie raus." Der Erzherzog hat die Warnung des Hofnarren ignoriert. Doch dieser sollte recht behalten, denn die Schlacht am Morgarten, wie sie in die Geschichte eingegangen ist, wurde verloren.

Diese Begebenheit soll der Grund dafür sein, dass der Nachfolger Herzog Albrecht der Weise des mittlerweile verstorbenen Leopold I. im Jahr 1351 der Heimatstadt des Hofnarren Kuony von Stocken ein besonderes Recht verlieh. Einmal im Jahr, in der Zeit zwischen den Feiertagen Mariä Lichtmess und dem vierten Fastensonntag, dürfe die Stadt Stockach selbst über sich richten und regieren. Die Urkunde soll bis zum heutigen Tag in der Säule eines Stockacher Brunnens zu finden sein.

Im 18. Jahrhundert war das Narrengericht zeitweilig verboten, doch spätestens seit dem Ersten Weltkrieg wurde es wieder regelmäßig abgehalten. Seit 1960 wird am „Schmotzige Dunschtig" diese Tradition als „Hohes grobgünstiges Narrengericht zu Stockach" in närrisch-moderner Form abgehalten. Bei der Veranstaltung der schwäbisch-alemannischen Fasnacht wird traditionell eine Persönlichkeit der Landes- oder Bundespolitik durch den „Ankläger" anhand der Anklageschrift, die sorgsam ein Jahr lang ausgearbeitet wurde, beschuldigt. Der Beklagte tritt dann persönlich vor das Narrengericht – bestehend aus Narrenrichter, Laufnarrenvater als seinem Stellvertreter, Säckelmeister, Zeugmeister, Pritschenmeister, Ordensmeister, Kämmerer, Archivar und Narrenschreiber – und wird durch den „Fürsprech" verteidigt. Je nach Schwere der Schuld wird ein Strafmaß festgesetzt, denn schuldig ist der Angeklagte nahezu immer. Die Buße besteht meist aus der Lieferung mehrerer Eimer Wein, wobei „Eimer" ein altes österreichisches Hohlmaß ist und etwa 60 Litern entspricht. Diese müssen bis zum vierten Fastensonntag, der auch Laetare oder Rosensonntag genannt wird, geliefert werden.

Spitzenpolitiker aller Parteien bekommen hier ihr Fett ab. So wurden etwa 2011 der Sozialdemokrat Frank-Walter Steinmeier als „Meister der Täuschung, der die Linke verraten und sich als Verantwortlicher in der Regierung auf die Seite der Banker geschlagen habe", 2012 der liberale

Philipp Rösler der „unrechtmäßigen Verwendung von heißer Luft und Herstellung von Seifenblasen“, 2014 der grüne Ministerpräsident Winfried Kretschmann der „Umkehrung der gesellschaftlichen Ordnung“ und 2015 der christdemokratische Bundesminister Peter Altmaier wegen „Schweigsamkeit“ verurteilt.
Das Stockacher Narrengericht wird heute vielerorts kopiert, doch ist es das bekannteste, älteste und vor allem medienwirksamste Spektakel seiner Art. Absagen sind sehr selten, da Politiker durchaus Humor besitzen, aber auch die zusätzliche Medienaufmerksamkeit genießen. Seit Jahren wird das Spektakel durch den SWR im Fernsehen live übertragen. Verpassen Sie die nächste Übertragung am Schmotzige Dunschtig nicht!

Von der Narretei zum Wahnsinn, zum Zweiten Weltkrieg, der auch mal auf dem Bodensee nachgestellt wurde ...

DAS BOOT

Der Zweite Weltkrieg auf dem Bodensee nachgestellt

Der schrecklichste Krieg der Menschheit mit all seinem Leid und all seinen Verbrechen war ohne Zweifel der Zweite Weltkrieg. Vom Naziregime 1939 gewollt und verursacht, kehrte dieser Sturm der Vernichtung im April 1945 zu seinem Ausgangspunkt zurück, als die Rote Armee Berlin eroberte und damit diesen mörderischen Krieg in Europa beendete. Zwischen dem Einmarsch der Wehrmacht in Polen und dem letzten Gefecht vor dem Eingang des „Führerbunkers" im Herzen Berlins lagen fast sechs Jahre des Mordens und Sterbens. Sowohl zu Land, in der Luft als auch auf dem Wasser wurde um die Vorherrschaft in Europa und auf der ganzen Welt gekämpft. Zahlreiche naheliegende Bilder drängen sich dem historisch Interessierten – oder dem Zeitzeugen – auf: brennende Städte, schreckliche Straßenkämpfe oder die gnadenlosen Gefechte auf den Weltmeeren.
Viele wissen nicht, dass dabei die Waffe U-Boot der deutschen Kriegsmarine, gemessen an den eingesetzten Männern, die höchsten Verluste aller deutschen Waffengattungen zu beklagen hatte. Über die Hälfte aller U-Boot-Fahrer kehrte nicht mehr zurück und fand den Tod in ihren stählernen Särgen auf dem Grund des Meeres. Aus ihnen gab es kein Entrinnen, man konnte nicht einmal vom Feind gerettet werden.
Jahrelang hatte die deutsche Kriegsführung mit dieser Waffe versucht, Großbritannien in die Knie zu zwingen und durch eine systematische Abschnürung der Britischen Inseln von den Weltmeeren auszuhungern. Spätestens ab 1943 wurden die Grauen Wölfe – so nannte man die deutschen U-Boot-Fahrer – immer mehr „von den Jägern zu Gejagten". Über 35 Jahre nach Kriegsende sollte 1981 eine deutsche Filmproduktion dieses grauenhafte Kapitel des Zweiten Weltkriegs eindrucksvoll auf die große Leinwand bringen. Der Roman „Das Boot" des Schriftstellers und U Boot Fahrers im Zweiten Weltkrieg, Lothar-Günther Buchheim, wurde von Wolfgang Petersen verfilmt und sollte die erfolgreichste deutsche Produktion der Filmgeschichte werden. Unter anderem war er für sechs Oscars und einen Golden Globe nominiert. Für den Regisseur Petersen war „Das Boot" ebenso der internationale Durchbruch wie für zahlreiche vor der Kamera Mitwirkende, allen voran den Hauptdarsteller Jürgen Prochnow, der in Hollywood Karriere machen sollte. Nicht vergessen wollen wir die zweite Hauptrolle, die von einem jungen Mann gespielt wurde, der einer der erfolgreichsten deutschsprachigen Musiker der Gegenwart werden sollte: Herbert Grönemeyer.

Deutsches U-Boot im Zweiten Weltkrieg

Längst ist das Leinwandepos in die Annalen der Kinogeschichte eingegangen und erfreut sich auch heute noch großer Beliebtheit. Doch vielen sind die genaueren Umstände der Entstehung dieses Films nicht bekannt. Die Dreharbeiten dauerten über ein Jahr. Während der wärmeren Monate bekamen die Schauspieler vom Regisseur besondere Auflagen: Sie durften sich nie zu lange der Sonne aussetzen oder gar bräunen, um im Film die realistische Blässe der Grauen Wölfe darstellen zu können. Zusätzlich durften sie sich zehn Tage vor Drehbeginn der späten Szenen nicht mehr rasieren, das Tragen eines Bartes wurde Pflicht. Auch hier wollte man möglichst authentisch wirken. Bei der deutschen Marine – ganz besonders bei der U-Boot-Waffe – war es üblich, sich während einer Feindfahrt nicht zu rasieren, um Trinkwasser zu sparen.
Gedreht wurde an mehreren Orten, vor allem in den Bavaria-Filmstudios in München. Doch entgegen allgemeiner Vorstellungen wurden die Außenaufnahmen nicht in der Nord- oder Ostsee gedreht, auch wenn die Kamera so geschickt eingesetzt wurde, dass der Zuschauer den Eindruck vermittelt bekommt, das Boot befinde sich in der unendlichen Weite des Ozeans. Aber in der Tat wurden diese Szenen bei uns am Bodensee gedreht. Bei Lindau wurde das Boot – vielmehr eine ähnlich aussehende Kulisse – zu Wasser gelassen, um die Torpedierung britischer Handelsschiffe, die Verfolgung durch einen feindlichen Zerstörer oder den Durchbruch bei Gibraltar in Szene zu setzen. Dabei soll es einmal vorgekommen sein, dass nach einem anstrengenden Drehtag einige der Schauspieler noch schnell zusammen ein Feierabendbier in einer nahe gelegenen Kneipe in Lindau trinken wollten, ohne sich vorher abzuschminken oder zivil einzukleiden. Für den Wirt und die anderen Gäs-

te muss die ganze Szenerie schon recht befremdlich gewirkt haben: Da kommen ein halbes Dutzend unrasierte und schwitzende, zum Teil sogar alte Marineuniformen tragende Männer in die Gaststätte und unterhalten sich lautstark über den anstrengenden Tag auf dem Wasser. Selten konnte man als Lindauer der Welt des großen Kinos so nahekommen wie an diesem Abend in einer Kneipe um die Ecke, auch wenn das damals wohl keiner der Anwesenden ahnte.

Wenn man all dies bedenkt, ist es eine wohlig-sympathische Vorstellung, dass Millionen Menschen in den Kinos und vor dem Fernseher auf der ganzen Welt gespannt das Drama um das Boot verfolgten, nicht ahnend, dass der Bodensee mehrfach die Hintergrundkulisse bildete. So wurde der Bodensee einer der meistgezeigten Seen Europas in der gesamten Filmgeschichte, wobei wir nicht vergessen wollen, dass hier ein wirklich dunkles Kapitel der Zeitgeschichte erzählt wurde. So möchten wir diese kleine Erzählung mit der Hoffnung auf Frieden für gegenwärtige und zukünftige Generationen enden lassen. Wir alle haben es verdient.

Und nun zu einem anderen Boot auf dem Bodensee, das allerdings fast nie fuhr ...

Der österreichische Bodenseedampfer „Stadt Bregenz" (1910–1965)

STEH-FAHR-NIE

Kurze Geschichte der Bodensee-Dampfschifffahrt

Die Schifffahrt am Bodensee ist sehr alt. Bereits die Menschen der mittleren Steinzeit um 15 000 v. Chr. siedelten um den See und befuhren das Wasser mit einfachen Flößen, Einbäumen und Holzbooten. Die Pfahlbausiedlungen reichen bis in die Jungsteinzeit, dem Neolithikum, um 5000 v. Chr. Nach heutigem Wissensstand befuhren die Menschen regelmäßig den See, um Fische zu fangen und Handel zu treiben. Während der Römerzeit entstanden an den Handelsstraßen zwischen Germanien und Italien ab 50 v. Chr. größere Städte am Bodensee. Mit ihnen kamen bereits größere Segelschiffe und Galeeren zum Einsatz, die größere Frachtmengen transportieren konnten. Ab dem Mittelalter bis Ende des 19. Jahrhunderts wurden Lädinen, flache Boote, die am flachen Ufer einfach anlanden konnten, wichtigstes Beförderungsmittel.

Nachdem in Amerika 1786 erstmals eine Dampfmaschine als Schiffsantrieb zum Einsatz kam, packte den Konstanzer Spinnereibesitzer Johann Caspar Bodmer die Idee, ein solches Dampfschiff für den Bodensee zu bauen. Nachdem er mithilfe einflussreicher Persönlichkeiten die finanziellen Mittel aufbringen konnte, wurde 1817 mit dem Bau begonnen. Da jedoch im Folgejahr bereits das Budget aufgebraucht war, wurde die bestellte englische Dampfmaschine in Rotterdam zurückbehalten. Um die geplante Jungfernfahrt am 29. April 1818 nicht zu gefährden, ließ Bodmer kurzerhand eine Dampfmaschine aus seiner Fabrik aus- und in das neue Schiff, das auf den Namen „Stephanie“ getauft wurde, einbauen. Auf dem Weg von Meersburg nach Konstanz fiel die viel zu schwache Maschine jedoch aus und die geladenen Ehrengäste mussten zu den Rudern greifen, um nicht ans Ufer schwimmen zu müssen. Der in Schulden geratene Spinnereibesitzer musste vor seinen Gläubigern flüchten und ließ seine „Stephanie“ im Seerhein zurück. Dort lag sie bis 1821 vor Anker, bis sie endlich versteigert und in Einzelteile zerlegt wurde. Unter den humorvollen Seebewohnern erhielt das erste Dampfschiff am Bodensee den Spitznamen „Stephanie, ich steh' und fahr' nie, Steh-fahr-nie“.

Doch bald darauf war die Dampfschifffahrt nicht mehr aufzuhalten. Im November 1824 wurde von den Württembergern die „Wilhelm“ getauft, die fortan bis zu 124 Personen zwischen Friedrichshafen und Rorschach sowie Romanshorn transportierte. Bereits einen Monat später brachten die Bayern ihren Dampfer „Max Joseph“ auf den Bodensee. Ab 1825 fuhr er auf ihm und dem Rhein bis nach Schaffhausen. 1832 beteiligte sich Baden mit der 1830 gegründeten Dampfschiffgesellschaft sowie

„Leopold“ und „Helvetia“. Hatten die ersten Schiffe noch Holzrümpfe, mussten diese jedoch bald durch Eisen ersetzt werden, zu aufwendig wären sonst die Erhaltungsmaßnahmen gewesen. In den 1840er-Jahren war die Konkurrenz zwischen den Schiffsgesellschaften so groß, dass manchmal mehrere Schiffe gleichzeitig im Wettbewerb um Fracht und Fahrgäste zueinander fuhren. 1850 startete die Schweiz mit einer eigenen Gesellschaft in den Schiffsverkehr.
Ab den 1850er-Jahren kam eine Eisenbahnlinie nach der anderen an den Bodensee. Die Bahngesellschaften übernahmen in der Folge die Bodenseeschifffahrt. 1861 kam es zu einem schweren Schiffsunglück. Der bayrische Dampfer „Ludwig“ rammte während eines Sturms die „Stadt Zürich“ und versenkte sie. Dreizehn Menschen wurden getötet, nur drei überlebten den Zusammenstoß. Die „Stadt Zürich“ rammte 1864 die bayrische „Jura“, die letztlich vor Güttingen sank. Sie ist bis heute für Hobbytaucher ein beliebtes Abenteuerziel. In der Folge wurde die „Stadt Zürich“ von abergläubischen Fahrgästen gemieden und erhielt den Beinamen „Teufelsschiff“. 1869 explodierte auf der schweizerischen „Rheinfall“ ein Dampfkessel, wodurch drei Stück Vieh und fünf Menschen getötet wurden.
Ab Mitte des 19. Jahrhunderts gewann die Personenbeförderung immer mehr an Bedeutung. 1871 wurde von der badischen Staatseisenbahn der luxuriöse Salondampfer „Kaiser Wilhelm“ für über 600 Passagiere in Dienst gestellt. Unter den zahlreichen prominenten Gästen waren auch der deutsche Kaiser Wilhelm I. und der österreichische Kaiser Franz Josef I.
1884 wurde von österreichischer Seite der erste Dampfer, die „Austria“, in Betrieb genommen. 1887 gab es einen Zusammenstoß zwischen der bayrischen „Stadt Lindau“ und der österreichischen „Habsburg“, der drei Menschen das Leben kostete. Mit dem Ersten Weltkrieg kam die Dampfschifffahrt nahezu zum Erliegen, sodass die meisten Schiffe stillgelegt wurden. Nach dem Krieg gab es keine Monarchien mehr am See. Der Schiffsbetrieb wurde von den Eisenbahngesellschaften übernommen. Die Deutsche Reichsbahn verfügte über neunzehn, die österreichische Bundesbahn über sechs und die Schweizerische Bundesbahn über fünf Dampfschiffe. Sie wurden zunehmend von den Touristen in den Sommermonaten genutzt und nicht mehr so sehr für die allgemeine Personenbeförderung, wie dies zuvor im Vordergrund gestanden hatte. 1925 wurde das erste Motorschiff „Konstanz“ in der Bodan-Werft in Kressbronn gebaut und in Betrieb genommen. 1928 begann der Fährbetrieb zwischen Konstanz und Meersburg mit Motorbooten. Zu Beginn der 1930er-Jahre ersetzte die Schweizerische Bundesbahn ihre Dampfschiffe und versenkte sie kurzerhand im 200-Meter-Graben, da dies kostengünstiger war als eine Verschrottung.

Mit dem Russlandfeldzug während des Zweiten Weltkriegs wurden die Rohstoffe so knapp, dass die Motorschifffahrt eingestellt werden musste. Nun übernahmen die verbliebenen Dampfschiffe erneut die Beförderung. Ab 1943 hatten sie einen Tarnanstrich in Blaugrau zum Schutz vor Fliegerangriffen. Es wurden jedoch trotzdem zahlreiche Schiffe durch Bomben zerstört. Als 1945 der NS-Befehl zum Versenken aller Schiffe erteilt wurde, entschloss man sich kurzerhand, diese in Schweizer Häfen zu bringen, um sie zu verschonen.

In den Nachkriegsjahren nahmen alle Schiffe schrittweise wieder ihren Betrieb auf. 1958 etablierte sich die Motorfähre zwischen Friedrichshafen und Romanshorn und im Jahr 1967 wurde die schweizerische „Schaffhausen", das letzte Dampfschiff auf dem Bodensee, stillgelegt und abgewrackt.

Seit 1965 lag die „Hohentwiel" als Segelheim vor Bregenz. 1984 kaufte der neu gegründete Verein „Internationales Bodensee-Schifffahrtmuseum" das Schiff, um es vor der Verschrottung zu retten. Es wurde mit der Restaurierung in den Originalzustand von 1913 zurückversetzt. Seit 1990 kann das Dampfschiff wieder als „Hohentwiel" zu Rundfahrten gechartert werden.

2005 wurde eine ganzjährige Katamaran-Verbindung mit den Schiffen „Constanze" und „Fridolin" zwischen Konstanz und Friedrichshafen eingeführt. Seit 2008 kann man das österreichisch-schweizerische Eventschiff „Sonnenkönigin" für exklusive Fahrten mieten – zurzeit das größte Personenfahrgastschiff auf dem Bodensee.

Sie haben heute die Wahl, ob Sie den Bodensee mit einer Autofähre, einem Katamaran, einem Kursmotorboot oder mit dem Schaufelraddampfer „Hohentwiel" überqueren. Auf jeden Fall wird es ein großes Ereignis. Daher viel Spaß!

Wir verweilen in der jüngeren Vergangenheit und lesen vom Schicksal Friedrichshafens ...

Friedrichshafen – Blick auf zwei Zeitzeugen: Zeppelin und Schaufelraddampfer

ALS DER BODENSEE BRANNTE

Im Visier alliierter Bomberflotten

Der Zweite Weltkrieg war in vielerlei Hinsicht ein Superlativ der Verbrechen und des Schreckens. Nicht zuletzt der Bombenkrieg hat sich tief in das historische Gedächtnis der Menschen eingegraben. Eine ganze Generation von Deutschen, Briten, Russen und so weiter wird diese Erlebnisse niemals vergessen. Der uralte Menschheitstraum vom Fliegen wurde in jenen Jahren zum Albtraum. Nur wenige größere Städte in Deutschland blieben verschont. Allerdings darf man in diesem Zusammenhang nie vergessen, wer mit diesem systematischen Terror gegen Städte und die Zivilbevölkerung aus der Luft damals begann – es war die deutsche Luftwaffe. Das erste Opfer dieser perfiden Kriegsführung war – wenn man vom „Vorspiel" des Zweiten Weltkriegs, dem Spanischen Bürgerkrieg und der Zerstörung der baskischen Stadt Guernica durch die deutsche Legion Condor absieht – die polnische Metropole Warschau. Es sollten Rotterdam, Teile von London, Coventry und später Stalingrad folgen, bis die Alliierten zurückschlugen. Ab 1942 fand der Luftkrieg immer stärker über deutschen Städten statt. Ob die massiven Luftschläge gegen Köln („1000-Bomber-Angriffe"), gegen Hamburg („Operation Gomorrha", Entfachung eines sogenannten Feuersturms), gegen das Ruhrgebiet („Battle of the Ruhr") oder die zerstörerischen Angriffe gegen die Reichshauptstadt Berlin, am meisten litt die Zivilbevölkerung.
Im Laufe des Krieges sollten immer stärkere und durch Jägerstaffeln immer besser geschützte US-amerikanische und britische Bomberflotten in den deutschen Luftraum eindringen und ihre tödliche Fracht abwerfen. Dabei betrieben die Westalliierten meist eine Art Arbeitsteilung. Tagsüber versuchten sich die Amerikaner in Präzisionsangriffen gegen militärisch bedeutende Produktionsstätten oder Infrastruktur wie Brücken, Eisenbahnanlagen, Häfen oder Ähnliches. Nachts kamen die Briten und konzentrierten sich auf Flächenbombardements der Städte, um die Moral und den Durchhaltewillen der deutschen Heimatfront zu schwächen und im besten Falle einen Aufstand der Zivilbevölkerung gegen das NS-Regime zu initiieren. Die Sowjets beteiligten sich an solchen Luftschlägen gegen das Dritte Reich deutlich weniger, da sie ihre militärischen Ressourcen bevorzugt direkt an der Front einsetzten. Im Mai 1944 brach die deutsche Luftverteidigung weitgehend zusammen: Die Übermacht war zu groß, die deutschen Städte konnten kaum noch effizient verteidigt werden.
Es dauerte Jahre, bis der deutsche Südwesten das Angriffsziel der alli-

ierten Bomber wurde. Man war zu weit weg von den englischen Flugplätzen und die feindlichen Bomber sollten erst später entsprechende Reichweiten besitzen. Ab 1943 erreichte der Bombenkrieg dann doch den Bodensee. Die Stadt, die die stärksten Angriffe aushalten musste, war Friedrichshafen. Dies lag vor allem an der hohen Konzentration von Rüstungsbetrieben rund um und in der Stadt: Die Luftschiffbau Zeppelin GmbH produzierte Radaranlagen, Peilanlagen, Fallschirme sowie Teile für den Flugzeug- und Raketenbau. Die Maybach-Motorenbau GmbH fertigte Motoren für die Kettenfahrzeuge der Wehrmacht an. Die Zahnfabrik AG stellte Getriebe für schwere Flugzeuge her und die Dornier-Werke GmbH produzierte Militärflugzeuge, unter anderem den Bomber und Aufklärer Dornier Do 17 („Fliegender Bleistift"), den Fernbomber Dornier Do 19 („Uralbomber") und den Jäger Dornier Do 335 („Pfeil" oder „Ameisenbär") – das schnellste, jemals gebaute Propellerflugzeug, das allerdings nicht mehr zum Einsatz kam.
All diese Produktionsstätten machten Friedrichshafen zu einem lohnenden Angriffsziel. Das erste Mal traf es die Stadt am 11. Juni 1943. Zehn weitere Male sollten bis Februar 1945 folgen. Den schwersten Angriff mussten die Menschen in der Nacht zum 28. April 1944 aushalten. Innerhalb von weniger als einer Stunde wurden der Kern der Altstadt, das alte Buchhorn und die Hafenanlagen mit mehreren Schiffen weitgehend zerstört. Während des Krieges wurde die Stadt zu über 60 Prozent vernichtet, was man noch am heutigen Stadtbild erkennen kann. Ein Großteil der Gebäude stammt aus der Wiederaufbauphase in den 1950ern. Damit war das Flair des alten Buchhorn für immer verloren.
Ein Detail dieses Krieges am Bodensee soll dabei nicht unerwähnt bleiben: Wann immer Friedrichshafen bombardiert wurde, bekamen das andere Städte durchaus mit. In Konstanz etwa konnte man am Hafen stehend die Rauch- und Feuersäulen, die von der anderen Seeseite aus in den Himmel ragten, sehen und ahnen, welch Schrecken über die gerade mal 28 Kilometer entfernte Stadt gekommen sein musste. Auf der Schweizer Seite, genau genommen auf dem sogenannten Seerücken, einem weitgehend parallel zum Bodensee im Thurgau verlaufenden Hügelzug, konnten die Menschen „spüren", wenn Friedrichshafen bombardiert wurde. Denn der Seerücken ist durch eine unter dem Bodensee verlaufende geologische Formation mit dem nördlichen Seeufer verbunden, sodass massive Erschütterungen auf der einen Seite durch leichte auf der anderen wahrgenommen werden. Schweizer Zeitzeugen erzählten uns, dass sie sich noch genau erinnern können: Wenn Friedrichshafen bombardiert wurde, spürten sie dies in Form von Mini-Erdbeben; es wackelten die Gläser und das Geschirr im Küchenschrank, wobei das eine oder andere Teil zu Bruch ging, was natürlich angesichts des schrecklichen Ursprungs leicht verschmerzbar war. Das ändert aber nichts daran, dass die betrof-

fenen Schweizer damals einen gehörigen Schrecken bekamen, denn sie wussten recht genau, was das für Friedrichshafen bedeutete.

Zurück zum Ausgangspunkt dieser Beben: Am Ende des Krieges drohte der Stadt noch einmal höchste Gefahr. Hitlers Durchhalteparolen, jede Stadt bis zur letzten Patrone zu verteidigen, galten auch für Friedrichshafen. Als die alliierten Armeen anrückten, waren Bürger und Bürgermeister so vernünftig, diesem Wahnsinn nicht zu folgen. So wurde die vollständige Zerstörung der Stadt verhindert, indem man sie kampflos den Alliierten übergab. Gelitten hatte sie bzw. ihre Einwohner mehr als genug durch den Bombenkrieg. Der Wiederaufbau beseitigte zwangsläufig die letzten Reste des frühneuzeitlichen Charakters von Friedrichshafen. Das alte Buchhorn ist, wie bereits erwähnt, für immer in der Vergangenheit begraben, aber hoffentlich nicht vergessen.

Doch nicht nur Friedrichshafen litt während des Krieges. Andere Städte des Bodensees wurden ebenfalls Opfer von Bomben. Auch Vorarlberg, das wie der Rest Österreichs seit 1938 ein Teil des sogenannten „Großdeutschen Reiches“ war, wurde nicht verschont. Am 1. Oktober 1943 zog ein Angriff der US-Luftwaffe Feldkirch in Mitleidenschaft. 168 Menschen starben durch den Tod aus der Luft, dabei 100 Soldaten, die zu dem Zeitpunkt gerade in einem Lazarett behandelt wurden und auf Genesung oder zumindest Besserung hofften. Am 1. Mai 1945, einem Tag nach Hitlers Selbstmord in seinem Bunker in Berlin, rückte die Erste Französische Armee auf Bregenz vor und schoss es zum Teil in Brand. Innerhalb von sieben Tagen bis zum Kriegsende sollte das ganze Vorarlberg von den Franzosen besetzt sein.

Überlingen am nördlichen Seeufer hat es „nur“ einmal in Laufe des Krieges getroffen: Am 22. Februar 1945, um 13.45 Uhr Ortszeit, befand sich ein alliiertes Bombergeschwader über der Stadt und ließ seine tödliche Fracht auf die Stadt herab. 20 Menschen starben – darunter elf Zwangsarbeiter –, sechs Wohngebäude wurden total zerstört, zehn schwer und zahlreiche weitere mittelschwer oder leicht beschädigt. Das eigentliche Ziel war allerdings der Überlinger Rangierbahnhof gewesen. Der Schock saß tief, so kurz vor Kriegsende doch noch Ziel eines Luftangriffs geworden zu sein.

Doch nicht nur deutsche Städte am See wurden von den Alliierten aus der Luft attackiert. Mehrere Schweizer Orte erlebten diesen Wahnsinn, obwohl die neutrale Eidgenossenschaft sich mit keiner Seite im Krieg befand. Offiziell werden dafür Navigationsfehler der Bomberpiloten verantwortlich gemacht. Manche Historiker behaupten, dass die Amerikaner und Briten dies aber in voller Absicht taten, um Waffenlieferungen vonseiten mancher Schweizer Firmen an das Dritte Reich zu erschweren. Es bleibt fraglich, ob wir die Wahrheit jemals erfahren werden.

So starben in der Schweiz während des Krieges 84 Menschen durch alli-

ierte Bomben. 1940 traf es Basel und Zürich. Doch am schlimmsten sollte es Schaffhausen treffen. Am 1. April kamen 40 Menschen ums Leben und 270 wurden zum Teil schwer verletzt. Das wunderschöne Stein am Rhein am westlichen Ende des Bodensees wurde am 22. Februar 1945 ein Opfer der Bomber. Neun Tote und 15 Schwerverletzte waren zu beklagen. Damit haben wir noch nicht alle Opfer des Bombenkrieges erwähnt, wollen es aber hierbei belassen, ohne damit das Leiden der Nichterwähnten in irgendeiner Hinsicht zu relativieren oder zu vergessen. Wir wollen aller Opfer dieses schrecklichen Krieges in allen Ländern gedenken und der Hoffnung, nie wieder Krieg erleben zu müssen, an dieser Stelle den ihr gebührenden Platz einräumen.
Eine Kuriosität soll in diesem Rahmen noch kurze Erwähnung finden: Ein britischer Lancaster-Bomber stürzte während des Krieges in den Bodensee, nachdem er entweder von der deutschen Flak oder Abfangjägern getroffen worden war. Sein Wrack wurde später von den Schweizer Behörden mit großem Aufwand gehoben und nach dem Krieg für interessierte Besucher in den 50ern ausgestellt.
Zum Glück wurden nicht alle Städte und Ortschaften am See (und anderswo) vom Luftkrieg in Mitleidenschaft gezogen. Es ist erstaunlich, dass die größte Stadt am Bodensee, das mittelalterliche Konstanz, nie angegriffen wurde. Wie kam es zu diesem so glücklichen Umstand?
Weit verbreitet ist die Legende, dass Konstanz die Lichter bei nächtlichem Fliegeralarm entgegen der üblichen Vorgehensweise anließ. Dadurch sollten die feindlichen Piloten die Stadt für einen Teil der neutralen Schweiz halten.
Wenn wir etwas genauer hinschauen, ist es dann doch nicht ganz so einfach. Man muss für die Schweiz – und damit für Konstanz – zwei Phasen des Zweiten Weltkriegs unterscheiden: Nach dessen Entfesselung wurde zuerst auch in der Eidgenossenschaft generell verdunkelt. Die Verdunkelungspflicht bestand vom 7. November 1940 bis zum 12. September 1944, also für den größten Teil des Krieges.
Das änderte sich allerdings mit zunehmender Kriegsdauer, nicht zuletzt wegen oben beschriebener alliierter Angriffe auf Schweizer Städte. Als ab 1943 das deutsche Bodenseeufer Ziel feindlicher Luftangriffe wurde, stieg auch die Gefahr für den neutralen Nachbarn, was dazu führte, dass nun in der Schweiz nicht mehr verdunkelt werden durfte. An besagtem 12. September wurde die entsprechende Pflicht durch den Bundesrat wieder aufgehoben. Daraufhin entschloss man sich auch auf deutscher Seite, genau genommen nur im linksrheinischen Konstanz, nicht mehr zu verdunkeln, damit aus der Luft der Grenzverlauf nicht mehr erkennbar war. Die Konstanzer Altstadt (inklusive dem benachbarten Stadtteil Paradies) wurde so zur einzigen Stadt Deutschlands, die in der letzten Kriegsphase nachts bei Fliegeralarm das Licht nicht löschte.

Davon ist allerdings die Frage zu trennen, warum die alte Konzilsstadt nicht Ziel eines alliierten Bombardements wurde. Das hing wohl nicht mit der Frage der Verdunklung oder deren Fehlen zusammen, sondern vielmehr mit der Tatsache, dass Konstanz generell zu nahe an der Schweizer Grenze ist und so immer die Gefahr bestanden hätte, im Falle eines Luftangriffs die neutrale Schweizer Seite zu treffen. Doch die Öffnung von alliierten militärischen Akten, den Zweiten Weltkrieg betreffend, zeigt uns ein düsteres Bild: Hätte der Krieg noch einige Wochen oder Monate länger gedauert, wäre Konstanz möglicherweise doch bombardiert worden, da die Stadt auf der Liste der möglichen strategischen Angriffsziele sowohl der British Royal Airforce als auch des US-amerikanischen Bombers Command stand. Jedoch befand sich die Stadt aufgrund ihrer Grenznähe auf diesen Listen weit unten. Sie war nur eines von mehreren möglichen Ausweichzielen, wenn andere Städte während eines Feindflugs nicht hätten angeflogen werden können. Das Kriegsende kam glücklicherweise einer Bombardierung zuvor. Man kann auch davon sprechen, dass sich Konstanz unter dem Schweizer Schutzschirm befand. Heutzutage erfreuen sich die Bürger der Stadt und die zahlreichen Besucher über den Erhalt der ursprünglichen, großteils mittelalterlichen Bebauung. Sie bietet ein Portfolio alter Baustile. Speziell in der Niederburg, dem ältesten Stadtteil von Konstanz kann man immer noch eine fast geschlossene hoch- und spätmittelalterliche Siedlungsstruktur sehen und studieren. Dies macht den besonderen Reiz der Stadt aus und bietet neben dem Bodensee eine prächtige und idyllische Stadtsilhouette, die mit Sicherheit noch in vielen Generationen Jung und Alt gleichermaßen begeistern wird.
Stellen wir uns besser gar nicht erst vor, was alles Schreckliches passiert wäre und wie die Stadt heute aussehen würde, wenn sie im Zweiten Weltkrieg aus der Luft zerstört worden wäre. Zum Glück war Konstanz damals eine erleuchtete Stadt in wahrhaft dunkler Zeit.

Wir wollen nun dieses finstere Kapitel unserer Geschichte wieder verlassen und Ihnen eine politisch-administrative Besonderheit vorstellen: die Enklave bzw. Exklave Büsingen ...

BÜSINGEN AM HOCHRHEIN

Eine Exklave und ihre Besonderheiten

Büsingen ist ein Dorf mit etwa 1350 Einwohnern am rechten Rheinufer. Auf der Landseite grenzt der kleine Ort an den Kanton Schaffhausen, mit dem Rhein an die Kantone Thurgau und Zürich. Das Besondere: Büsingen ist die einzige Exklave der Bundesrepublik Deutschland – ein Gebiet, das ausschließlich über ein anderes Land erreichbar ist. Für die Schweiz ist Büsingen eine Enklave, also ein eingeschlossener fremder Staatsteil. Beide Fachbegriffe stammen aus dem Französischen und bedeuten aus- bzw. eingeschlossen.

Der Name ist 1090 erstmals erwähnt, als Graf Burkhard von Nellenburg Büsingen dem Kloster Allerheiligen in Schaffhausen schenkt. Ein bis heute gültiger Grenzstein im Rhein, der „Nellenburger Stein" wurde bereits 1435 erwähnt. Seit 1465 stand der Ort unter österreichischer Verwaltung, wie die ganze Landgrafschaft Nellenburg. Nachdem Österreich seine Rechte aller umliegenden Dörfer im 18. Jahrhundert an Schaffhausen und Zürich verkauft hatte, wurde Büsingen eine Enklave in der Eidgenossenschaft. Nach einem Streit mit dem evangelischen Schaffhausen, das den Vogt Eberhard Im Thurn durch seine eigenen Verwandten wegen Erbstreitigkeiten für neun Jahre entführen ließ und ins Gefängnis steckte, hatten sich die Habsburger geschworen, dass Büsingen „zum ewigen Ärgernis Schaffhausens" für immer österreichisch bleiben solle.

Obwohl Schaffhausen weiterhin alles daran setzte, das Dorf unter seine Herrschaft zu bekommen, wurde es beim Pressburger Frieden 1805 dem Kurfürstentum Württemberg unterstellt. Nach der Gründung des Großherzogtums Baden wurde 1810 Büsingen badisch und blieb es bis heute.

Und wie lebt es sich in einer Exklave? Seit 1835 ist Büsingen deutsches Zollausschlussgebiet, das heißt es gibt nicht alle deutschen Steuern, beispielsweise keine Kaffeesteuer. Seit 1895 haben die Büsinger Bauern das verbriefte Recht, in der Schweiz ihre Waren zu verkaufen. Somit tendiert Büsingen wirtschaftlich schon lange Zeit zur Eidgenossenschaft.

Und politisch? Bei einer Volksabstimmung entschieden sich 96 Prozent der Büsinger für eine Eingliederung ihres Dorfes in die Schweiz. Da die Eidgenossen jedoch kein geeignetes Tauschgebiet anboten, blieb der Ort badisch. Den nächsten Anlauf unternahmen die Büsinger 1946 bei der französischen Besatzungsmacht. Tatsächlich wurden alle Zollgrenzen der Exklave bis heute aufgehoben, doch ein Anschluss kam nicht zustande. 1956 wurde abermals über einen eidgenössischen Anschluss mit dem Landkreis Konstanz verhandelt. Als der Landkreis jedoch auf den Verbleib bestand und sogar einen Verbindungskorridor forderte, wurden die Verhandlungen auf Schweizer Seite abgebrochen. Seit 1967 ist der Status von Büsingen im deutsch-schweizerischen Staatsvertrag endgültig geregelt.

Danach ist die deutsche Polizei in Büsingen zuständig. Die schweizerische Polizei darf sich um die nach eidgenössischen Gesetzen geregelten Geschäftsbereiche wie Zoll, Gastgewerbe oder Landwirtschaft kümmern und auch Verhaftungen in der Exklave durchführen. Die Büsinger Bauern erhalten Schweizer Subventionen, die deutlich über den deutschen liegen. Vor der Post befinden sich eine deutsche und eine schweizerische Telefonzelle. Auch bei Briefen können die Büsinger zwischen deutschen und schweizerischen Briefmarken auswählen. Als Autokennzeichen müssten die Büsinger eigentlich das „KN" des Landkreises führen, doch wurde zur Erleichterung der schweizerischen Zöllner im Staatsvertrag festgelegt, dass Büsingen das eigene Kennzeichen „BÜS" erhält.

Bei der Einreise von und nach Büsingen sind die Freigrenzen gegenüber Nicht-EU-Staaten einzuhalten, wie etwa für Tabak und Alkohol. Laut Gesetz sind zwar alle Bürger dazu verpflichtet, das deutsche Zahlungsmittel Euro zu akzeptieren, da die meisten aber ihren Lohn in Schweizer Franken erhalten, wird dieser fast ausschließlich verwendet. Durch den starken Kursanstieg des Franken kommen die Büsinger jedoch zunehmend in Schwierigkeiten. Etwa die Renten, die in Euro ausbezahlt werden, verlieren rapide an Kaufkraft. Auch die Schweizer Löhne werden aufgrund der Steuerprogression immer höher nach deutschem Recht versteuert, was in Büsingen einem massiven Kaufkraftverlust entspricht. Aus diesem Grund ziehen zunehmend mehr Menschen in die Schweiz. Der Büsinger Fußballklub ist der einzige deutsche Verein, der dem schweizerischen Fußballverband angehört.

Beliebt ist der Fasnachtsumzug in Büsingen, der nach altem Kalender am Sonntag nach Aschermittwoch begangen wird. Die sogenannte „Bauernfasnacht" findet nach der sonst üblichen „Herrenfasnacht" statt. Daher sagt man in Süddeutschland, wenn jemand hoffnungslos verspätet ist, er käme hintendrein wie „die alte Fasnacht". Doch gerade diesen zusätzlichen Termin nehmen viele Narren aus Süddeutschland gerne in Büsingen wahr.

Wollen Sie Büsingen einen Besuch abstatten? Dann sollten Sie eine Wanderung auf dem „Exklavenweg" durchführen. Dieser startet am Büsinger Rathaus, führt über die ehemalige Rheinmühle Junkerhaus, Schiffsanlegestelle, Strandbad zur romanischen Bergkirche St. Michael. Das mittelalterliche Gebäude aus dem 11. Jahrhundert ist mit einer Ringmauer umgeben und war einst die Urkirche von Schaffhausen. Einer Sage nach soll sie anstelle einer Burg vom Letzten der Herren von Büsingen errichtet worden sein, bevor dieses Geschlecht untergegangen ist. Von dem 415 Meter hohen Hügel aus haben Sie einen wunderbaren Blick über das umgebende Landschaftsschutzgebiet. Am Rebgelände vorbei führt der Weg zurück zum Rathaus. Zur Einkehr empfehlen wir das seit 1711 als Wirtshaus betriebene Hotel Alte Rheinmühle, mit seinem sehenswerten historischen Jungersaal. Viel Freude beim Erkunden der einzigen deutschen Exklave. Ach – und vor der Heimfahrt nicht vergessen: Tanken Sie an Deutschlands günstigster Tankstelle, da auch diese auf dem deutlich niedrigeren Schweizer Steuerniveau ist.

Jetzt geht es tief in die Vergangenheit, bis in die Steinzeit ...

DIE PFAHLBAUTEN

Steinzeit am Bodensee

Uhldingen-Mühlhofen, Pfahldorf der Steinzeit, Ansicht um 1935

Für Schulklassen am Bodensee ist ein Besuch des Pfahlbaumuseums in Unteruhldingen, zwischen Überlingen und Meersburg, ein Pflichtprogramm. Doch auch als Erwachsener lohnt sich ein Besuch dieser Rekonstruktion steinzeitlicher Lebens- und Bauweise. Pfahlbauten, auch Stelzenbauten genannt, sind Holzkonstruktionen auf Pfählen, direkt am oder im Wasser von Seen, Sümpfen oder Meeren gelegen.
Diese Bauten aus vorgeschichtlicher Zeit sind für das 5. bis 1. Jahrtausend vor Christus in Europa nachweisbar. Besonders häufig sind sie im alpinen Raum anzutreffen, aber auch in Frankreich, Slowenien und dem Baltikum fand man in den letzten Jahren Hinweise für steinzeitliche Pfahlbauten.
Am Bodensee ist man in den letzten Jahrzehnten dabei auf mehrere Siedlungen gestoßen. Sowohl am Überlinger See in Sipplingen, Bodman und Uhldingen als auch im Konstanzer Trichter, beim Naturschutzgebiet Wollmatinger Ried und am Hornstaad-Hörnle fand man Hinweise auf Stelzenbauten.
In Unteruhldingen kann man Nachbauten dieser Siedlungen besichtigen. Ob alles bis in das kleinste Detail auch vor Tausenden von Jahren so ausgesehen hat, sei dahingestellt und ist auch nicht so wichtig.

Allerdings bietet das Museum einen wirklich spannenden Einblick in die Lebensweise unserer steinzeitlichen Vorfahren.
Das Freilichtmuseum beherbergt mehre Rekonstruktionsabschnitte und wurde seit der Eröffnung 1922 mehrmals umgebaut und vergrößert. Die Zahl der Besucher in all diesen Jahren ist eindrucksvoll. Über 13 Millionen Menschen haben in diesen über 90 Jahren die Pfahlbauhäuser besucht. Nur an wenigen Orten Europas kommt man der Steinzeit als moderner Mensch auf so plastische Art und Weise nahe. So verwundert es nicht, dass die Prähistorischen Pfahlbauten um die Alpen 2011 als Weltkulturerbe anerkannt wurden.
Man kann unter anderem die Steinzeithäuser Riedaschachen (die ältesten Rekonstruktionen), das bronzezeitliche Dorf Bad Buchau, das SWR-Steinzeitdorf und vieles mehr besuchen und besichtigen. Doch speziell das Steinzeitdorf des Südwestrundfunks ist noch einen zweiten Blick wert. 2007 kamen diese Häuser hinzu, die zuvor als Kulisse in Schlier bei Ravensburg für die Fernsehserie „Steinzeit – das Experiment. Leben wie vor 5000 Jahren“ dienten. Im Sommer 2006 wurden 13 Personen für zwei Monate in die Jungsteinzeit zurückversetzt, um unter damaligen Bedingungen zu leben. In Unteruhldingen wurden diese drei Steinzeithäuser wieder aufgebaut.
Wer mal Lust hat, in die ganz tiefe Vergangenheit einzutauchen, kann sich diese Dokumentation ansehen oder – noch besser – das Pfahlbaumuseum Unteruhldingen besuchen.

Und nun zu Moskau und Petersburg, die beide gerade um die Ecke liegen ...

MOSKAU UND PETERSBURG

Böhmische oder russische Dörfer am Hochrhein?

Inversionswetterlage bei Rheinfelden – Blick über die Berge des Schweizer Jura bis hin zu den Alpen

Die Bodenseelandschaft ist groß und abwechslungsreich. Und wenn man sich mal verlaufen oder verfahren hat, kann man immer wieder Neues entdecken. Doch erschrecken Sie nicht zu sehr, wenn Sie plötzlich meinen, in Russland gelandet zu sein. Tatsächlich sind Sie dann in der spannenden Grenzlandschaft zwischen dem schweizerischen Kanton Schaffhausen und dem deutschen Landkreis Konstanz angekommen. Hier passieren Sie beim Spazierengehen oder mit dem Auto alle paar Meter die Grenze, oft nur am wechselnden Fahrbahnbelag oder den unterschiedlichen Straßenpfosten zu erkennen. Wie eine Zickzacklinie malt sich hier die Staatengrenze in die beeindruckende Landschaft. Und genau hier werden ihnen die Ortsnamen Moskau oder Petersburg am Wegesrand begegnen. Doch wie kam es dazu?
Während des Zweiten Koalitionskriegs 1797–1802 verbündeten sich Großbritannien, Österreich und Russland gegen das napoleonische Frankreich. In dieser Zeit kamen Truppen aus dem Zarenreich und lagerten in dieser Gegend. Im Sommer 1799 ließ Erzherzog Karl von Österreich die Heere der Koalition über den Rhein setzen, um die Fran-

zosen aus der Ostschweiz zu verdrängen. Man kann sich vorstellen, wie die russischen Heere auf die einheimische Bevölkerung wirkten. Unter ihnen waren alle Volksgruppen des Zarenreichs vertreten, wie etwa auch Kosaken mit ihren außergewöhnlichen Uniformen, Kalmücken und Kirgisen, die mit ihren mandelförmigen Augen auffielen. Die fremdländisch aussehenden Soldaten hinterließen einen tiefen Eindruck. Man erzählt sich, dass diese wilden Krieger „es wüst getrieben hätten“ und auch nicht wählerisch bei ihren Mahlzeiten waren. Sie sollen sogar von rohen Kartoffeln wie bei Äpfeln heruntergebissen haben.
So kam es, dass in der Folgezeit eine kleine Häusergruppe in der heutigen Gemeinde Gottmadingen in Deutschland den Namen Petersburg erhielt. Wenige Kilometer entfernt in Ramsen wurde ein kleines Flurstück Petersburg getauft, was wohl nicht nur mit dem damaligen Besitzer zu tun hatte, der auf den Vornamen Peter hörte.
Ein Weiler der schweizerischen Gemeinde erhielt den Namen Moskau. An politischer Bedeutung und Größe kann es mit seiner namensgleichen Hauptstadt in Russland jedoch nicht ganz mithalten. Heute umfasst der kleine Ort etwa 15 Häuser. Den Namen verdanken die Bürger dieser Häuseransammlung dem findigen Bauern, dem einst das ganze Gelände gehörte. Er fand darauf einige alte Hufeisen und ging davon aus, dass diese von den Koalitionstruppen hier zurückgelassen wurden. Daher nannte er seinen Hof kurzerhand nach der russischen Metropole in Moskau um. Dort befand sich bis in die 1930er-Jahre das „Gasthaus zur Moskau“ und bis heute steht das „Haus zur Krim“.
Während der nationalsozialistischen Diktatur vermutete man hinter den russischen Namen eine kommunistische Verschwörung. Die Schutzstaffel der NSDAP, kurz als SS berüchtigt, drang in einer Nacht-und-Nebel-Aktion über die deutsch-schweizerische Grenze und verhaftete kurzerhand einen tschechischen Bürger, der als Gast in Moskau in einem Heuschober übernachtete. Nach eidgenössischem Protest, wurde er jedoch den Schweizer Behörden wieder überstellt. Bald darauf wurde das Gasthaus in „Restaurant Hegau“ umgetauft, um weitere politische Auseinandersetzungen mit dem „Tausendjährigen Reich“ zu vermeiden.
Wie überall in Grenznähe tummeln sich heute viele Tankstellen, da der Sprit in der Schweiz weniger hoch besteuert ist als in der Bundesrepublik. Falls Sie auch zu den Tanktouristen gehören, nutzen Sie die Gelegenheit auch für eine Einkehr im „Restaurant Hegau“ in Moskau. Doch wundern Sie sich nicht, wenn hier heute die Kartoffeln nicht mehr roh serviert werden. Falls doch, erhalten Sie nach dem Essen sicher noch einen Wodka. Guten Appetit und Nastrovje!

Verlassen wir das „russische“ Grenzgebiet und betreten das autonome Lindau ...

DAS AUTONOME LINDAU

Als Lindau württembergisch-schwäbisch war

Lindau ist zweifellos eine der schönsten Städte am Bodensee, die immer einen Besuch wert ist. Wenn man am Hafen entlang promeniert, stößt man zwangsläufig auf den Leuchtturm, den Einzigen in Bayern, und auf die Hafeneinfahrtsfigur, den Löwen, das Wappentier Bayerns, der seit 1856 den Hafeneingang „bewacht". Doch wer weiß schon, dass Lindau für ein paar Jahre im 20. Jahrhundert nicht bayerisch, sondern relativ eigenständig war? Um das zu verstehen, müssen wir ein bisschen in die Vergangenheit eintauchen.

882 wird Lindau erstmals urkundlich erwähnt und im 13. Jahrhundert unter König Rudolf I. von Habsburg zur Reichsstadt. Die wechselvolle deutsche Geschichte sollte in den folgenden Jahrhunderten auch an Lindau nicht spurlos vorübergehen. Ob das Wüten der Pest, die Konflikte um die Ausbreitung der Reformation oder der Schrecken des Dreißigjährigen Krieges, in dessen Rahmen Lindau von den Schweden belagert worden war, die Stadt am östlichen Ende des Sees konnte sich immer wieder aufrichten und erneut in Wohlstand und Frieden erblühen.

Im Rahmen der Französischen Revolution, die ihre Spuren auch in Deutschland hinterließ, wurde die Vormachtstellung der Kirche, mit all ihrem weltlichen Besitz, in Frage gestellt. Napoleon nahm Lindau 1803 die Privilegien als Freie Reichsstadt und ließ die Klöster auflösen. Ab 1806 war die Stadt ein Teil des neu entstandenen Königreichs Bayern, das 1871 im zweiten Deutschen Kaiserreich aufging. Vor 100 Jahren folgte der Erste Weltkrieg, dessen Schrecken nur vom Zweiten Weltkrieg überboten wurden. Wenige Tage vor Kriegsende, am 30. April 1945 besetzte die französische Armee Lindau, das sich kampflos ergab. Stadt- und Landkreis wurden der französischen Besatzungszone zugeordnet, während das übrige Bayern von den US-Amerikanern verwaltet wurde. Damit sollte eine Landbrücke zwischen der französischen Besatzungszone in Deutschland (die sogenannte Eieruhr) und Österreich mit dem Vorarlberg und Tirol geschaffen werden. Lindau und der Kreis erhielten einen rechtlichen Sonderstatus.

1946 wurde ein Kreispräsidium als oberstes Verwaltungsorgan eingesetzt, dessen Kompetenzen mit den Landesbehörden von Bundesländern vergleichbar waren. Rechtlich war Lindau damals weder bayerisch noch württembergisch. Allerdings saßen bis 1950 die Lindauer Abgeordneten im Württembergischen Landtag, also war die Stadt genau genommen für kurze Zeit württembergisch-schwäbisch. Danach war sie im bayerischen

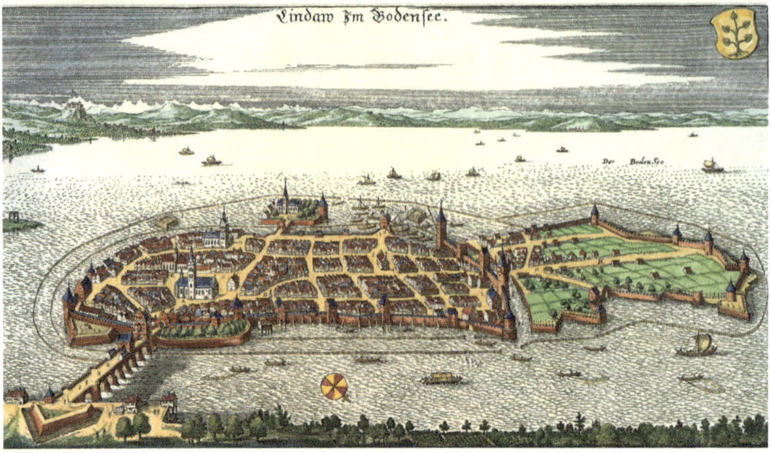

Lindau um 1650, Kupferstich von Matthäus Merian

Landtag vertreten. Erst am 1. September 1955, als das Besatzungsstatut in Österreich endete, wurden Lindau und Umgebung wieder komplett in den Freistaat Bayern eingegliedert. Trotz dieser relativen Selbstständigkeit vor 50 Jahren sind keine momentanen Autonomiebestrebungen bekannt – man fühlt sich wohl als bayerischer Vorposten am Bodensee.

Nun geht es wieder zurück gen Westen ...

DER GNADENSEE

Die Muttergottes und der gütige Abt

Der Bodensee wird im Westen durch eine Landzunge derart zerschnitten, dass man ihn in den östlichen Hauptteil, den „Obersee", den nordwestlichen Ausläufer „Überlinger See" und den südwestlichen Teil „Untersee" einteilt. Eigentlich stellt dieser einen separaten See dar, weil der Bodensee im „Konstanzer Trichter" sich für eine kurze Strecke zum sogenannten „Seerhein" verjüngt und dann etwas tiefer gelegen wieder eine eigene größere Wasserfläche ausbildet.

Der Untersee wird wiederum in drei Teile gegliedert. Der südliche Wasserbereich heißt dem Rhein folgend „Rheinsee", darüber im Westen „Zeller See" und „Markelfinger Winkel". Dieser gehört jedoch schon zu dem etwa zwei Kilometer mal elf Kilometer großen nördlichen Teil mit dem klangvollen Namen „Gnadensee", der im Norden durch Allensbach und Hegne, im Westen durch Radolfzell mit der Halbinsel Mettnau, im Süden durch die Insel Reichenau und im Osten durch das Wollmatinger Ried begrenzt wird. Doch woher stammt die Bezeichnung „Gnadensee" für das nur etwa 20 Meter tiefe Gewässer?

Einer Sage nach geht der Name auf die Zeit zurück, als auf der Insel Reichenau die Gerichtsbarkeit angesiedelt war. Die Insel selbst findet bereits unter den Römern Nennung, soll jedoch nur ein von „schädlichem Gewürm besiedeltes Eiland" gewesen sein. Im 8. Jahrhundert wurde darauf ein bedeutendes Kloster errichtet, von dem aus die Christianisierung Germaniens in Angriff genommen wurde. Man betrachtete die ganze Insel als heiligen Boden, sodass kein Todesurteil hier vollstreckt werden durfte. Aus diesem Grund wurde ein zum Tode Verurteilter mit einem Boot zum Festland im Norden übergesetzt, damit dort die Vollstreckung stattfinden konnte. Häufig hat der Abt des Reichenauer Klosters jedoch aus christlicher Nächstenliebe dem Verurteilten noch eine zweite Chance gewähren wollen. Um dem Henker am Festland seinen Willen zu signalisieren, wurde auf der Reichenau eine Glocke geläutet, die sogenannte „Gnadenglocke". Weil mit dem Abt des Klosters Reichenau die Bevölkerung so viel Gnade und sogar zum Tode Verurteilte hier ihre Begnadigung erhielten, bekam dieser Teil den Namen „Gnadensee".

Eine weitere Erklärung findet sich beim Kloster Reichenau, das im 9. Jahrhundert als Marienkloster gegründet wurde. Die Heilige Maria wird traditionell als „gnädige" Mutter Jesu bezeichnet und dargestellt. Nach ihr könnte der Seeteil als Gnadenfrausee, kurz Gnadensee benannt worden sein. Ob sich die Namensherkunft jemals eindeutig klären lässt,

wissen wir nicht, hoffen jedoch, dass so manch begnadigter Sünder zu einem besseren Leben gefunden hat.
Heute wird der Gnadensee durch den Reichenaudamm mit seiner markanten Pappelallee durchschnitten. Nur bei dem Jahrhunderthochwasser 1999 zeigte er sich wenig gnädig. Das Wasser stieg so hoch, dass der Damm nicht mehr befahren werden konnte und die Bewohner auf Schiffe umsteigen mussten. Nur ein Bus durfte mit Schrittgeschwindigkeit noch auf dem Fahrradweg, der entscheidende Zentimeter über der Fahrstraße liegt, pendeln. Im darauf folgenden Jahr wurde der Fahrradweg noch mehr erhöht, um für das nächste Jahrhunderthochwasser gewappnet zu sein.
Diese Verbindung eignet sich hervorragend als Startpunkt für eine Fahrrad- oder Inlinertour zur oder um die Insel Reichenau, da die Höhenunterschiede recht gering sind. Heutzutage können Sie die Insel ruhig besuchen, ohne auf ein „Gnadenglöcklein" achten zu müssen.

Besuchen wir doch mal Friedrichshafen oder doch lieber Buchhorn ...?

AUS BUCHHORN WIRD FRIEDRICHSHAFEN

Wandel der Zeiten und Namen

Friedrichshafen hieß früher Buchhorn, was außerhalb dieser Stadt weithin unbekannt ist. Dabei erinnert immer noch die Buchhornpassage, eine Einkaufsmeile im Herzen der Stadt an den alten Namen. 838 wird Buchhorn zum ersten Mal erwähnt als „Buachihorn“. Etwa 1100 ließen sich Händler nieder, um die Handelsverbindungen über die Alpen in den Mittelmeerraum und vor allem Italien zu intensivieren. Zu dem Zeitpunkt war die Siedlung sogar für damalige Verhältnisse noch klein und bestand wohl nur aus wenigen Wohnhäusern und einem kleinen Markt. Doch sie sollte wachsen. 1274 wird sie erstmals als Stadt erwähnt mit allen damit verbundenen Rechten. Buchhorn gehörte zur Landvogtei Oberschwaben, bevor es 1275 vom Habsburger König Rudolf I. zur Reichsstadt aufgewertet wurde, was die innere Autonomie erheblich stärkte. Fortan waren die Bürger der neuen Reichsstadt nur dem eigenen Stadtgericht unterstellt, mit Ausnahme schwerer Straftaten wie Mord. Diese wurden auch weiterhin von auswärtigen Gerichten geahndet.

Im frühen 15. Jahrhundert erhielt die Stadt gar königlichen Besuch: Im Rahmen des Konstanzer Konzils besuchte König Sigismund Buchhorn und war so angetan von diesem schönen Flecken Erde, dass er 1434 seine Krone vorübergehend den Stadtvätern anvertraute. Kaiser Friedrich III. besuchte die Stadt 1452, was für lange Zeit der letzte hochherrschaftliche Besuch war.

Im Dreißigjährigen Krieg litt Buchhorn, wie so viele andere Städte der Region und Mitteleuropas, unter den Wirren, die dieser schreckliche Religionskrieg mit sich brachte. 1634 besetzten die Schweden die Stadt und gaben ihr den Namen Gustavsburg. Die Stadt selbst wurde weitgehend zerstört. Nach dem schrecklichen Krieg wurde Buchhorn wieder aufgebaut und erholte sich langsam. Doch während der Koalitionskriege, die durch die Französische Revolution ausgelöst wurden, verwüsteten französische Truppen die Stadt, die danach wieder einen Neuaufbau erlebte.

Buchhorn wurde zum Spielball der großen Mächte. Der Wohlstand war dahin, als 1802 Napoleon die Stadt seinem Verbündeten Bayern schenkte, womit die Zeit der Reichsstadt Buchhorn endgültig vorüber war. 1810 wechselte sie wieder den Besitzer und wurde württembergisch. Der König von Württemberg, Friedrich I., besuchte 1811 Buchhorn und die umliegenden Städte. Bei dieser Gelegenheit gründete er die Stadt Friedrichshafen, die aus dem Zusammenschluss von Buchhorn und dem

Friedrichshafen, Ansicht um 1935

nahe gelegenen Dorf und Kloster Hofen entstand. Die Industrialisierung im 19. Jahrhundert brachte Wohlstand in die neue Stadt. Spätestens der Zeppelinbau machte Friedrichshafen überregional bekannt.
Wie es dann im 20. Jahrhundert weitergehen sollte, wie diese Stadt erneut in einem Krieg zerstört wurde – darüber berichten wir in einer anderen Geschichte in diesem Buch. Nur eines sei noch erwähnt: 2011 feierte Friedrichshafen seinen 200. Geburtstag und man hatte den Eindruck, dass diese Stadt am Bodensee es wieder erneut geschafft hat, sich wie Phönix aus der Asche zu erheben. Immerhin gehört sie zu den wohlhabendsten Städten im ohnehin wohlhabenden Südwesten Deutschlands.

Besuchen wir doch noch einmal das „finstere Mittelalter" und begeben uns auf einen Kreuzzug ...

DER KINDERKREUZZUG AM BODENSEE

Fand dieser Wahnsinn vor 800 Jahren auch am See statt?

Das Mittelalter ist für viele Menschen eine einzigartige Projektionsfläche für alle möglichen Sehnsüchte, aber ebenso für Ängste und Schrecken. Abwechselnd verbindet man mit dieser alten Zeit Romantik in Gestalt von edlen Rittern, anmutigen Burgfräulein, wilden Abenteuern sowie rauschenden Festen auf der einen Seite und eine finstere Zeit inklusive Pest, Aberglauben, Hexenverfolgungen und blutigen Kriegen auf der anderen. Auch wenn beide Extreme so den historischen Realitäten nicht unbedingt entsprechen, gibt es ein Ereignis, das den Menschen meist einfällt, wenn sie an das „dunkle Mittelalter" denken – die Kreuzzüge.
Jenes kriegerische Phänomen fasziniert und schreckt die Menschen noch heute gleichermaßen ab. Dabei ist der Begriff „Kreuzzüge" keineswegs ein zeitgenössischer. Er wurde erst im 13. Jahrhundert geprägt, als die Kreuzzüge schon langsam „aus der Mode kamen". Der Erste Kreuzzug wurde 1095 in Frankreich im zentral gelegenen Clermont-Ferrand von Papst Urban II. ausgerufen, vier Jahre später war Jerusalem 1099 in einem blutigen und zeitweise unglaublich grausamen Krieg von christlichen Rittern erobert worden. Die islamische Welt war geschockt und brauchte Zeit, um einen Gegenschlag zu organisieren. 1187 war es dann so weit: Unter Führung des kurdischen Feldherrn Saladin wurde Jerusalem – gleichermaßen eine heilige Stadt für Christen, Juden und Muslime – für den Islam zurückerobert. Der sich direkt anschließende – mittlerweile dritte – Kreuzzug, der vom legendenumwobenen englischen König Richard Löwenherz angeführt wurde, scheiterte mit seinen Rückeroberungsversuchen. Die christliche Welt war schockiert. Die Stadt von Jesus sollte wieder von einem christlichen Fürsten beherrscht werden. Weitere Kreuzzüge wurden geplant, aber nicht in die Tat umgesetzt oder sie hatten nicht das Heilige Land zum Ziel.
In dieser Situation kam es im Jahr 1212 an zwei unterschiedlichen Orten zu recht merkwürdigen Vorkommnissen. Während Papst Innozenz III. wieder für einen neuen Kreuzzug in den Nahen Osten werben ließ, tauchte auf einmal in Nordfrankreich ein armer zwölfjähriger Hirtenjunge namens Stephan auf, der behauptete, dass ein fremder Pilger ihn aufgefordert habe, einen Kreuzzug der Kinder anzuführen, denn nur reine Kinderherzen, beflügelt durch ihren tiefen Glauben, könnten Jerusalem friedlich erobern, wo Ritterheere gescheitert waren. Stephan glaubte, dass dieser Fremde Jesus persönlich gewesen sei. Wer diese geheimnisvolle Gestalt in Wahrheit war oder ob sie nur in der Fantasie des Jungen

existierte, werden wir wohl nie erfahren. Das wahrhaft Kuriose an dieser Geschichte ist jedoch der Umstand, dass sich ebenfalls 1212 in Deutschland in der Domstadt Köln nahezu das Gleiche zugetragen hat: Dort hieß der Junge Nikolaus, war noch ein bisschen jünger, vielleicht zehn Jahre alt und aus niederem Adel. Auch ihm erschien ein Fremder, der sich für Jesus ausgab und Nikolaus befahl, einen Kreuzzug der Kinder anzuführen, um Jerusalem zu befreien. Die beiden Kreuzzüge entstanden parallel zueinander, es gibt allerdings keine Hinweise darauf, dass sie sich gegenseitig beeinflusst haben. Scheinbar war die Zeit reif für solch verrückte und gefährliche Gedanken.
Wie ging es weiter? Tausende von Kindern und Jugendlichen schlossen sich diesen beiden Zügen an und suchten Abenteuer oder ein besseres Leben im Heiligen Land. Sie zogen nach Süden und glaubten, dass sich schließlich an der Küste das Mittelmeer auftun werde, damit sie trockenen Fußes nach Jerusalem kämen. Doch dieser Kinderkreuzzug war für die meisten Teilnehmer eine Reise in die Hölle auf Erden. Viele starben unterwegs an Hunger, wurden vergewaltigt, ausgeraubt, verschleppt oder ermordet. An der Mittelmeerküste angekommen, wurden viele auf Schiffe gelockt und auf den Märkten des Orients als Sklaven verkauft. Andere ertranken bei der Überfahrt, als ein Sturm die Schiffsplanken bersten ließ. Wer rechtzeitig umkehrte, wurde nicht selten zu Hause verspottet und ausgestoßen.
Welche genaue Route speziell der deutsche Zug nahm, ist bis heute ungeklärt. Fest steht, dass er die Alpen überqueren musste. Wo genau, ist nicht eindeutig belegt. Es spricht aber einiges dafür, dass der Zug über den Brenner nach Italien gelangte. So halten sich Gerüchte, dass der Kreuzzug – oder zumindest ein Teil davon – den Bodensee bei Lindau oder Bregenz streifte. Da kaum eines der Kinder geografische Kenntnisse besaß, mag so manches von ihnen den Bodensee vielleicht schon für das Mittelmeer gehalten und die eine oder andere Stadt am See als Jerusalem angesehen haben. Doch der Bodensee war nur eine Etappe. Und die Alpenüberquerung sollte für viele von ihnen, die nur mit Sommerkleidung ausgerüstet waren, der Weg in den Tod sein.
Der Kinderkreuzzug ist zweifellos eine der schauerlichsten Episoden früherer Jahrhunderte und wahrscheinlich war die Bodenseeregion eine Etappe dieses mittelalterlichen Wahnsinns im Zeichen des Kreuzes. Obwohl – oder noch besser weil – es eine so grausame, abschreckende Geschichte ist, sollten wir nicht versäumen, sie von Zeit zu Zeit zu erzählen. Vergessen wir niemals die Vergangenheit, damit sie nicht in anderer Gestalt wiederkehrt.

Kehren wir zurück in die Moderne und besuchen einen Visionär der Luftschifffahrt ...

DER VISIONÄRE GRAF ZEPPELIN

Über den vielleicht berühmtesten Seehasen

Graf Zeppelin ist mit Sicherheit weltweit einer der berühmtesten Menschen vom Bodensee. Das nach ihm benannte lenkbare Luftschiff, der Zeppelin, erfreut sich seit Jahren rund um den Globus wieder steigender Popularität, sei es als touristische Ausflugsattraktion oder als vielseitig einsetzbarer Werbeträger, wie häufig in den USA. Nicht zu vergessen: eine der erfolgreichsten US-amerikanischen Hardrockbands aller Zeiten trägt den Namen „Led Zeppelin".

Dabei wissen die wenigsten Menschen, dass Ferdinand Graf von Zeppelin nicht etwa in Friedrichshafen geboren wurde, wo er seine Luftschiffe baute, sondern 30 Kilometer entfernt in Konstanz. Im heutigen Inselhotel, das damals in Besitz der Familie seiner Mutter war, erblickte er 1838 das Licht der Welt, als Sohn des früheren fürstlich Hohenzollern'schen Hofmarschalls und Baumwollfabrikanten Graf Friedrich von Zeppelin und dessen Frau Amelie Macaire, einer Hugenottin. Seine Jugendjahre verbrachte er überwiegend auf dem Schloss Girsberg in Kreuzlingen, bevor er in Stuttgart die Schule besuchte und anschließend eine Militärlaufbahn in der Württembergischen Armee einschlug. Es folgte ein Studium in Staatswissenschaft, Maschinenbau und Chemie in Tübingen. 1863 reiste er in die USA und nahm als Beobachter am amerikanischen Sezessionskrieg teil. Er erhielt sogar eine Audienz bei Präsident Abraham Lincoln in Washington. Damit war er der einzige Konstanzer, der jemals im Weißen Haus vom US-Präsidenten zu einer persönlichen Audienz empfangen wurde.

Als Kriegsbeobachter war er fasziniert vom militärischen Einsatz von Ballonen und konnte am 30. April 1863 selbst an einer Ballonfahrt teilnehmen. Dieses Erlebnis ließ ihn zeitlebens nicht mehr los, insbesondere nicht dessen Schwäche – die Abhängigkeit von der jeweiligen Windrichtung inklusive der Unlenkbarkeit eines Freiballons. Wie so viele Ingenieure seiner Zeit war er beseelt vom uralten Menschheitstraum vom Fliegen. Die Idee vom lenkbaren Luftschiff war geboren. Jahre später sollte er diese in die Realität umsetzen. Im Jahre 1900 war es so weit: Der erste Zeppelin stieg am Bodensee in die Lüfte. Es war eine Erfindung, die im wahrsten Sinne des Wortes weltbewegend war. Leider wurden im Ersten Weltkrieg die Zeppeline, die im Volksmund wegen ihrer Form auch „silberne Zigarren" genannt wurden, zu militärischen Zwecken missbraucht – wie das wenige Jahre zuvor erfundene Flugzeug. Der Unterschied zwischen einem Luftschiff und einem Flugzeug ist: Ein Luftschiff ist leichter

Ferdinand Graf von Zeppelin, 1908

als Luft – durch das Helium oder den Wasserstoff im Innern –, daher spricht man auch davon, dass es fährt, während ein Flugzeug schwerer als Luft ist und durch mechanischen Antrieb aktiv fliegt.

Die Katastrophe von Lakehurst 1937, als der Zeppelin „Hindenburg“ bei der Landung ausbrannte, beendete für Jahrzehnte die Ära der Luftschiffe. Diese Erfahrung blieb dem Grafen selbst zum Glück erspart. Er starb 1917 und erhielt ein Staatsbegräbnis.

Ferdinand von Zeppelin war aber nicht nur als Erfinder tätig, er fühlte sich auch sozial gegenüber seinen Arbeitern verantwortlich. Er rief 1913 ein Projekt ins Leben, das unter anderem zum Ziel hatte, bezahlbare Wohnungen für die Angestellten seines Betriebes zu bauen. Dies ging als das „Zeppelindorf“ in Friedrichshafen in die Geschichte ein. Die sogenannte „Zeppelinwohlfahrt“ gibt es noch heute.

Graf Zeppelin selbst war schon zu Lebzeiten eine oft dargestellte Person. Viele Karikaturen zeigten ihn und zahlreiche Auszeichnungen wurden ihm verliehen. Nach seinem Tod ging dies ungebrochen weiter. In Friedrichshafen steht ein Zeppelindenkmal, ebenso in Konstanz am Gondelhafen. Ehrenbürger ist er dabei nicht nur von seiner Geburtsstadt. Des Weiteren gibt es das Zeppelinmuseum in Friedrichshafen, das immer einen Besuch wert ist. Darüber hinaus sind in vielen Städten Deutschlands zahlreiche Straßen und Alleen nach ihm benannt.

Ferdinand Graf von Zeppelin ist wohl der berühmteste Seehas aller Zeiten. Andererseits wissen wir nicht, was die Zukunft bringen wird.

Nun zu asiatischen Spuren am See ...

DER MONGOLENFLECK

Kinder mit asiatischen Wurzeln am Bodensee

Manche Mutter und mancher Vater ist vielleicht im ersten Augenblick etwas besorgt, wenn ihr neugeborenes Kind ein unregelmäßiges, bläuliches Muttermal am Rücken, Gesäß oder Kreuzbein aufweist. Häufig klärt der Arzt diesen Sachverhalt schnell auf – es handelt sich nämlich in der überwiegenden Zahl der Fälle um einen sogenannten Mongolenfleck. Der Name irritiert dann nicht selten die frischen Eltern: „Was hat mein Kind mit einem Mongolen zu tun?“ ist in solch einer Situation die immer wiederkehrende Frage. Eines sei gleich vorweg gesagt: Weder ist diese Bezeichnung ein Synonym für eine Krankheit, noch bedeutet dies, dass die Frau mit einem Asiaten fremdgegangen und das Neugeborene ein sogenanntes „Kuckuckskind“ sei. Nein, dieses Phänomen ist eine in Mittel- und Westeuropa von Zeit zu Zeit auftauchende harmlose Verdichtung von Pigmentzellen, die meist nach vier bis acht Jahren, spätestens bis zur Pubertät, verblassen und somit verschwinden.
Dieser Mongolenfleck ist bei über 99 Prozent der Kinder von mongolider Herkunft zu beobachten. Zu dieser Bevölkerungsgruppe gehören unter anderem die Chinesen, Japaner, Koreaner, Vietnamesen, Mongolen, Turkvölker, Indianer und Inuit, die man früher Eskimos genannt hatte. Wenn nun ein Mensch aus unserem Kulturkreis solch einen Mongolenfleck als Kind aufweist oder aufwies, ist es damit nicht unwahrscheinlich – obgleich nicht absolut gesichert – dass in der Ahnenreihe ein Asiate zu finden ist. Was im ersten Augenblick geradezu fantastisch klingt, ist es bei genauerer Betrachtung allerdings überhaupt nicht. Viele von uns tragen „asiatische Wurzeln“ in sich – auch am Bodensee. Wir kennen mehrere Einheimische, die als Kinder solch eine Pigmentierung aufwiesen, auch wenn der Rest von ihnen nicht im Geringsten irgendwie asiatisch aussieht. Doch wie und wann kamen Asiaten in diese Region, um sich hier zu „verewigen“?
Im Einzelnen mag dies unterschiedliche Ursachen haben. Aber in vielen Fällen liegt die Wahrheit tief in der Vergangenheit verborgen, in einer Zeit, als die Antike allmählich verblasste, um einem neuen Zeitalter seinen Platz in der Geschichte zu räumen – dem Mittelalter. Wir entführen Sie nun in eine Epoche, als ein Sturm über Europa fegte, der das Gesicht unseres Kontinents für immer verändern sollte – willkommen in der Völkerwanderung.
Im 4. Jahrhundert nach Christus, als das Römische Weltreich seinen Zenit schon längst überschritten hatte und die Zeiten eines Cäsars oder

Augustus schon längst legendenhafte Züge angenommen hatten, tauchten aus dem Osten fremde Völkerschaften auf, die auf die Grenzen des Reichs drückten und dabei andere Völker, meist germanische wie die Goten oder die Wandalen, vor sich hertrieben. Binnen weniger Jahrzehnte war Rom sowohl militärisch als auch wirtschaftlich überfordert und konnte diesem Sturm aus dem Osten nichts mehr entgegensetzen. Die Grenzen ließen sich nicht mehr verteidigen, fast überall brach die römische Herrschaft zusammen. Selbst die Stadt Rom, die nahezu 800 Jahre keine Eroberung erlebt hatte, wurde im 5. Jahrhundert mehrmals von germanischen Heeren besetzt. Doch wer löste diese Völkerwanderung aus? Es war ein Volk, das sich im Gebiet der heutigen Mongolei gen Westen aufgemacht hatte, um eine neue Heimat zu finden. Die Welt sollte dieses Volk unter folgendem Namen kennen und fürchten lernen: die Hunnen! Mit ihrem König Attila, schon zu Lebzeiten furchtsam die „Geißel Gottes" genannt, sollten die mongolischen Hunnen große Teile Mittel- und Westeuropas erobern und ein nur kurzlebiges Reich aufbauen.
Der Konflikt mit Rom eskalierte in der wahrhaft epischen Schlacht 451 n.Chr. auf den Katalaunischen Feldern im heutigen Ostfrankreich, als Rom einen letzten Sieg feiern und die Hunnen zurückschlagen konnte. Die Eroberer aus dem Osten verschwanden daraufhin relativ schnell aus der Geschichte, doch auf ihren Zügen durch Europa „schenkten" sie uns eine Erinnerung an ihre Existenz – den Mongolenfleck. Denn wo immer sie durchzogen, nahmen sie sich einheimische Frauen, um mit ihnen Nachkommen zu zeugen. Als sie sich nun anschickten, den Westen des Römischen Reiches zu erobern, streiften sie den Bodensee und hinterließen ihre „Spuren". So kann man bisweilen noch eineinhalb Jahrtausende nach diesen kriegerischen Ereignissen an einem Säugling erkennen, dass einer seiner Altvorderen vielleicht ein Hunne war.
Schauen Sie sich doch mal bei Gelegenheit Kinderfotos von sich und ihren Liebsten an. Vielleicht entdecken Sie einen auffälligen Pigmentfleck auf dem Rücken – und vielleicht hieß einer ihrer Vorfahren Attila.

Wir verlassen nun die ferne Epoche der Völkerwanderung, um noch weiter in die Vergangenheit vorzustoßen. In die Zeit, als der Bodensee entstand ...

WIE DER BODENSEE ENTSTAND

Eiszeiten und göttliche Tränen

Der Bodensee ist nicht nur einer der schönsten Seen Europas, er ist auch einer der jüngsten. Entstanden in der sogenannten Würmeiszeit vor 10 000 bis 14 000 Jahren, was geologisch gesehen noch wirklich sehr jung ist. Man kann auch davon sprechen, dass der Bodensee erdgeschichtlich in der Gegenwart geformt wurde. Die betreffende Eiszeit, auch Würmzeit genannt, war die letzte Kaltzeit im Alpenraum. Sie begann vor etwa 115 000 Jahren und endete vor etwa 10 000 Jahren. Im Moment befinden wir uns (glücklicherweise) in einer Warmzeit zwischen zwei Eiszeiten, Interglaziale genannt. Während der Würmzeit waren große Teile des Alpenraumes und der angrenzenden Regionen vergletschert, sie lagen somit unter einem mehr oder weniger dicken Eispanzer. Warum es immer wieder in der Erdgeschichte zu Eiszeiten und Warmzeiten kommt, ist nach wie vor Gegenstand wissenschaftlicher Forschungen und zum Teil heftiger Kontroversen.

Für uns ist dabei vor allem die Tatsache interessant, dass ohne den Rückzug der Gletscher am Ende der letzten Eiszeit der Bodensee nie entstanden wäre. Seine heutige Form bildete sich mit dem Zurückweichen und Wegschmelzen der gigantischen Alpengletscher zu Beginn des Holozäns, des jüngsten Zeitabschnitts der Erdgeschichte, in dem auch der Mensch, der Homo sapiens sapiens, erstmals auftauchte.

Konkret muss man sich dieses geologische Szenario folgendermaßen vorstellen: Der Rheintalgletscher wuchs aus dem alpinen Rheintal heraus und schuf so den See. Sein Zungenbecken hat ihn sozusagen „ausgeschabt", weshalb man den Bodensee auch korrekterweise gerne als „Zungenbeckensee" bezeichnet.

Doch wir wollen nicht bei dieser wissenschaftlichen Erklärung stehen bleiben, sondern uns einer anderen Schilderung der Erschaffung des Bodensees zuwenden, die keinen Anspruch auf erdgeschichtliche Wahrheit erhebt, dafür aber viel über die Menschen am See und ihr Selbstverständnis aufzeigt.

In der Bibel kann man nachlesen, dass Gott die ersten beiden Menschen, Adam und Eva, nach dem Sündenfall aus dem irdischen Paradies vertrieben hatte. Verbotenerweise hatten sie Früchte (es waren wohl Äpfel) vom „Baum der Erkenntnis" gegessen und sind sich so unmittelbar ihrer Nacktheit bewusst geworden. Mit diesem ersten Übertreten eines göttlichen Gebotes kam die Sünde in die Welt. Das Essen der verbotenen Frucht wird deswegen gerne auch als Ursünde bezeichnet.

„Gruss vom Bodensee“ mit Rheinfall, Lithografie von 1897

Gott wiederum war so traurig, dass seine Schöpfung sich dem Pfad der Sünde zugewandt hatte, und weinte eine bittere Träne. Diese Träne fiel zur Erde in eine der schönsten Landschaften, die er erschaffen hatte – sie fiel zwischen dem heutigen Bregenz und Stein am Rhein und bildete somit den Bodensee. So wurde aus einer bitteren Träne eine der lieblichsten Landschaften unseres Planeten. Wenn sich doch nur aller Kummer in so etwas Schönes verwandeln würde!

Nun wenden wir uns wieder sehr irdischen Dingen zu und besuchen den Kaiser vom Bodensee …

NAPOLEONS ERBEN AUF DER REICHENAU

Was der französische Kaiser alles hinterlassen hat

Napoleon III. wurde 1808 unter seinem ursprünglichen Namen Charles Louis Napoleon Bonaparte in Paris geboren. Er wuchs zeitweise im Schloss Arenenberg am südlichen Ufer des Bodensees auf. Arenenberg ist ein idyllisches Schloss nahe Konstanz. Es liegt am Untersee mit direkter Sicht zur Insel Reichenau. Heute gehört es zur Gemeinde Salenstein im schweizerischen Kanton Thurgau.

Das Schloss wurde Anfang des 16. Jahrhunderts vom Konstanzer Bürgermeister Sebastian Geissberg erbaut. An seiner Stelle stand zuvor ein Bauernhof namens Narrenberg. Der Name schien den späteren Bewohnern der Gegend nicht mehr genehm, und so wurde mehr und mehr „Arenenberg" gebraucht, vielleicht mit Bezug auf den Abhang vor dem Schloss zum See, der Arnhalde. Ganz durchgesetzt hat sich der Name Arenenberg jedoch erst im 18. Jahrhundert, ebenfalls unter der Schreibweise Arenberg. 1585 wurde das Gut, damals im Besitz von Hans Konrad von Schwarach, von der Eidgenossenschaft zum Freisitz erhoben. Nach mehrmaligem Besitzerwechsel erwarb Familie von Streng das Schloss im 18. Jahrhundert.

Historische Bedeutung erlangte das Anwesen als Wohnsitz der vormaligen holländischen Königin Hortense de Beauharnais. Sie war die Mutter von Charles Louis Napoleon Bonaparte. Hortense war die Tochter von Alexandre Vicomte de Beauharnais und Joséphine Tascher de la Pagerie. Nach der Hinrichtung ihres Vaters und der Heirat ihrer Mutter mit Napoleon Bonaparte wurde sie dessen Stieftochter. 1843 verkaufte Charles Louis Napoleon Bonaparte das Schloss an Heinrich Keller, doch 1855 kaufte seine Frau Eugénie das Gut kurzerhand zurück, ließ es 1855 und 1874 erneut renovieren und teilweise umbauen. Nach dem Tod Napoleons III. besuchte Eugénie noch mehrmals Arenenberg und schenkte es schließlich 1906 dem Kanton Thurgau.

Charles Louis Napoleon Bonaparte war der Sohn von Louis Bonaparte, König von Holland und somit der Neffe Kaiser Napoleons I. Obwohl es in der heutigen Forschung keine Zweifel gibt, hält sich hartnäckig das Gerücht, Louis Bonaparte sei nicht der leibliche Vater. Die Vaterschaft wurde Carel Hendrik Graf Verhuell zugeschrieben. Belegt ist, dass Graf Verhuell und Hortense de Beauharnais eine Freundschaft verband, aber ebenso belegt ist dessen Verbleib in Holland, während Hortense und Louis in Paris weilten.

Einen Großteil seiner Jugend verbrachte Charles Louis Napoleon Bona-

Das Napoleonmuseum im Schloss Arenenberg, Ansicht um 1930

parte abwechselnd in der Schweiz auf Schloss Arenenberg, auf dem Anwesen Seeheim bei Konstanz am Bodensee und in Augsburg. Er sprach deshalb perfekt Schweizerdeutsch. Seine Schulzeit verbrachte er in Augsburg, zunächst bei Privatlehrern und dann am Gymnasium bei St. Anna. 1829 ging er an die Artillerieschule von Thun, diente später als Artillerieoffizier in der Schweizer Armee und erhielt 1832 die Schweizer Staatsbürgerschaft als Ehrenbürger des Kantons Thurgau. Dies erlaubte ihm, gleichzeitig die französische Staatsbürgerschaft zu behalten.
Charles Louis Napoleon Bonaparte war der Cousin von Napoleon Franz Joseph Karl Bonaparte, Herzog von Reichstadt, der von den Bonapartisten als Napoleon II. betrachtet wird. Nach dessen Tod wurde Charles Louis Napoleon Bonaparte der erste Anwärter auf die Kaiserkrone.
Er kehrte nach der Februarrevolution 1848 nach Frankreich zurück und versuchte nun, auf demokratischem Wege die Macht zu gewinnen. Im Dezember gewann er bei der Präsidentschaftswahl gegen den bisherigen Präsidenten Louis-Eugène Cavaignac mit über 74 Prozent der gültigen Stimmen. Grundlage dafür war sein Programm einer gefestigten Regierung, sozialer Konsolidierung und nationaler Größe.
Kurz vor dem Ende seiner Amtszeit führte Charles Louis Napoleon Bonaparte 1851 einen Staatsstreich durch. In dessen Folge kam es zu blutigen Kämpfen in ganz Frankreich, die er schließlich für sich entscheiden konnte. Er ließ eine Volksabstimmung über eine neue Verfassung, die ihm diktatorische Vollmachten gewährte, durchführen. Dabei stimmten 92 Prozent für ihn. 1852 wurde eine Volksabstimmung zur Wiederher-

stellung des Kaisertums durchgeführt. Dabei stimmten 96 Prozent für ihn. Charles Louis Napoleon Bonaparte ließ sich daraufhin zum Kaiser der Franzosen, Napoleon III., ausrufen.
Um seiner engen Verbundenheit mit der Bodenseelandschaft Ausdruck zu verleihen, ließ er im Bois de Boulogne, einem Pariser Stadtpark, einen Teich ausheben. Ihm gab er den Namen Lac de Constance, der französischen Bezeichnung des Bodensees. Damit hatte er sich en miniature eine Kopie seines geliebten Bodensees in seinem Stadtpark errichten lassen. Der nationalbewusste Franzose kann also bis heute behaupten, dass der Bodensee ein Teil Frankreichs ist. Aber auch jeder Nichtfranzose kann noch heute mitten in Paris ein Stück Bodensee genießen.
Napoleon III. führte etliche Kriege, so den Krimkrieg, den Sardinischen Krieg, die Intervention in Mexiko und den Deutsch-Französischen Krieg. In der Schlacht von Sedan am 2. September 1870 wurde der Kaiser durch die Preußen gefangen genommen und durch die Ausrufung der Dritten Republik zwei Tage später in Paris abgesetzt.
Napoleon III. ging nach dem Ende des Krieges ins Exil nach Großbritannien. 1871 verließ er Schloss Wilhelmshöhe, wo er durch die Preußen festgesetzt worden war, und erreichte Chislehurst, heute Teil des Stadtbezirkes London Borough of Bromley. Von dort aus plante er erneut, in Frankreich zu landen. Diese Pläne wurden aber durch seinen Tod zunichte gemacht.
1873 hatte sich Napoleon III. Operationen zur Entfernung seiner Blasensteine unterzogen. Das im Zuge der Operationen verabreichte Chloroform, dessen Nebenwirkungen damals noch nicht bekannt waren, führte aber in Verbindung mit der Schwächung Napoleons durch die Krankheit zum Herzversagen. Seine letzten Worte sollen „Étiez-vous à Sedan?“ („Waren Sie in Sedan?“) gelautet haben. Einer anderen Quelle zufolge sagte er allerdings „Henri, Du warst bei Sedan?“ zu seinem Arzt Henri Conneau. Napoleon III. ist in der kaiserlichen Krypta der Sankt-Michaels-Abtei in Farnborough, Hampshire in England, begraben, wo auch seine Frau und sein einziger Sohn, der 1879 im Zulukrieg gefallene Napoleon Eugène Louis Bonaparte, zur letzten Ruhe gebettet wurden.
So weit die offizielle Geschichtsschreibung. Auf der Reichenau, der großen Unterseeinsel, die gegenüber Schloss Arenenberg gelegen ist, kocht bis heute die Gerüchteküche. Napoleon III. soll in seiner Zeit, in der er auf dem Arenenberg lebte, auf der Reichenau einige Liebschaften gehabt haben. Nicht alle davon blieben folgenlos. Er soll einige Nachkommen auf der Gemüseinsel gezeugt haben. Bis heute gibt es einen kleinen Kreis von Menschen, die sich wegen ihres blauen Blutes aus Napoleons Adern rühmen, darunter auch regional bekannte Persönlichkeiten.
Heute befindet sich im gut erhaltenen Schloss Arenenberg das Napoleonmuseum. Es besteht weitgehend aus der Originalmöblierung. Die da-

zugehörigen Wirtschaftsgebäude beherbergen das Thurgauer land- und hauswirtschaftliche Bildungs- und Beratungszentrum. Im Jubiläumsjahr 2008, zum 200. Geburtstag von Napoleon III., dem französischen Kaiser mit Schweizer Pass, wurde auch der dazugehörige Schlosspark weitgehend wiederhergestellt. Ein Triebwagen, der zwischen Konstanz und der Schweiz pendelt und direkt entlang des Bodensees am Schloss Arenenberg vorbeifährt, wurde dazu 2008 auch werbewirksam Napoleon III. getauft. Besuchen Sie das Schloss und genießen Sie die kaiserliche Aussicht auf den Untersee und die Insel Reichenau.

Was haben Langenargen und San Francisco in Kalifornien gemeinsam? Gleich erfahren Sie es ...

DIE GOLDEN GATE BRIDGE VOM BODENSEE

Ein Flair von Kalifornien in Langenargen

„San Francisco" von Scott McKenzie ist eine der erfolgreichsten Hymnen, die je für eine Stadt geschrieben wurden. Noch heute kennt jeder dieses Lied, das sowohl die Hippie- und Flower-Power-Bewegung als auch die Metropole im nördlichen Kalifornien verewigte. Und wenn man an San Francisco denkt, schießt einem sofort ein Bild in den Kopf: Die beeindruckend lange Golden Gate Bridge, die für unzählige Kinofilme als Kulisse diente, unter anderem mal für einen James-Bond-Film.
Sie ist die berühmteste Brücke der Welt, gilt als erdbebensicher, wurde von dem deutschstämmigen Joseph B. Strauss konstruiert und am 19. April 1937 fertiggestellt. Mit ihrer Länge von 2,8 Kilometern und einer Breite von 25 Metern führt sie über das Golden Gate, die Öffnung zur Bucht von San Francisco. Wer schon einmal vor dieser Pylonbrücke stand und sie bewundern durfte, ist tief beeindruckt von dieser technischen Meisterleistung, diesem modernen Wunder menschlicher Zivilisation. Doch nur wenige wissen, dass die Ursprünge dieses Wunders am Bodensee zu finden sind. Wer hätte gedacht, dass hier ein Hauch von großer, weiter Welt, von Amerika und Kalifornien anzutreffen ist? Besuchen wir doch das knapp 8000 Einwohner zählende Langenargen am Obersee.
In dieser beschaulich-schönen Gemeinde steht seit 1897 eine Kabelhängebrücke, die Langenargen und Kressbronn – unweit der Mündung des Flusses Argen – miteinander verbindet. Bis in die 1970er-Jahre war sie für den Autoverkehr frei, mittlerweile darf sie nur noch von Fußgängern und Radfahrern genutzt werden. Sie wurde nach den Plänen des Bauingenieurs Karl von Leibbrand als erste Kabelhängebrücke Deutschlands gebaut. Diese technisch faszinierende Neuheit wurde auf der berühmten Weltausstellung von Paris im Jahre 1900 vorgestellt. Ein Modell und Pläne der Hängebrücke zogen die Menschen in Scharen an. Die neue Konstruktionsweise begeisterte die Besucher und erweckte das Interesse von Ingenieuren weltweit.
Der Bau in Langenargen wurde unterstützt vom Schweizer Praktikanten Othmar Ammann, einem Ingenieur an der späteren ETH Zürich. Später beriet er beim Bau der Golden Gate Bridge in San Francisco den bereits erwähnten Konstrukteur Strauss. Dieses eine Mal inspirierte ein Bau am Bodensee die große weite Welt – für die Seehasen eine angenehm-schöne Vorstellung.

Die Argenbrücke bei Langenargen, Ansicht von 1914

Wie ging es mit der Bücke in Langenargen weiter? Während des Zweiten Weltkriegs griffen alliierte Flugzeuge am Heiligen Abend 1944 das Bauwerk an. Mehrere Sprengbomben wurden auf die Hängebrücke und die benachbarte Eisenbahnbrücke abgeworfen, doch die Zerstörungen hielten sich glücklicherweise in Grenzen. Die Splitter verursachten nur leichte Schäden an den Kabeln.

Noch heute kann man die Manschetten sehen, mit denen die in Mitleidenschaft gezogenen Stellen repariert wurden. Doch die größte Gefahr für die Brücke sollte von der deutschen Seite selbst ausgehen: Im April 1945, wenige Tage vor Kriegsende, sollte sie im Rahmen von Hitlers „Nerobefehl“ (Zerstörung der deutschen Infrastruktur) von Soldaten der Wehrmacht gesprengt werden. Doch ein Anwohner namens Albrecht Auer konnte das Sprengkommando überreden, die Zerstörung noch etwas zu verzögern und damit letztendlich zu verhindern. Er sah es einfach nicht ein, dieses beeindruckende und schöne Bauwerk sinnlos zu zerstören. Wir können froh sein, dass er auf die Soldaten solch einen positiven Einfluss hatte.

1982 wurde die Hängebrücke von der Denkmalschutzbehörde in das Denkmalbuch eingetragen. Sie gilt seither als „Kulturdenkmal von besonderer Bedeutung“. Zehn Jahre später wurden rund 450 000 DM in Renovierungsmaßnahmen investiert, um dieses Bauwerk auch für zukünftige Generationen zu erhalten.

Heute ist die Brücke von Langenargen ein beliebtes Ausflugsziel für Besucher. Durch die Touristeninformation in Kressbronn werden in den Sommermonaten regelmäßig Kutschfahrten vom Bahnhof zur Hängebrücke angeboten.
Lassen Sie sich dieses besondere Bauwerk nicht entgehen und besuchen Sie doch die „Kleine Golden Gate Bridge" vom Bodensee, wenn sie mal in der Gegend sein sollten – es lohnt sich!

Und nun auf nach St. Gallen zum Heiligen Gallus ...

DER ST. GALLER KLOSTERPLAN

Eine mittelalterliche Skizze wird Realität

In der Stiftsbibliothek des Klosters in St. Gallen findet man, wenn auch für das Publikum nur als Nachdruck, eines der bedeutendsten Schriftstücke aus dem frühen Mittelalter: den St. Galler Klosterplan, die früheste Darstellung eines Klosterareals.

Er soll im frühen 9. Jahrhundert im Kloster Reichenau angefertigt worden sein, um dem Abt in St. Gallen eine Planungsinspiration zu übermitteln. Vermutlich wurde der Klosterplan um 820 durch Haito, Abt im Kloster auf der Bodenseeinsel Reichenau, verfasst. Anscheinend ist er eine Interpretation eines noch älteren Plans oder die Beschreibung eines Klosterareals, das in Südeuropa existierte oder geplant wurde. Hinweise dafür sind die Anordnung der wichtigsten Gebäude an kühlen Orten und die frei stehenden Türme, die bevorzugt südlich der Alpen außerhalb des Kirchgebäudes positioniert wurden.

Zu sehen sind auf dem gut erhaltenen Pergament etwa fünfzig Gebäude, deren Funktion mit Inschriften in alemannischen Minuskeln kommentiert ist. Neben einer Klosterkirche finden sich Backstube, Brauhaus, Gästehaus, Großküche, Klausur, Hospital, Latrinenanlage, Pfalz des Abtes, Sakristei, Schlafstube, Schreibstube, Schule, Speisesaal, Waschraum sowie zahlreiche Handwerksbetriebe, Wirtschaftsgebäude und Gartenanlagen inklusive der erforderlichen Wege, Mauern und Zäune. Die ganze Anlage ist für etwa hundert Mönche und zweihundert Handwerker und Diener ausgelegt.

Es ist bemerkenswert, dass der Plan überhaupt noch erhalten ist. Um 1200 hat ein eifriger Mönch das vermeintlich alte Pergament dazu verwendet, das Leben des heiligen Martin der Nachwelt zu überliefern. Ein Glück, dass er dies weitgehend nur auf der unbeschriebenen Rückseite tat. Als der Platz nicht ausreichte, kratzte er ein großes Gebäude auf der Vorderseite weg, damit der interessierte Leser den Schluss der Martinslegende nicht missen muss – zum Leidwesen des Klosterplans.

Doch wozu wurde der aufwendige Plan gestaltet? 830 ließ Gozbert, Abt im Kloster St. Gallen, die bestehende Klosterkirche abreißen, um sie durch einen Neubau zu ersetzen. Dieser hält sich keineswegs an den Klosterplan, weshalb der Bauplan nicht als verbindlich interpretiert werden darf.

Klarheit in den Zweck des Pergaments bringt ein Schreiben auf Latein, das sinngemäß etwa folgenden Inhalt hat: „Für dich, mein liebster Sohn Gozbert, habe ich diese mit kurzen Bemerkungen versehene Kopie des

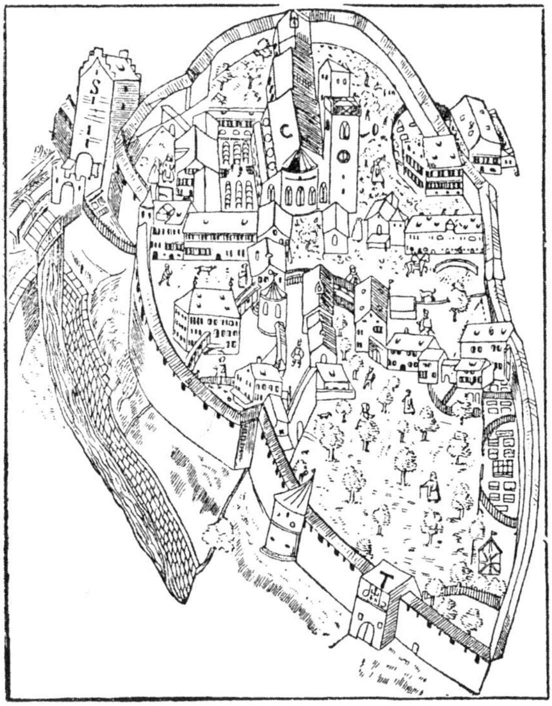

Älteste Ansicht des Klosters St. Gallen

Plans der Klostergebäude verfasst, womit du deinen Erfindungsgeist üben und worin du auch meine Hingabe erkennen magst. Du kannst mir vertrauen, dass ich nicht zaudere, deine Wünsche zu erfüllen. Stell dir nicht vor, dass ich diese Aufgabe in der Annahme unternommen habe, dass du auf meine Anweisungen angewiesen wärst. Sondern glaube vielmehr, dass ich dies aus Gottesliebe und freundschaftlichem, brüderlichem Eifer nur für deine Betrachtung gezeichnet habe. Lebe wohl in Christus und denke immer an uns. Amen."
Zwölfhundert Jahre nach Erstellung des Klosterplans wurde der Bau jedoch tatsächlich noch in Angriff genommen. Seit 2013 können sich in Meßkirch im Sinne der experimentellen Archäologie ehrenamtliche Helfer mit mittelalterlichen Handwerksmethoden an originalgetreuen Werkstoffen austoben. Wenn Sie sich schon nicht selbst handwerklich beteiligen wollen, können Sie auf jeden Fall mit Ihrem Besuch Interesse demonstrieren. Im Laufe der geplanten Bauzeit, die auf vier Jahrzehnte veranschlagt ist, soll sich die Baustelle, bei der die karolingische Architektur zum Leben erweckt wird, zum Besuchermagneten entwickeln.

Liegen Singen und Liechtenstein am Bodensee ...?

DAS DREILÄNDERECK BODENSEE

Wo Deutschland, Schweiz und Österreich zusammenkommen

Der Bodensee gehört zu den schönsten und beliebtesten Ferienlandschaften ganz Deutschlands. Nicht zuletzt macht sein Reiz auch die Tatsache aus, dass er gleichzeitig ein Dreiländereck bildet: Deutschland, die Schweiz und Österreich teilen sich einen der größten Seen Mitteleuropas. Wo immer man hier Urlaub macht oder zu Besuch ist, ein Abstecher in die beiden anderen Länder lohnt sich immer. Dazu nun ein paar Fakten.

Der Bodensee gehört zum Alpenvorland. Seine Gesamtuferlänge beläuft sich auf 273 km. Davon entfallen 173 km auf Deutschland (Baden-Württemberg 155 km, Bayern 18 km), 28 km auf Österreich und 72 km auf die Schweiz. Nach dem Plattensee (Balaton) in Ungarn mit 594 km^2 und dem Genfer See mit 580 km^2 ist er flächenmäßig der drittgrößte See Mitteleuropas. Wenn man das Wasservolumen als Bemessungsgrundlage nimmt, steht er nach dem Genfer See (89 km^3) mit 48 km^3 sogar an zweiter Stelle. Der Balaton ist viel flacher als die anderen beiden. Der Bodensee erstreckt sich zwischen Stein am Rhein und Bregenz über eine Gesamtlänge von 69 km.

Aufgrund seiner touristischen Anziehungskraft nutzen viele Städte den Zusatz „am Bodensee" um die eigenen Attraktivität zu steigern und potenzielle Gäste anzulocken. So liest man immer wieder von „Singen am Bodensee". Nichts gegen die „Hauptstadt" des Hegaus, aber Singen liegt gut zehn km vom Bodensee entfernt. Auch kein Vorort hat Zugang zum Seeufer. Da aber die Flurbezeichnung „Hegau" im Rest Deutschlands und darüber hinaus weitgehend unbekannt ist, nimmt man den allseits bekannten Bodensee und hängt ihn an den eigenen Städtenamen an. Ähnliches hat man auch schon über Ravensburg gehört und gelesen. „Ravensburg am Bodensee" klingt gut, stimmt aber nicht. Die Stadt befindet sich in Oberschwaben, etwa 18 km vom See entfernt. Selbst St. Gallen, eine Stadt mit einem wunderschönen mittelalterlichen Stadtkern, nennt sich ebenfalls bisweilen „St. Gallen am Bodensee". Von hier aus sind es ungefähr zehn km bis zum Wasser.

Selbst ein souveräner Staat „mogelt" sich gerne an den See: Liechtenstein liegt auch nach manchen Informationen am See, sodass der Bodensee dann ein Vierländereck wäre. Doch das Fürstentum befindet sich gut 40 km vom Ufer entfernt.

Doch wer will es all diesen Städten und Ländern verübeln? Wer will nicht „am Bodensee" sein? Wo sonst kann man in kürzester Zeit auf

Der Bodensee und seine Anrainerländer vor 1952

deutscher Seite das Zeppelinmuseum in Friedrichshafen besuchen, in Bregenz (Österreich) den Festspielen auf der Seebühne beiwohnen, in St. Gallen (Schweiz) die alte Stiftsbibliothek besichtigen und nach Deutschland zurückkehren, um in Konstanz den Nachtwächter auf seinem Rundgang durch die Welt des Mittelalters zu begleiten? Eben nur am Dreiländereck Bodensee.

Kennen Sie Poppele, den Geist des Hegaus? Wenn nicht, wird es höchste Zeit …

POPPELE VOM HOHENKRÄHEN

Ein schelmischer Geist hält den Hegau auf Trab

Warum der Poppele als Geist umgehen muss

Popolius Mayer, der Vogt auf dem Hohen Krähen, war klapperdürr wie ein Rebstecken und ein böser Raufbold und Leuteschinder obendrein. Wehe dem, der mit ihm anbandelte. Er wurde kurzerhand aus dem Weg geschafft oder musste jahrelang in den düsteren Kerkern der Burg schmachten. So klangen immerfort Jammern und Wehklagen durch die Verliese. Und doch wusste man im ganzen Land von den Gräueltaten des Burgvogts.

Kein Wunder, dass sich eines Tages der Abt eines schwäbischen Klosters aufmachte, um oben auf der Burg nach dem Rechten zu sehen. Nur widerwillig ließ Popolius den unerwünschten Gast ein. Als dieser den Burgvogt wegen seiner Untaten zur Rede stellte, lud der Burgherr ihn mit bösem Lächeln ein, die Verliese doch selbst zu besichtigen und zu schauen, ob es da unten wirklich so schrecklich sei. Nur mit Müh und Not konnte der wohlbeleibte Abt die steile Felsentreppe hinuntersteigen. Als er schwer atmend beim untersten Kerkerloch angekommen war, schob ihn der Burgvogt kurzerhand in das modrige Dunkel hinein und schlug krachend die eisenbeschlagene Tür hinter ihm zu. Hier sollte der Abt bleiben, bis er bei Wasser und Brot so zusammengeschmolzen wäre, dass man ihn durch ein Nadelöhr ziehen könne. Sieben Jahre und vierzig Tage schmachtete er nun, ehe ihn der Vogt wieder frei ließ.

In seinem Kloster angelangt, sann der Abt auf Rache. Er entdeckte in der Bibliothek des Klosters eine längst vergessene Pergamentsammlung: ein Zauberbuch, das die wirksamsten Flüche enthielt. Begleitet von geheimnisvollen Zeremonien verfluchte der Ergrimmte seinen Peiniger: „Wenn deine Burg zerstört ist und von ihr nur noch Ruinen zum Himmel aufragen, sollst du siebenmal 40 Jahre ruhelos zwischen den öden Mauern hausen, rastlos den Hegau durchstreifen und als Kobold die Menschen necken, auf dass sie dich stets aufs Neue verfluchen!"

Diese Verwünschung war so wirkungsvoll, dass der Vogt der Burg auf Hohenkrähen alsbald vom Pferd stürzte und sich das Genick brach. Seitdem muss Popolius Mayer, fortan nur noch „Poppele" genannt, sogar noch über die vorbestimmte Zeit hinaus als Geist umgehen. So tragisch die Geschichte auf den ersten Blick wirken mag. Diesem Umstand verdanken wir eine Vielzahl von schelmischen Geschichten, die das Wirken des Poppele im Hegau am Bodensee beschreiben. Lassen Sie sich hier von einigen amüsieren.

Blick von den Hängen des Hohentwiel auf den Hohenkrähen, Ansicht von 1931

Poppele und der versiegte Wein

Eine arme Frau aus Schlatt, die ein Kindlein erwartete, war dabei, draußen im Feld für ihre einzige Ziege Futter zu schneiden. Während sie sich stöhnend bückte und ihre Sichel durch das Gras sausen ließ, dachte sie an ihre nahe Niederkunft und wie es ihr wohl dabei erginge. Denn sicherlich vertrinke ihr Mann noch den letzten Heller, sodass sie sich keine Stärkung gönnen könne. So bat sie inbrünstig, der Poppele möge sich doch ihrer erbarmen und ihr ein Fässlein guten Weines zukommen lassen. Kaum hatte sie den Wunsch geäußert, als ein Jägersmann des Weges kam, der der armen Frau auftrug, flugs nach Hause zu gehen und das leere, unter der Stiege liegende Fässlein zu holen. Die Frau tat, wie ihr geheißen. Und siehe da, der Jäger, der kein anderer als der Poppele selbst war, füllte das Fässlein mit köstlichem Wein, verbot aber der Frau, ihrem trunksüchtigen Manne auch nur einen Tropfen davon zu geben. Tue sie es trotzdem, sei es mit dem Segen zu Ende.

Freudestrahlend kehrte die Frau nach Hause zurück und tat sich an dem herrlichen Tropfen jeden Tag gütlich. Um auch andere Arme an ihrem Glück teilhaben zu lassen, ließ sie jeden, der darum bat, reichlich von dem Wein kosten, nur ihren Mann nicht. Als dieser aber erst drohte, und, nachdem dies nicht fruchtete, sich aufs Bitten und Schmeicheln verlegte, wurde sie schließlich weich und meinte: „Ein Krüglein dürfe er sich schon holen, das merke der Poppele sicher nicht."

Aber weit gefehlt! Als der Mann, das rußende Kerzenlicht in der Hand, die Kellertreppe hinuntergestiegen war und den Fasshahn aufdrehen wollte, stand plötzlich der Poppele vor ihm und gab ihm eine solche Ohrfeige, dass der Krug zu Boden fiel und die Kerze erlosch. Dabei kam es aus dem Dunkel mit Grabesstimme: „Nicht für dich, du Säufer und

Verschwender, war dieser Wein gemünzt, sondern für deine arme Frau. Nun wird auch sie wieder dürsten müssen!"
Als der Mann zitternd seiner Frau gestand, was er erlebt hatte, stiegen beide nochmals in den Keller hinunter, aber wie sehr sie auch an dem Fasshahn drehten und das Fässlein schüttelten, es gab fortan keinen Tropfen mehr her.

Poppele und die Eierfrau

Drückende Hitze brütete über dem Hegau, als die Eierfrau von Rielasingen mit der schweren Krätze auf dem Rücken nach Engen zum Markt wanderte. Die war nicht mehr gerade die Jüngste, und wenn man selber fast zwei Zentner wiegt, dann drückt solch ein Korb, der bis oben hin mit Eiern vollgepackt ist, doppelt schwer. So war die Frau froh, als sie am Fuße des Hohenkrähen einen Baumstumpf am Wegesrand erblickte, der im Schatten eines Felsens dastand, als habe er nur auf sie gewartet. Sie würde schon noch rechtzeitig auf den Markt kommen, sagte sich die Alte. Und während sie erwog, wie viel sie wohl für die Eier erlösen würde, ließ sie sich, ohne den Korb abzusetzen, keuchend und den Schweiß von der Stirn wischend auf dem Baumstumpf nieder.
Aber was war das? Kaum hatte sie sich hingesetzt, schien es, als zöge ihr jemand den bequemen Sitz einfach unter dem wohlgepolsterten Hinterteil weg. Und schon lag sie im Gras und streckte die rotbestrümpften Beine gegen den Himmel. Mochte der Rücken von dem unsanften Sturz auch schmerzen, viel schlimmer waren die aus der Krätze herausgekullerten und weitverstreuten Eier. „Die schönen Eier!", entfuhr es der Bäuerin, als ihr klar wurde, dass der ganze erhoffte Gewinn dahin war und sie zum Schaden schließlich noch den Spott haben sollte, wenn ihr Missgeschick bekannt würde.
Vorsichtig hob sie eines der Eier auf und staunte nicht wenig, als es nicht den kleinsten Sprung hatte. Hastig griff sie nach dem nächsten. Auch dieses war unversehrt. Während sie Ei um Ei einsammelte und es nicht fassen konnte, dass eines so unbeschädigt wie das andere war, hörte sie plötzlich im nahen Gebüsch ein leises Kichern. Jetzt wusste sie auf einmal, dass der Poppele, der nicht schaden, sondern nur necken wollte, sich in den Baumstumpf verwandelt und sie so zum Besten gehalten hatte.

Poppele kegelt

Jeden Sonntag, nachts um 12 Uhr trifft sich der Poppele mit vielen Rittern in einem der unterirdischen Gewölbe der Ruine Hohenkrähen, um dort zu kegeln. Auch während des Sonntagsgottesdienstes will man den Burggeist schon beim Kegelspiel gesehen haben.
So kamen an einem Sonntagmorgen zwei Handwerksburschen auf den

Hohenkrähen und waren nicht wenig erstaunt, als sie im Burggarten den Poppele sahen, wie er für sich allein immer wieder versuchte, die aufgesetzten Kegel zu treffen. Als der Burggeist die Burschen sah, lud er sie ein, mit ihm ein Spielchen zu machen. Die beiden ließen sich nicht lange bitten, glaubten sie doch, es ohne Weiteres mit einem so schlechten Kegler aufnehmen zu können. Und anfangs gewannen sie denn auch ein paar Gulden, dann aber schob der Poppele ein paarmal hintereinander alle Neune, dass den Burschen Hören und Sehen verging und sie im Nu nicht nur ihren Gewinn, sondern obendrein auch das bisschen Reisegeld bis auf den letzten Kreuzer los waren. So zogen sie denn schließlich betrübt von dannen.

Als nach einer kleinen Weile der eine von den beiden in seinem Rucksack nach einem Stück Brot suchte, fühlte er plötzlich eine Kegelkugel zwischen den Fingern. Da hat sich mein Kamerad einen schlechten Scherz erlaubt, dachte er und warf, um nicht zum Schaden auch noch den Spott zu haben, die Kugel heimlich fort. Vor dem Dorfe Mühlhausen nahm auch der andere seinen Ranzen ab und war nicht wenig erstaunt, als er darin zuoberst einen Kegel fand, der ganz aus funkelndem Gold war. Hei, wie die beiden sich über den Fund freuten! Gleich sollte der Kegel zu Geld gemacht werden. Aber niemand im Dorf konnte eine solche Kostbarkeit bezahlen. Endlich ließ sich der reichste Bauer im Ort ein Stück von dem Kegel absägen und legte dafür 2000 Gulden auf den Tisch. Jetzt ging auch dem anderen Gesellen ein Licht auf. Er rannte flugs zurück, um nach der weggeworfenen Kegelkugel zu suchen. Aber sie war spurlos verschwunden. Die Burschen zogen nun weiter nach Schaffhausen, wo man ihnen den Rest des Kegels für ein ganzes Vermögen abkaufte.

Die naschhafte Magd

Der Bastian, ein Bauer am Hohenkrähen, konnte es sich nicht erklären, warum die Bless, die Kuh, die sein ganzer Stolz war, immer weniger Milch gab, seitdem die neue Jungmagd ins Haus gekommen war. Das konnte nicht mit rechten Dingen zugehen. Wie verwundert war er aber, als die Magd, die auf dem Hof wie das eigene Kind gehalten wurde, schon nach vierzehn Tagen den Dienst aufkündigte.

Ob sie es denn nicht gut bei ihnen habe, meinte der Bauer. „Doch, doch“, stotterte die Magd hervor. Ob ihr denn die Arbeit zu schwer sei, oder ob es gar am Essen läge? Auf all diese Fragen wusste die Magd nur zu sagen: „Daran liegt es nicht.“ Als der Bauer immer mehr auf sie einredete, würgte sie endlich verlegen hervor: „‘s wär‘ alles schön und recht bei Euch, Bauer, aber dass mir einer, wenn ich eure Bless melken tu, allemal pitsch und patsch ein paar saftige Backpfeifen verpasst, mag mir nie und nimmer behagen.“

„Backpfeifen?“, meinte der Bauer erstaunt, „die kriegt man nicht so mir nichts dir nichts. Da hast du sicher was Unrechtes getan. Und wenn du den nicht geseh‘n hast, der dich schlug, kann es kein anderer als der Poppele gewesen sein.” Schamrot gestand die Magd endlich, sie trinke halt für ihr Leben gern frisch gemolkene Milch, und da habe sie ab und zu beim Melken ein Schlückchen genommen. „Wird schon ein kräftiger Schluck gewesen sein“, meinte der Bauer, der an den seit geraumer Zeit nur noch halb vollen Melkeimer dachte, „sonst hätte der Poppele dich nicht bestraft. Wegen dem brauchst du aber den Dienst nicht aufzukündigen. Lass das Milchnaschen, und der Poppele lässt dich in Frieden!”
Und so war‘s auch. Die Magd, die ihren Durst von jetzt an mit Most löschte, hatte künftig ihre Ruhe.
Wollen Sie auch mal den schelmischen Poppele kennenlernen? Dann sollten Sie unbedingt einen Ausflug in den Hegau einplanen. Eine der schönsten Landschaften Deutschlands, die eingebettet zwischen den Besuchermagneten Bodensee und Schwarzwald einen touristischen Dornröschenschlaf hält. Besonders schön sind die markanten Berge, die malerisch die Landschaft bestimmen. Oder um es in den Worten des Heimatdichters Ludwig Finckh zu sagen: „Des Herrgotts Kegelspiel.“ Es besteht aus einer Reihe kegelförmiger Schlote erloschener Vulkane, die oben mit einer Kuppe zwischen 643 und 867 Höhenmetern enden und somit die sonst ebene Landschaft bei Weitem überragen.
Sehenswert sind die Burgruinen, die auf jedem der einzelnen Hegauberge zu finden sind und von der einstigen Pracht einer der schönsten Burgenlandschaften zeugen. Bei der Stadt Engen finden sich der Hausberg Hohenhewen sowie der Neuhewen, der höchste Hegauberg. Es gibt den Hohenstoffeln, den Mägdeberg – wohl benannt nach der Königstochter Ursula, die mit tausend jungfräulichen Mägden am Fuße des Berges gelagert haben soll –, den Staufen und natürlich auch den Hohenkrähen, dessen ehemalige Raubritterburg Heimat des Poppele ist.
Die am besten erhaltene und teilweise wieder rekonstruierte Burgruine ist auf dem Hohentwiel bei der Stadt Singen zu finden. Sie ist Deutschlands größte Burgruine. Vergessen Sie jedoch nicht, die Eintrittskarte für den Automaten bereits unten am Parkplatz zu lösen, um in das Innere der ehemaligen Festung zu gelangen. Manch unwissender Tourist musste den steilen Serpentinenweg nochmals hinunterlaufen, da es oben keine Karten zu lösen gibt. Sind Sie jedoch oben angelangt, werden Sie mit einer der besten Aussichten auf den Bodensee und die dahinterliegende Alpenkette belohnt. Viel Spaß beim Erforschen des Hegaus!

Besuchen wir doch mal schwäbische Österreicher ...

LANDSKNECHTSLÄNDLE VORARLBERG

Von alemannischen Österreichern

Wenn man an Österreich in früheren Jahrhunderten denkt, kommen einem meist schnell die Habsburger in den Sinn. Immerhin haben sie über Jahrhunderte – nicht nur – dieses Land regiert. Auch Vorarlberg, der heute westlichste Teil Österreichs, wurde im 14. Jahrhundert ein Bestandteil des Habsburgerimperiums. Wenn man sich die Dialekte des Vorarlbergs etwas genauer ansieht oder anhört, bemerkt man schnell, dass einige von ihnen nicht typisch österreichisch, sondern vielmehr alemannisch klingen. Besonders ausgeprägte hochalemannische Dialekte sind im Montafon, in Lustenau und im Bregenzerwald zu finden. In der Tat ist Vorarlberg schon vor über 1000 Jahren von Alemannen besiedelt sowie kulturell und sprachlich geprägt worden. Das beste Beispiel ist vielleicht, dass die Vorarlberger von ihrer eigenen Region gerne als dem „Ländle" reden. Das Suffix (Endung) „-le" ist typisch für schwäbisch-alemannische Dialekte. Im Rest Österreichs verwendet man diese Verniedlichungsform nicht. Auch in manch anderer kultureller Hinsicht ist Vorarlberg nicht typisch österreichisch, sondern ein alemannischer „Vorposten" in den Alpen. Auch hier sieht man, dass der Bodensee eine ganz eigene Kulturlandschaft darstellt.

In früheren Jahrhunderten hatte Vorarlberg auch noch einen besonderen Spitznamen. In vielen Quellen ist gerne vom „Landsknechtsländle" die Rede. Wie kam es zu dieser Wortschöpfung? Um dies zu klären, begeben wir uns auf eine spannende Zeitreise zum Ausgang des Mittelalters vor über 600 Jahren.

Als das Rittertum ab dem 14. Jahrhundert seinen Niedergang erlebte, eroberte im wahrsten Sinne des Wortes ein neuer Typus von Soldat die Schlachtfelder Europas – die Landsknechte, die Söldner der Frühen Neuzeit. Sie sind eines von vielen Phänomenen, die den Herbst des Mittelalters sichtbar machen, den Übergang in die Neuzeit – jene Epoche, in der wir immer noch leben. Vorarlberg war im 15. und 16. Jahrhundert eine sehr ärmliche Region des Habsburgerreiches. Daher waren viele Bauern froh, wenn die zweit-, dritt- oder viertgeborenen Söhne anderswo ein Auskommen fanden und relativ schnell den elterlichen Haushalt verließen, damit eine Person weniger versorgt werden musste. Manche dieser Nachgeborenen verdingten sich als Knechte auf anderen Höfen oder gingen in eine Stadt mit der Hoffnung, dort ein besseres Leben vorzufinden. Wer ein bisschen wagemutiger oder leichtsinniger war, etwas von der Welt sehen wollte, Abenteuer oder das schnell verdiente Geld suchte,

Alte Bierbrauerei Buck, früher Stadion'scher Domherrenhof zu Konstanz, Künstlerkarte von 1910

konnte sich auch den Landsknechten anschließen und versuchen, in der Armee Karriere zu machen.
Da überdurchschnittlich viele Vorarlberger in den Landsknechtsarmeen jener Zeit dienten (viele Soldaten kamen auch aus Südwestdeutschland, dem Elsass oder Tirol), nannte man bald die gesamte Region das „Landsknechtsländle“. Diese Bezeichnung ist heute weitgehend unbekannt, erzählt uns aber einiges vom (Über-)Leben in Vorarlberg und am ganzen Bodensee.

Und nun zu einer kulinarischen Köstlichkeit ...

RADOLFZELLER KIRSCHTORTE

Ein Konditor kämpft um seine Erfindung

Wer kennt sie nicht, die Schwarzwälder Kirschtorte? Sie darf in keinem guten Café fehlen. Mehrere Schokoladenbiskuitböden, die sich mit Sahneschichten abwechseln, erhalten ihren einzigartigen Geschmack durch die Zugabe von Original Schwarzwälder Kirschwasser. Garniert mit Schokoladenspänen, Sahnehäubchen und frischen Kirschen, wird das Backwerk zum echten Hingucker.
In den 1930er-Jahren entwickelte sich die Kirschtorte zur Kür eines jeden Kaffeehauses am besten Platz. Jeder renommierte Konditor, der etwas auf sich hielt, hatte dieses Modegebäck im Repertoire. Zuvor waren Sahnetorten nicht lange haltbar, da es keine Möglichkeiten zur Kühlung gab. Mit der neuen Technik des Kühlschranks fanden solche Köstlichkeiten einen festen Platz in den guten Häusern, die sich diese Geräte auch leisten konnten. Kam die Schwarzwälder Torte 1949 bei einer Umfrage nur auf Platz 13 unter den beliebtesten Torten Deutschlands, entwickelte sie sich mit dem deutschen Wirtschaftswunder rasch und anhaltend zur Beliebtesten von allen. Heute steht sie nicht nur für den Schwarzwald Pate. In der ganzen Welt ist die Schwarzwälder Kirschtorte das Synonym für deutsche Konditorenkultur. Heute gilt sie weltweit als die typisch deutsche Torte schlechthin. Ein findiger Bäcker im Schwarzwald bietet diese Delikatesse sogar in einer Dose an. Zum Verschenken, Verschicken und natürlich zum Verzehren.
Woher der Name stammt, lässt sich nicht endgültig klären. Mögliche Ursache ist das Erscheinungsbild der Schokoladenspäne, die wie ein dichter dunkler Wald das Äußere der Torte bestimmen. Die Kirschen und der daraus erzeugte Schnaps sind typisch für den Schwarzwald und bestimmen bei dieser Backware den eigentümlichen Geschmack. Nicht zuletzt erinnern die Kirschen auf den Sahnehäubchen an die für den Schwarzwald typischen Bollenhüte und die dunkle Gestalt der Torte an die schlichte Trachtenkleidung dieser Region, die meist in Schwarz oder anderen dunklen Farben gehalten ist.
Erstmals findet das Rezept in dem Buch „250 Konditorei-Spezialitäten und wie sie entstehen“ bei Erich Weber im Jahre 1934 Nennung. Er ist der Bestsellerautor für Backwaren seiner Zeit. Seine Literatur durfte in keiner guten Backstube fehlen. Seine Bücher sind die Klassiker und als Fachliteratur weit verbreitet. In seinem Vorwort erklärt Erich Weber sein Bestreben, die feinsten Spezialitäten, wie etwa die Schwarzwälder Kirschtorte, die nur in den führenden Firmen der Großstädte hergestellt wer-

Schwarzwälder Kirschtorte

den, bei der größeren Zahl der Konditoren bekannt zu machen. Erich Weber formuliert erstmals das Rezept schriftlich, erklärt detailliert die Zubereitung und schildert die Herstellung anhand Abbildungen.
Im Jahre 1975 stellt die Fachzeitschrift „Konditorei und Café" die entscheidende Frage nach der Herkunft dieser Spezialität. Daraufhin meldete sich der Radolfzeller Josef Keller. Der damals 89-jährige Kaffeehausbesitzer behauptete, in seiner Wanderzeit als junger Geselle um 1915 in Bad Godesberg die damals beliebte Kombination von Kirschen, Sahne und Biskuit, die schon lange im Schwarzwald verbreitet gewesen sei, erstmals mit Kirschwasser verfeinert zu haben. Sein Originalrezept von 1915 wird bis heute im Stadtarchiv von Radolfzell am Bodensee sicher verwahrt.
Ob der Radolfzeller tatsächlich das Rezept erfunden hat oder vielleicht der Tübinger Konditor Erwin Hildebrand, der um 1930 die erste Schwarzwälder Kirschtorte, wie wir sie heute kennen, gebacken haben will, wird vielleicht für immer ein Rätsel bleiben. Entscheidend ist, dass sie schmeckt. Und das tut sie in Tübingen oder den Höhen des Schwarzwaldes genauso gut wie in einem Radolfzeller Café mit oder ohne Bodenseeblick.

Was haben Hermann Hesse, Otto Dix und Martin Walser gemeinsam …?

KÜNSTLER AM BODENSEE

Die liebliche Landschaft inspiriert Kunstschaffende

Künstler suchen Inspirationen auf unterschiedlichsten Wegen. Manche zieht es in die turbulente, in jeder Hinsicht vielseitige Großstadt. Andere suchen die Abgeschiedenheit auf dem Land, um ihrem künstlerischen Schaffen nachzugehen. Der Bodensee mit seiner wunderschön-lieblichen Landschaft zieht schon seit Jahrhunderten Künstler aller Art an, seien es Schriftsteller, Maler, Bildhauer oder andere. Es ist im Rahmen dieser Geschichte unmöglich, sie alle gebührend zu erwähnen und vorzustellen. Dazu wurden schon Bücher geschrieben, die sich nur dieser Thematik annehmen. Wir wollen hier exemplarisch auf wenige Künstler eingehen, um Interesse für die Kunst am Bodensee zu wecken.

Annette von Droste-Hülshoff wird vielen Lesern aus der Schule bekannt sein. Millionen Schüler in Deutschland durften (manche würden eher sagen „mussten“) die eine oder andere Ballade („Der Knabe im Moor“) auswendig lernen oder eine ihrer Novellen (meist „Die Judenbuche“) lesen. Ursprünglich kam Droste-Hülshoff aus Münster in Westfalen, wo sie 1797 auf Burg Hülshoff geboren wurde. 1841 zog sie dann nach Meersburg an den Bodensee. Sie lebte bei ihrem Schwager im Schloss und verbrachte dort die letzten Jahre ihres Lebens, bis sie 1848 für immer die Augen schloss. Ihr Grab auf dem Meersburger Friedhof nahe der Friedhofskapelle kann man heute noch besuchen. Verewigt wurde sie unter anderem auf dem letzten 20-DM-Schein, der seit Einführung des Euros 2002 selten geworden ist.

Hermann Hesse, einer der berühmtesten und beliebtesten deutschsprachigen Schriftsteller des 20. Jahrhunderts, wurde 1877 im schwäbischen Calw geboren. Ihn zog es ebenfalls in die Idylle des Bodensees. Gemeinsam mit seiner Frau übersiedelte er 1904 in das damals sehr abgelegene Dörfchen Gaienhofen auf der Höri, direkt am See gelegen. Inspiriert zu diesem Schritt wurde er durch die sogenannte Lebensreform, eine Reformbewegung seit Mitte des 19. Jahrhunderts, die vor allem in der Schweiz und Deutschland anzutreffen war. Als Reaktion auf die Moderne übte sie scharfe Kritik an Industrialisierung, Materialismus und Urbanisierung. Ziel war ein Leben im Naturzustand, wozu ein eher zurückgezogenes Leben auf dem Land gehörte. Diese zutiefst romantische Idee spiegelte sich im Werk Hesses wider, der nicht ohne Grund zu den Neuromantikern zählt. Bis 1912 lebte er in dieser relativen Abgeschiedenheit am See. In dieser Zeit entstanden unter anderem seine Romane „Unterm Rad“ und „Gertrud“. Weltberühmt wurde er schließlich mit

Hermann Hesse, 1955

„Siddhartha“ (1922) und „Der Steppenwolf“ (1927). 1912 brach er mit seiner Familie die Zelte in Gaienhofen ab und zog in die Schweiz. Die kriselnde Ehe konnte damit aber nicht mehr gerettet werden. Später wurde Hesse in Abwesenheit mit dem Literaturnobelpreis geehrt und starb 1962 in der Schweiz in Montagnola im Alter von 85 Jahren. In Gaienhofen kann man heute sein ehemaliges Haus besichtigen, das zum Hermann-Hesse-Hörimuseum umfunktioniert wurde.
Kommen wir zum Maler Otto Dix, einem der bekanntesten Vertreter des Expressionismus. Er wurde 1891 in Gera geboren und meldete sich – wie so viele junge Männer seiner Generation – begeistert freiwillig zum Kriegsdienst im Ersten Weltkrieg. Die Erfahrungen an der Front sollten ihn Zeit seines Lebens prägen. Zahlreiche seiner Werke beschäftigen sich mit den Schrecken des Krieges. Von 1927 bis 1933 war Dix Professor an der Kunstakademie in Dresden. Nach der Machtergreifung der Natio-

nalsozialisten war er einer der ersten Kunstprofessoren, die wegen ihrer aus Sicht der neuen Machthaber „entarteten Kunst“ entlassen wurden. Er zog sich 1936 nach Hemmenhofen, einem Ortsteil von Gaienhofen zurück. Während der NS-Diktatur kamen einige Künstler an den See und speziell auf die Höri, um in relativer Ruhe und Zurückgezogenheit zu leben und gegebenenfalls schnell in die benachbarte Schweiz flüchten zu können.

Otto Dix zeichnete und malte in jener Zeit gerne Landschaften des Hegaus und das Ufer des Untersees. Nach kurzer Gestapohaft 1939 zog er sich vollständig in die „innere Emigration“ zurück. Seiner neuen Heimat blieb er über das Ende der Naziherrschaft 1945 treu und starb 1969 in Singen am Hohentwiel. Sein Grab befindet sich in Hemmenhofen. Als Künstler ist er unvergessen und unsterblich.

Kommen wir zu einem noch lebenden Künstler, zu Martin Walser. Geboren wurde er 1927 in Wasserburg am Bodensee, nahe Lindau. Er gehört somit zu den Bodenseekünstlern, die sogar von hier kommen. Bekannt wurde Walser durch seine wortgewaltigen Darstellungen innerer Konflikte der Protagonisten in seinen Romanen und Erzählungen. Ende des Zweiten Weltkriegs wurde er als Soldat eingezogen, konnte aber unversehrt nach Lindau zurückkehren, 1946 das Abitur machen und anschließend in Regensburg Literaturwissenschaft, Geschichte und Philosophie studieren. Schon früh begann er zu schreiben, auch Hörspiele für den Rundfunk. In den sechziger Jahren setzte er sich wie viele andere Intellektuelle für den SPD-Kanzlerkandidaten Willy Brandt ein und engagierte sich gegen den Vietnamkrieg.

Zu seinen bekanntesten Werken zählen unter anderem seine Novelle „Ein fliehendes Pferd“ und der Roman „Das Schwanenhaus“. Ein häufig wiederkehrendes Motiv in Walsers Werken ist das Verzweifeln, das Scheitern am Leben. Die Protagonisten seiner Erzählungen sind meist Antihelden, die den Anforderungen von Mitmenschen, Gesellschaft und selbst gesetzten Maßstäben nicht gewachsen sind. Diese Welt der inneren Konflikte ist das Hauptmotiv, an dem sich Walser abarbeitet. Martin Walser lebt mittlerweile in Überlingen. Wünschen wir ihm noch viele Jahre in Gesundheit.

Damit endet unser kleiner Ausflug in die Künstlerwelt am See, wohl wissend, dass dies nur ein Einblick in die große Welt der Kunst am See ist, doch brauchen wir auch noch Stoff für neue Bücher.

Lernen sie als Nächstes die bunte Inselwelt des Bodensees kennen ...

DIE BODENSEEINSELN

Es gab und gibt doch viel mehr, als man glaubt

Wenn man am Bodensee fragt, wie viele Inseln er habe, kommt die Antwort wie aus der Pistole geschossen: Drei, die Reichenau, die Lindau und die Mainau. Der Wortteil „Au“ erklärt sich mit dem althochdeutschen Wort „Ouwa“, das so viel wie „Insel“ bedeutet. Doch wie definiert man eine Insel? Es ist eine Landmasse, die ganzjährig aus einem Gewässer herausragt und von allen Seiten von Wasser umschlossen ist. Gibt es noch eine natürliche Verbindung zum Festland, spricht man von einer Halbinsel. Genauer betrachtet gibt es jedoch weit mehr als drei Inseln im See. Die „reiche Au“ ist mit über vier Quadratkilometern, wovon heute etwa fast ein Zehntel mit Gewächshäusern überbaut ist, mit Abstand die größte Insel im See. Sie wurde bereits von den Römern besiedelt und ist im Besitz dreier bemerkenswerter romanischer Kirchen, weshalb die ganze Insel im Jahr 2000 zum UNESCO-Weltkulturerbe erhoben wurde. Das milde Klima begünstigt die Landwirtschaft und ermöglicht bis zu drei Freilandernten pro Jahr, was die Reichenau weithin als Gemüseinsel und somit als Marke bekannt machte. Zudem wird diese Marke von der Europäischen Union als geografische Angabe geschützt. Da spielt es nur eine untergeordnete Rolle, dass eine Vielzahl der Anbauflächen mittlerweile auf dem Festland ist.

Seit 1838 verbindet auf Initiative Napoleons III., der seine Jugend in der Region verbrachte, ein fast zwei Kilometer langer Damm die Insel ganzjährig mit dem Festland. Die beidseits mit großen Pappeln gesäumte Straße zählt zu den schönsten Alleen, die nicht ohne Grund als Startpunkt der 2900 Kilometer langen deutschen Alleenstraße gewählt wurde, und ist ein idealer Ausgangspunkt für Inliner- oder Fahrradtouren. Am Wegesrand kann man bei der Kindelbildkapelle, wo früher ungetaufte Kinder bestattet wurden, neben der Statue des Inselheiligen Pirmin anhalten. Oder bei der Festungsruine Schopflen, mit der die Äbte die Untiefen auf dem Schiffsweg zur Insel markierten. Von beiden Punkten aus genießt man den wunderbaren Blick ins Wollmatinger Ried, das Heimat für Hunderte Vogelarten ist und das größte Natur- und Landschaftsschutzgebiet am Bodensee bietet. So gesehen könnte man darüber streiten, ob die Reichenau nicht vielmehr eine Halbinsel darstellt. Doch bei dem Jahrhunderthochwasser im Jahr 1999 wurde der Damm derart überflutet, dass nur noch ein Pendelbus und unzählige Boote die Verbindung zum Festland für die über 3000 Inselbewohner aufrechterhalten konnten.

Lindau, die zweitgrößte Insel im See, hätte mit ihrer Fläche sechsmal auf der Reichenau Platz. Doch hat die ehemalige Römersiedlung seit 950 Marktrecht, wurde im 13. Jahrhundert freie Reichsstadt und beherbergt bis heute eine sehenswerte Altstadt. Der namensgebende Lindenbaum findet sich bis heute zahlreich auf der Insel und bestimmt seit dem 13. Jahrhundert das Stadtwappen. Bis in die 1980er-Jahre war Lindau die bevölkerungsstärkste Insel im See, bis sie von der Reichenau überholt wurde. Sie wird seit dem 19. Jahrhundert durch einen Eisenbahndamm erschlossen. Heute befinden sich die meisten Stadtteile auf dem Festland, wodurch die gesamte Stadt auf fast 25 000 Einwohner zählen kann. Der östliche Teil der Altstadt wird „Hauptinsel“ genannt, da einst der kleinere westliche Teil hinter der Stadtmauer und des ehemaligen Stadtgrabens ein separates Eiland mit dem Namen „Hintere Insel“ darstellte. Erst um 1970 wurden die Inseln durch Aufschüttung miteinander verbunden. Auf diesem künstlich verschönerten Grund befindet sich heute sinnigerweise die berühmte Bodenseeklinik des ästhetischen Chirurgen Werner Mang.
Die drittgrößte Insel im Bodensee ist jedoch die Berühmteste von allen. Bietet ein Reiseunternehmen eine Europatour an, darf die Mainau nicht fehlen. Auffällig sind die vielen internationalen Busse, die Heerscharen von Besuchern ankarren. Jedes Jahr kommen weit über eine Million Gäste, um die schöne Pflanzenwelt der Insel zu bewundern. Als der schwedische Graf Bernadotte nach dem Zweiten Weltkrieg sein Erbe, das über seine Großmutter aus dem Hause Baden in den Besitz der Familie geriet, antrat, fand er ein verwildertes Paradies vor. Die im frühen 19. Jahrhundert angelegten wertvollen, zum Teil exotischen und seltenen Pflanzen haben sich am Bodensee sehr wohl gefühlt und prächtig entwickelt. Es ist Graf Bernadotte zu verdanken, dass er die Chancen des aufkommenden Bodenseetourismus erkannt hat und er seine „Blumeninsel“ für das interessierte Publikum öffnete. Neben dem barocken Schloss sind das Palmenhaus, in dem die empfindlichen Pflanzen überwintern können, ein Abenteuerspielplatz, Streichelzoo, wechselnde Ausstellungen und das Schmetterlingshaus Attraktionen.
Vor der Stadt Konstanz findet sich die „Dominikanerinsel“, die einst ein Kloster beherbergte. Bereits in der Jungsteinzeit war diese Insel bewohnt, wovon 7000 Jahre alte Pfahlbaufragmente zeugen. Berühmte Bewohner waren um 1300 der Dichter und Mystiker Heinrich Suso, der ab 1414 inhaftierte Jan Hus während des Konstanzer Konzils, 1507 Maximilian I. während des Reichstages zu Konstanz oder die Familie Graf von Zeppelin, die um 1875 in dem mittlerweile aufgelösten Kloster ein Hotel einrichtete. Heute können Sie in dem Luxushotel mit fünf Sternen speisen und nächtigen.
Das kleinste bewohnte Eiland sind die Inseln Werd bei Eschenz. Ne-

Insel Mainau mit Schloss, Lithografie um 1899

ben der etwa 100 Meter mal 200 Meter großen Hauptinsel gibt es noch mehrere kleinere Inseln, die gemeinsam eine Gruppe bilden. Sie gelten als geografische Grenze zwischen dem Untersee und dem Hochrhein. Wegen der ehemaligen Pfahlbauten, die eine Besiedelung vor über 7000 Jahren dokumentieren, ist die Fundstelle Teil des UNESCO-Weltkulturerbes, das über 100 Siedlungen in sechs Alpenländern miteinschließt. Bereits 50 n.Chr. bauten die Römer an dieser Stelle eine Holzbrücke und benutzten die Inseln als Widerlager. Berühmtester Bewohner der Insel war der heilige Otmar, erster Abt des Klosters St. Gallen, der 759 auf Werd in Verbannung geschickt wurde, wo er letztlich verstarb. Zu seinem Gedenken wurde im 15. Jahrhundert eine Kapelle auf der Hauptinsel errichtet. Diese ist durch einen Holzsteg mit dem Festland verbunden, damit die dort lebenden Franziskanermönche trockenen Fußes ans Festland gelangen können.

Bis 1720 war Wasserburg gleichfalls eine Insel im Bodensee. In dem Jahr ließen jedoch die Fugger einen Verbindungsdamm aufschütten, sodass man heute nur noch von einer Halbinsel sprechen kann. Aus dem Jahr 748 stammt die erste Nennung der Wasserburg. Im Besitz des Klosters St. Gallen diente sie als Zufluchtsort der Klosterherren im 10. Jahrhundert. Bis heute trägt das Wappen neben einer Wasserburg auch den St. Galler Bären. Während der Pestepidemie 1519 wurde die Freiburger Universität auf verschiedene Bodenseeinseln verteilt, darunter die Konstanzer Dominikanerinsel, Lindau und Wasserburg. Später wechselte die weltliche Herrschaft mehrfach. Mitte des 17. Jahrhunderts kamen bei Hexenver-

folgungen mindestens 25 Menschen zu Tode. Im Jahre 1805 wechselte die Insel von der vorderösterreichischen zur bayrischen Verwaltung. Im ausgehenden 19. Jahrhundert fand erst der Anschluss Wasserburgs an die Dampfschifffahrt, danach an die Eisenbahn statt.
Dies waren wohl die größten, bekanntesten und vor allem bewohnten Inseln im Bodensee. Doch gibt es noch eine Vielzahl davon, wie Kopf und Langenrain im Wolmatinger Ried, die Vogelinsel bei Immenstaad, Unteres und Mittleres Werdi bei Stein am Rhein oder die Vogelinsel bei Lindau. Spannend sind außerdem die namenlosen Sandbänke, die Mutigen bei Niedrigstand Spaziergänge in den See ermöglichen. Sie sind im Altenrhein bei Bregenz, vor Radolfzell oder im Seerhein zu finden. Alle paar Jahre ragt auch der Teufelstisch im Überlinger See über dem Niedrigwasser heraus. Er gilt dann als attraktives Schwimmziel oder gar als Bühne für die örtliche Blaskapelle, die zu diesem besonderen Anlass durchaus auch mal den Teufelstisch als Konzertbühne verwendet.
Die Galgeninsel bei Lindau ist seit Langem versandet, weshalb sie heute „nur" noch als Halbinsel gilt. Dies kam einem zum Tode Verurteilten zugute, dem auf der Galgeninsel die Arme fest auf den Rücken gebunden wurden. Da es ihm dennoch gelungen ist, bei immer noch erheblicher Seetiefe trotz niedrigem Wasserstand den Weg zum Festland zu überwinden, schenkte man dem Todgeweihten daraufhin Leben und Freiheit.
Die etwa sechs Meter mal neun Meter große Insel Hoy bei Lindau wurde in den 1920er-Jahren künstlich durch den Besitzer der Villa Seeheim als Badeinsel aufgeschüttet und ist noch heute ein attraktives Ziel für Schwimmbegeisterte.
Die letzte Insel, die wir hier aufzählen wollen, ist die Liebesinsel bei Radolfzell. Die etwa 40 Meter mal 100 Meter große unter Naturschutz stehende Insel im Zeller See diente wohl schon so manchem Pärchen als heimlicher Zufluchtsort – Wo sonst sollte der Name herstammen? Spätestens seit 1956 der Kassenschlager „Die Fischerin vom Bodensee" gedreht wurde, ist sie berühmt. Hier wurde damals die Liebesnacht mit Marianne Hold und Gerhard Riedmann auf Zelluloidfilm gebannt. Heute ist das Eiland beliebtes Ausflugsziel für Kanu- oder Ruderbootbegeisterte. Entsprechend groß war die Empörung, als ein großer Onlinedienst auf seiner Satellitenaufnahme die Liebesinsel einfach unterschlug. Vermutlich war die kleine Insel bei den Aufnahmen durch ein Wölkchen verdeckt, was die Insel darunter schlicht wegretouchierte. Oder wollte man die Liebesinsel als echten Geheimtipp bewahren? Doch keine Bange, Stand heute ist sie nicht nur wieder sichtbar, sondern auch anständig beschriftet. Es hat sogar gerade ein Boot angelegt. Was die Leute wohl auf der Insel vorhaben?

Es wird noch ein bisschen gruselig. Diesmal in Überlingen ...

ÜBERLINGENS GEIST

Von einem schwarzen Ritter in der Gunzoburg

Die ehemals Freie Reichsstadt Überlingen liegt zwischen Meersburg und Bodman am Ufer des Überlinger Sees. Sie zählt zu den schönsten Städten am See mit reichlich erhaltener Bausubstanz aus alten Zeiten. Allen voran das Münster St. Nikolaus, das Renaissancerathaus, das alte Kornhaus, der Gallerturm und die Gunzoburg – ein mittelalterliches Patrizierhaus in der Oberstadt, das schon im 7. Jahrhundert in den Quellen seinen Niederschlag fand. Allerdings handelt es sich dabei sicher um einen Vorgängerbau. Das heutige Gebäude ist frühestens aus dem 13. bzw. 14. Jahrhundert. Heute beherbergt die Gunzoburg eine Galerie, aber vor langer, langer Zeit trug sich auf ihr eine merkwürdige, unheimliche Geschichte zu, die es wert ist, hier und jetzt erzählt zu werden:

In besagter Gunzoburg soll einst ihr Namensgeber Alemannenherzog Gunzo gewohnt haben, denn Überlingen (das alte Iburinga) war ursprünglich der Sitz der Herzöge von Alemannien. Über dem Eingang des Hauses ist das Bild eines Ritters in voller Rüstung zu sehen mit der Inschrift: „In dieser Burg residierte im Jahre 641 Gunzo, Herzog von Schwaben und Alemannien."

Lange nach dem Tod des Herzogs erzählten sich die Menschen in Überlingen, dass den Bewohnern der Burg von Zeit zu Zeit ein Geist in Gestalt eines über zwei Meter großen schwarzen Ritters mit geschlossenem Visier erschien. Er sei ebenso plötzlich wieder verschwunden, wie er gekommen war. Manche Menschen wollten ihm aber auch außerhalb des Gebäudes in einem dahinter gelegenen Burggässchen begegnet sein. Dort soll er sogar handgreiflich geworden sein und alle, die er antraf, in den Stadtgraben geworfen haben. Als aber unter der Dachtraufe an der unteren Hausecke beim Burggässchen ein Kreuz unter Ziegelsteinen vergraben wurde, ward der Geist in der Gasse nicht mehr gesehen. Das christliche Symbol hatte ihn gebannt. Im Haus spukte er jedoch weiter. So kam er vor vielen Jahren abends in das Zimmer, in dem die Frau des Hausherrn bereits im Bett lag, bereit zur Nachtruhe. Es öffnete sich lautlos die Tür und der schwarze Ritter trat ein, ein Kohlengefäß in der Hand, aus dem Feuerfunken sprühten. Er ging langsamen Schrittes durch das Zimmer und bewegte sich auf die Frau zu. Dort angekommen beugte er sich über das Bett und schüttete die mittelalterliche Bettflasche mitsamt dem glühenden Inhalt über der Hausherrin aus. Die Frau konnte das Feuer sehen, es indessen nicht spüren. Es war so etwas wie ein Geisterfeuer ohne jede Art von Wärme, weshalb die Frau keinen Schaden

Der Landungssteg in Überlingen, Ansicht aus den 20er-Jahren

nahm. Der Schreck fuhr ihr in alle Glieder und sie lag wie steif gefroren im Bett. Der Geist verließ das Zimmer, ohne das geringste Geräusch zu verursachen. War das Ganze gar nur ein Albtraum der Hausherrin? Eine nächtliche Einbildung während eines unruhigen Schlafes? Wer weiß … Doch die Geschichte ist noch nicht vorbei. Wenig später brachte die Frau ein Kind zur Welt, das mit schwarzen Brandmalen am Körper verunstaltet war. Lag auf dem Haus etwa ein Fluch? War der alte Herzog Gunzo dieser Geist in Gestalt eines schwarzen Ritters? Wir werden es wohl nie erfahren. Nach diesem Vorfall wurde er nie wieder gesehen. Zumindest sind keine weiteren Berichte überliefert. Seien Sie aber gewarnt, wenn Sie zu nächtlicher Stunde in Überlingen in der Nähe der Gunzoburg, gar im ehemaligen Burggässchen, unterwegs sind. Vielleicht wurde das bannende Kreuz mittlerweile entfernt und Gunzo befreit? Halten Sie auf jeden Fall nach einer schemenhaften schwarzen Gestalt Ausschau und wenn Sie sie sehen, drehen Sie um und vermeiden Sie jeden Kontakt mit dem schwarzen Ritter!

Besuchen wir ein letztes Mal die Steinzeit …

ITALIENISCHER WAFFENFUND

Der Allensbacher Steinzeitdolch

Es war eine Sensation, was bei den Ausgrabungsarbeiten, die dem Umbau des Allensbacher Campingplatzes 2003 vorangegangen waren, aus etwa eineinhalb Metern Tiefe zutage gefördert wurde. Der feuchte Boden ist unter Luftausschluss ideal für die Konservierung organischen Materials über Jahrtausende hinweg. So konnte man hier Reste einer Pfahlbausiedlung sichern, die auf ein Alter von etwa 5000 Jahren datiert wurden. Das außergewöhnlichste Fundstück stellte der „Steinzeitdolch von Allensbach“ dar. In so guter Qualität konnte bisher nur die Ausrüstung der berühmten Ötztaler Gletschermumie „Ötzi“ geborgen werden. Der hatte gleichfalls ein so gut erhaltenes Schnittwerkzeug samt Schaft bei sich getragen. Meist werden solche Werkzeuge nur ohne Schaft gefunden. Der perfekt gearbeitete 16 Zentimeter lange Allensbacher Dolch besteht aus einer qualitätsvollen Feuersteinklinge oberitalienischer Herkunft genau wie der Dolch von Ötzi. Der Fund am Bodensee ist jedoch doppelt so lang. Die Größe ist zwar bekanntlich nicht alles, aber der Allensbacher Dolch ist auch deutlich besser erhalten. Sein Schaft ist aus Holunderholz gefertigt und noch vollständig intakt. Die Verbindung zwischen Schaft und Klinge wurde mittels Klebeverfahren durch Pech hergestellt. Der Fund zeugt somit nicht nur von der technischen Entwicklung vor 5000 Jahren am Bodensee, sondern auch vom regen Handel, der über die Alpen nach Italien bereits damals funktioniert haben muss. Der ästhetisch ansprechende Dolch wurde vermutlich weder als Waffe noch als Werkzeug verwendet, sondern diente eher als Prestigeobjekt und wurde nur zu besonderen Anlässen getragen. Das könnte der Grund sein, warum er keinerlei Gebrauchsspuren aufweist.
Neben dem Dolch wurden auch Sandalen aus Bast geborgen. Auch dies ist eine Sensation, da bisher nur wenige so gut erhaltene originale Schuhe aus der Jungsteinzeit gefunden werden konnten.
Nicht zuletzt dieses Artefakt hat dazu beigetragen, dass nun auch Allensbach unter den Weltkulturstätten zu finden ist. In der UNESCO-Liste wurden von den bis heute über 1000 bekannten Pfahlbaufunden lediglich die 111 am besten Erhaltenen aufgenommen. Hierzu zählt jetzt auch Allensbach – eine echte Sensation.

Nun hören wir von einer großen Liebe, die viele Jahre auf Erfüllung warten musste ...

DIE LIEBE IN DEN ZEITEN DER UNGARNEINFÄLLE

Wie eine große Liebe viele Jahre auf Erfüllung warten musste

Im Frühmittelalter wanderten die Ungarn, aus Zentralasien kommend, in das Gebiet des heutigen Ungarn ein. Sie selbst nannten und nennen sich Magyaren, das Wort „Ungarn" ist dagegen slawischen Ursprungs, also eine Fremdbezeichnung. Zuerst waren sie allerdings nicht sesshaft, sondern zogen umher, meist die Nachbarvölker ausplündernd. Diese mehr oder weniger regelmäßigen Kriegszüge nennt man „Ungarneinfälle". Begonnen hatte alles im Jahre 899, als die Franken zum ersten Mal die Wucht der ungarischen Reiterei zu spüren bekamen. In den folgenden Jahrzehnten sollten die heidnischen Magyaren Angst und Schrecken verbreiten. Besonders betroffen war die Ostmark, das heutige Österreich, und Süddeutschland, insbesondere Bayern. Die Ungarn sollten aber auch bis an den Bodensee kommen und dort brandschatzend durch die Lande ziehen. Viele Städte dieser Region hatten ihr „Ungarnerlebnis", unter anderem auch Konstanz und Buchhorn, das heutige Friedrichshafen; doch dazu weiter unten gleich mehr.

Gestoppt wurden diese Einfälle endgültig durch eine der größten Schlachten jener Epoche: 955 stellte König Otto I., der anschließend zu Kaiser Otto dem Großen, dem Ungarnbezwinger wurde, die Eindringlinge auf dem Lechfeld bei Augsburg und besiegte sie in einem wahrhaft epischen Kampf, der als „Schlacht auf dem Lechfeld" einen Wendepunkt der europäischen Geschichte darstellte. Fortan kamen die wilden Reiter nicht mehr – zumindest nicht in kriegerischer Absicht – und Otto der Große wurde, vor allem in späteren Jahrhunderten, zum Retter des Abendlandes erklärt. Die Ungarn waren von dieser Niederlage aber so geschockt, dass sie einerseits das Christentum annahmen und andererseits ihr Nomadendasein aufgaben, um feste Siedlungen zu errichten, aus denen das Königreich Ungarn hervorging. Doch das ist eine andere Geschichte.

Wenden wir uns nun dem frühen 10. Jahrhundert zu. Die wilden Ungarn suchten mal wieder die Menschen des Bodensees heim; sie standen in der Nähe Buchhorns. In jener Zeit lebte dort Graf Ulrich V., ein Nachfahre Karls des Großen und Herr im Linzgau. Verheiratet war er mit der schönen Wendelgard, die selbstverständlich nichts mit der Wendelgard von Halten und ihrem Schweinsrüssel zu tun hatte. Sie war eine Gräfin von Eberstein und Enkelin des Kaisers Heinrich I., auch genannt der Vogler. Da nun die Ungarn Linzgau wieder „besuchten", zog Graf Ulrich mit seinen Kämpfern gegen die Eindringlinge und lieferte ihnen

Die Ungarn auf dem Lechfelde auf's Haupt geschlagen, im Jahr 955 n. Chr.

einen heftigen Kampf, den er und die seinen aber verloren. Allein ihm blieb das Leben, er wurde gefangen genommen und nach Ungarn verschleppt. Da er nicht heimkehrte, glaubte seine Frau, dass er gefallen sei. Keinesfalls wollte sie wieder heiraten und zog sich nach St. Gallen in ein Nonnenkloster zurück, um den Rest ihres Lebens ihren tot geglaubten Ehemann zu betrauern und ein gottgefälliges, keusches Leben zu führen. All dies geschah im Jahr 916 und Wendelgard hatte mit ihrem bisherigen Leben abgeschlossen. Von Zeit zu Zeit besuchte sie noch ihre alte Heimat Buchhorn, um in feierlicher Trauer ihres verlorenen Mannes zu gedenken und bei dieser Gelegenheit die Armen zu beschenken, denn an materiellen Gütern mangelte es ihr aufgrund ihrer Herkunft nicht. Bei Eintritt in die klösterliche Gemeinschaft musste sie offensichtlich auch nicht – wie sonst üblich – all ihren Reichtum dem Konvent übertragen, was mit ausdrücklicher Genehmigung ausnahmsweise möglich war.
Drei Jahre nachdem sie das Leben als Gräfin mit einer einfachen Klosterzelle getauscht hatte, war sie 919 wieder an ihrer alten Wirkungsstätte, was sich bei den Armen der Region wie ein Lauffeuer herumgesprochen hatte. Wegen ihrer Freigiebigkeit und ihres guten Herzens war Wendelgard insbesondere, jedoch nicht nur, bei den Bedürftigen sehr beliebt. Sie wurde von ihnen geradezu verehrt. Nun besuchte sie wieder Buchhorn und sofort bildete sich um sie eine Traube von Armen, die hofften, ein Almosen zu bekommen. Einer dieser Bettler war ganz besonders zerlumpt, zerschlissen und abgewetzt. Auch ihm gab Wendelgard etwas, um

seine Not zu lindern. Doch das war dem Fremden wohl nicht genug. Als er vor der Wohltäterin stand, ergriff er ihre Hand, drückte sie heftig und zog sie an sich heran, um sie zu umarmen und leidenschaftlich auf den Mund zu küssen. Wendelgard wehrte sich nach Kräften, war dem Mann körperlich aber weit unterlegen. Sie musste es geschehen lassen. Doch kaum hatte der Fremde sich an ihr vergriffen, schrie die Menge auf, packte den Frevler und wollte ihm gerade die Tracht Prügel seines Lebens verpassen, als dieser laut rief: „O lasst mich gehen! Ich habe genug Schläge und Elend in der Gefangenschaft ausgestanden! Ich bin Ulrich, euer Graf, welchen Gott aus sonderlicher Gnade von einem grausamen Volk errettet und euch wiedergeschenkt hat!“ Nachdem die Menschen dies vernommen hatten, erkannten sie ihn wieder und es wurde zuerst totenstill auf dem Platz, bevor ein lautes Gebrüll mit vielen Hurrarufen zu einem wahren Crescendo anschwoll. Seine Frau wollte zuerst ihren Augen nicht glauben und drohte schier in Ohnmacht zu fallen. Doch als sie die Wahrheit erkannte, fiel sie ihm um den Hals und die Menge jubelte erneut.

Wendelgard ging sodann nach Konstanz zu Bischof Salomo, um sich von ihrem Gelübde, den Rest ihres Lebens in einem Kloster leben zu wollen, entbinden zu lassen. Angesichts des noch lebenden Mannes tat Salomo dies sehr gerne und wünschte dem wiedergefundenen Ehepaar alles Gute für ihr weiteres Leben. Wendelgard zog ihr Nonnenkleid aus und feierte mit Ulrich zum zweiten Mal Hochzeit. Dieser zeigte sich Gott und der Kirche gegenüber dankbar und schenkte einige Güter im Rheintal dem Kloster St. Gallen.

Kurze Zeit später wurde die Gräfin schwanger, doch kurz vor der Niederkunft verstarb Wendelgard. Das Kind aber konnte gerettet werden, indem man es aus dem toten Leib seiner Mutter schnitt. Es war ein schöner Knabe, dem man den Namen Burkhard gab. Man weihte ihn dem Heiligen Gallus und zog ihn im Kloster zu St. Gallen auf, wo er später sogar Abt werden sollte.

Was aus seinem Vater wurde, ist leider nicht bekannt. Die Trauer hat ihn sicher überwältigt. Erst glaubte seine Frau ihn jahrelang tot, während er in Gefangenschaft litt. Und als sie schließlich unter glücklichen Umständen wieder zusammenkamen, wurde ihm die Frau entrissen – und das für immer.

Doch so spielt bisweilen das Schicksal mit uns. Nicht immer endet eine Geschichte mit einem Happy End. Trotzdem, oder vielleicht sogar deswegen, ist diese Geschichte es wert, nicht in Vergessenheit zu geraten – diese wunderschön-traurige Liebesgeschichte aus den Zeiten der Ungarneinfälle.

Nun berichten wir von Schweizern und Schweden …

DIE SCHWEDISCHE BESIEDLUNG DER SCHWEIZ

Warum die Eidgenossen aus Skandinavien stammen

Vor alter Zeit begab sich im Land der Schweden im kalten Norden eine große Teuerung. Daraus erwuchs eine gräuliche Hungersnot, sodass die Leute gar übel daran waren. Sie wussten sich nicht mehr anders zu helfen, als einen Teil des Volks durch den Beschluss der Landsgemeinde zu zwingen, das Heimatland zu verlassen. So zogen ihrer an die fünftausend mit Weib und Kind aus dem Land und gelobten, sich nie zu verlassen – weder im Leben noch im Sterben. Ihre Anführer waren zwei Brüder, die Swyt und Schej hießen. Sie wollten durch alle Länder bis nach Rom ziehen, denn sie hatten vernommen, dass dort die Sonne beständig am Himmel stehe und es statt der eisigen Schneekörner den Leuten süße Früchte auf die Kappen schneie.

Also zogen sie durch ganz Deutschland, raubten und nahmen alles mit sich, was sie bekommen konnten. Zwar stellten sich ihnen viele Fürsten mit ihren Kriegsleuten entgegen. Allein das wandernde Volk hielt sich männlich und schlug so unbändig drein, dass ihm überall der Weg freigegeben werden musste. Bei diesen schweren Kämpfen verloren aber auch die Stämme Swyts und Schejs gar viel Volk. So kam es, dass sie überall, wo sie hinkamen, offene Pfade fanden, denn die Menschen in den Ländern, die sie durchzogen, hatten allenthalben von ihrer wilden Tapferkeit gehört und blieben vorsorglich in ihren wohlbefestigten Städten und Burgen. Diese aber ließ das Wandervolk in Ruhe. Sie wollten nur ihren Weg nach Rom offen haben. Sie kamen durch viele hundert deutsche Gaue bis an den großen Bodensee, wo vor ihnen auf einmal die hohen Alpen und Schneeberge aufstiegen, die ihnen wie eine ungeheure Mauer den Weg zu versperren schienen.

Sie umgingen den Bodensee, wateten und schwammen durch den Rhein und trieben sich durch raue Wälder, über Alpenweiden und blaue Seen, bis sie endlich dahin gelangten, wo heute nahebei im Tal der Alp das Salveglöcklein Unserer Lieben Frau zu Einsiedeln ertönt. Unerschrocken brachen sie in die dunklen Urwälder ein, bis auf einmal der Anführer Swyt mit seinem Haufen aus einem mächtigen Tannenwald heraustrat. Über sich erblickte er zwei gewaltige turmartige Berge. Unten schimmerte ein ungeheurer Nebelsee, über diesem das Schneegebirge. Und nun begann es im Nebel zu wallen und zu wogen. Er fing an, aus der Tiefe heraufzusteigen und sich aufzulösen. Und siehe da, es zeigte sich tief unten ein weites, grünes Tal, und darin lagen ein kleiner blauer Bergsee und ein großer grüner Bergsee, um den die Schneeberge standen.

Schweizer Familie in historischer Tracht

Jetzt stieß Swyt in sein Horn, bis auch sein Bruder Schej mit seinem Volk herbeieilte. Alsbald stiegen sie mit all ihren Herden ins Tal hinab und streiften bis an den grünen Bergsee, an dem ein einsamer Mann die Fähre hütete, von der aus man über den See und das Schneegebirge nach Rom gelangen konnte. Obwohl das wandernde Volk vorgehabt hatte, nach Rom zu ziehen, besann es sich jetzt doch eines andern. Die Anführer schauten nochmals zu den zwei Hakenbergen hinauf, die heute Mythen heißen, dann kehrten sie mit allem Volk zu den grünen Weiden unter die beiden Berge zurück.

Und als sie am Fuße der beiden Riesentürme angelangten, trieben sie die Speere in den Boden und riefen: „Hier wollen wir wohnen bis in alle Ewigkeit!" Also ließen sich Swyt und Schej im Tal nieder mit all ihren Leuten. Aber als sie dem Lande einen Namen geben sollten, gerieten die beiden Brüder in Streit, da jeder das Tal nach seinem Namen nennen wollte. Und sie sagten sich voneinander los. Wie sie sich früher geliebt hatten, so hassten sie sich jetzt. Eines Abends, als das Alpenglühen auf den Schneebergen lag, fielen sie mit Schwertern übereinander her und kämpften so lange miteinander, bis Schej tot zusammensank. Darnach wurde das ganze Tal „Schwyz" nach dem siegreichen Anführer Swyt benannt, wovon dann in späterer Zeit die ganze Schweiz ihren Namen erhielt.

Soweit die Version des Schweizer Sagensammlers Meinrat Lienert, der diese um 1900 zu Papier brachte. Diese Sage wurde in etwas geänderter Form bereits in den 1840er-Jahren auch in den Niederlanden durch

Johann Wilhelm Wolf gesammelt. Danach haben sich den auswandernden Schweden wohl auch viele Friesen angeschlossen. In seiner Version heißen die Brüder Switer (Schweizer) Swey und Hasius. Nach Hauptmann Switer Swey wurde die Schwyz benannt. Die Schweden, die aus der skandinavischen Stadt Häßle stammten, besiedelten auch den Ort Hasli im Weißland, der nach dem zweiten Hauptmann Hasius benannt wurde. Sie trugen Kleider aus grobem Zwilch und ernährten sich von Milch, Käse und Fleisch. Noch in den 1770er-Jahren erzählten die Hirten, wie in früheren Jahrhunderten das Volk von Berg zu Berg, von Tal zu Tal nach Frutigen, Obersibental, Sanen, Afflentsch und Jaue gezogen sei. Heutzutage fühlt sich kein Schweizer mehr als Schwede. Woher das wohl kommt?

Es wird nun kalt. Es geht in die Raunächte ...

DIE KLÖPFLESNACHT

Vom Zauber der Raunächte

Heutzutage kennen viele Menschen die Raunächte nicht mehr. Dabei lohnt es sich, diesen alten Brauch nicht zu vergessen und sich von seinem Zauber umfangen zu lassen. Die Raunächte (auch „Zwölf Nächte", „Glöckelnächte" oder „Innernächte" genannt) sind Nächte um den Jahreswechsel, also zwischen den Jahren. In der Regel handelt es sich um die zwölf Nächte vom Weihnachtstag bis zum 6. Januar, wobei bisweilen die Zeiträume differieren. Seit jeher werden den Raunächten besondere Eigenschaften zugesprochen. Als bestens geeignete Zeit für Geisteraustreibung oder -beschwörung, für spirituelle Kontakte mit Tieren oder um wahrsagerisch in die Zukunft zu blicken. Es sind irgendwie auch unheimliche, sehr dunkle und meist kalte Nächte, in denen die Grenzen zwischen unserer Welt und der Anderswelt, der Welt der Geister und Naturkräfte, durchlässig sind.
Hier spiegeln sich auch vorchristliche, heidnische Vorstellungen wider und dringen auf diese Weise bis in unsere Zeit vor. So soll zur Mitte der Raunächte in der Silvesternacht die Wilde Jagd, eine Jagdgesellschaft übernatürlicher Wesen, aufbrechen. Das Tor zum Geisterreich stehe nun weit offen und die Seelen der Verstorbenen können in unsere Existenz, in unsere Welt zumindest vorübergehend wechseln und uns besuchen.
In Bregenz – so wird berichtet – ziehen schon seit vielen Jahrhunderten mehrere junge Männer und Frauen am vierten Mittwoch der Raunächte, in der sogenannten Klöpflesnacht, um die Häuser und bewerfen die Fenster mit Erbsen, Weizen oder anderen Dingen, die das Glas nicht demolieren. Die Menschen in den Häusern öffnen dann die Fenster und rufen heraus: „Gute Nacht, schlaft wohl, kommt aufs Jahr wieder, gelobt sei Jesus Christus!"
Wo die jungen Leute glauben, sich einen besonderen Scherz erlauben zu dürfen, werfen sie Glasscheiben an die Häuserwände, um einen Glasbruch der Fenster vorzutäuschen. Wer dann das Fenster oder die Tür öffnet, bekommt ein schwarz gefärbtes Tuch ins Gesicht geworfen und wird kräftig ausgelacht.
Wie man sieht, ist nicht nur die Fastnachtszeit (oder neuerdings wieder das Halloweenfest) eine Zeit der Streiche. Auch die Raunächte eignen sich für manchen Scherz oder Grusel.

Als Nächstes folgt eine Geschichte von einer großen Liebe, einem großen Schatz und einem unerlösten Geist ...

DER ERTRUNKENE RITTER

Eine dramatisch endende Liebesgeschichte

In einem Buch über die Burgen Deutschlands ist nachzulesen, dass die Landschaft des westlichen Bodensees, speziell der Bodanrück, die höchste Dichte an Burgruinen in der ganzen Republik habe. Auch wenn das im Einzelnen schwer zu überprüfen ist, steht eines fest: Hier am Bodensee stößt man auf Schritt und Tritt auf Burgen und Schlösser voller Geschichte. Manchmal stehen nur noch ein paar Mauern wie im Falle der Burgruine Kargegg.

Die Kargegg liegt rund zehn Kilometer nordwestlich der Blumeninsel Mainau, nahe dem Dorf Langenrain. Sie war eine sogenannte Spornburg, die besonders gut geschützt war vor feindlichem Zugriff. Auf zwei Seiten fällt sie steil zur Marienschlucht hin ab. Die dritte Seite ist dem See zugewandt und die vierte durch eine künstliche Schlucht geschützt. Wann genau die Burg errichtet wurde, ist unbekannt. Es existieren dazu keine schriftlichen Aufzeichnungen. Jedoch lassen sich die Ursprünge bis in das 13. Jahrhundert, das beginnende Spätmittelalter, zurückverfolgen. Im Rahmen der Bauernkriege im 16. Jahrhundert brannten aufständische Bauern den Adelssitz bis auf die Grundmauern nieder. Seit dieser Zeit, seit bald 500 Jahren, ist sie unbewohnt und zerfällt zusehends. Die Kargegg, die nach dem nahen Weiler gleichen Namens benannt ist, wurde zu einer Ruine, von der noch Reste des westlichen Mauerrings stehen. Noch heute kann man sie besichtigen und an einem sonnigen Tag ist sie allemal einen Ausflug wert, zumal sie an der Marienschlucht liegt, die ebenfalls zu längeren Spaziergängen in der Natur einlädt.

Lange, bevor die aufgebrachten Bauern die Burg zerstörten, war die Kargegg Schauplatz einer Liebesgeschichte, die wahrhaft tragisch endete. Drehen wir nun das Rad der Zeit zurück in das ferne und keineswegs immer dunkle Mittelalter.

Vor vielen hundert Jahren lebte einst auf der Kargegg die wunderschöne Tochter eines Adligen, die auf den heute etwas fremd klingenden Namen Fortunata hörte. Heimlich liebte sie den Ritter von Hohenfels, der diese Gefühle auch leidenschaftlich erwiderte. Ihr Vater, der von dieser Liebschaft nichts wissen wollte und seiner Tochter verbot, diesen Ritter jemals wieder zusehen, ließ sie scharf bewachen, sodass die Liebenden es sehr schwer hatten, zueinander zu kommen. Der Ritter von Hohenfels, das beim heutigen Stockach zu finden ist, und seine geliebte Fortunata ersannen nun eine List, um sich heimlich zu treffen. An jedem Abend, an dem das junge Burgfräulein allein war, zündete sie eine Kerze an und stellte sie in ihr Fenster. Der Ritter, der sich allabendlich am anderen Seeufer aufhielt, schwamm zu ihr herüber, sobald er das Licht schemenhaft schimmern sah. Kurz vor Morgengrauen machte er sich jedes Mal unentdeckt auf den Rückweg.

Über lange Zeit glückte die List und das nächtliche Wagnis nahm stets ein gutes Ende. Doch eines Nachts sollte alles anders kommen. Der kühne junge Ritter stürzte sich wieder in das Wasser, sobald er das Kerzenlicht in der Ferne ahnte. Als er schon mitten auf dem See war, brach ein wilder Sturm los, der das Kerzenlicht ausblies. Der Hohenfelser verlor die Orientierung und konnte den Kräften der Natur bald nicht mehr widerstehen. Entkräftet gab er auf und ertrank unfern der Burg. Nachdem Fortunata lange voller Sehnsucht auf ihn gewartet hatte, begann sie Schlimmes zu ahnen. Sie rannte zum Ufer, wo der Leichnam ihres Geliebten kurz darauf angespült wurde. Als sie dieses Schicksalsschlages gewahr wurde, drohte sie aus Verzweiflung wahnsinnig zu werden. Sie sollte nie wieder einen anderen Mann lieben und auch nie heiraten.

Ihre Liebe und Treue nahm sie mit ins Grab, bis zu ihrem Tod soll sie nur noch selten mit Menschen gesprochen und stets die Einsamkeit gesucht haben. Eine wirklich traurige Liebesgeschichte, die aber noch nicht zu Ende ist. Die Sage berichtet davon, dass ihr Geist noch immer durch die Ruine der Kargegg spukt. Immer wieder wurde und wird in der Nacht von Wanderern, Wagemutigen oder Menschen, die sich einfach nur verirrt hatten, eine junge, sehr traurig aussehende Frau in oder bei der Ruine gesehen, die auch nicht reagiert, wenn man sie anspricht. Andere berichteten, dass sie bei Dunkelheit vom Wasser oder anderen Ufer aus manchmal ein fahles Licht gesehen haben, das in der Ruine leuchtete, ähnlich einem Kerzenschein. Ferner wird erzählt, dass derjenige, der ihren ruhelosen Geist endlich erlöst, einen großen Schatz finden wird, der in den verschütteten Gewölben der Burg noch immer unberührt und unentdeckt liegen soll. Und unter diesem Schatz, so glauben die Einheimischen, befinde sich zusätzlich ein Kegelspiel aus purem Gold.

Besuchen Sie doch mal diese alte Burgruine in ihrer malerischen Umgebung. Und wenn Sie mutig sind, gehen Sie in der Dunkelheit hin. Vielleicht begegnet Ihnen eine junge, geheimnisvolle Frau und vielleicht werden Sie reich.

Verlassen wir nun diese romantisch-unheimlichen Gestade und besuchen Nobelpreisträger in Lindau ...

DIE NOBELPREISTRÄGER VON LINDAU

Das jährliche Treffen der „geistigen Elite" am Bodensee

Seit über 60 Jahren treffen sich jährlich Nobelpreisträger aus aller Welt zum Gedankenaustausch mit dem wissenschaftlichen Nachwuchs. Das erste Treffen im Juni 1951 trug den Namen „Europa-Tagungen der Nobelpreisträger" und wurde von zwei Lindauer Ärzten ins Leben gerufen. Graf Lennart Bernadotte, der Eigentümer der Blumeninsel Mainau im Bodensee, unterstützte das Projekt als „Ehrenprotektor". Seine hervorragenden Kontakte zum schwedischen Königshaus und damit zum Nobelpreiskomitee in Stockholm sollten dabei eine entscheidende Rolle spielen. Über die konkrete Idee hinausgehend, einen wissenschaftlichen Dialog zu initiieren, beabsichtige man mit diesem und den folgenden Treffen, die durch die Verbrechen des Nationalsozialismus entstandene Isolation Deutschlands und seiner Wissenschaftler zumindest ein Stück weit zu durchbrechen.

1955 nutzte der deutsche Physiker Otto Hahn diese Plattform, um in der Mainauer Kundgebung vor dem Einsatz von Atombomben zu warnen und die zerstörerische Wirkung dieser Waffe den Menschen zu verdeutlichen. Sogleich unterschrieben 18 anwesende Nobelpreisträger dieses Manifest, dem sich im folgenden Jahr noch 51 weitere anschließen sollten. Auch in den folgenden Jahren sollten die in Lindau versammelten Nobelpreisträger immer wieder durch politisch-gesellschaftliche Forderungen und Bedenken in die Schlagzeilen kommen.

Seit gut 20 Jahren hat sich der Tagungscharakter stark internationalisiert. Von den jährlich ungefähr 600 geladenen Nachwuchswissenschaftlern kommen meist etwa 100 aus Deutschland, die anderen werden von einem internationalen Netzwerk der „Akademischen Partner" nominiert und eingeladen.

2011 war das Leitthema die Weltgesundheit. In diesem Rahmen wurde Bill Gates als Gastredner eingeladen. Seine „Bill and Melinda Gates Foundation" widmet sich unter anderem der Versorgung von Entwicklungsländern mit ausreichend Impfstoffen.

So wurden diese regelmäßigen Treffen in Lindau zu einer festen Institution in der Welt der Wissenschaft. Am Bodensee treffen Vergangenheit, Gegenwart und Zukunft eindrucksvoll aufeinander.

Schiefe Türme gibt es nicht nur in Pisa ...

DER SCHIEFE TURM VOM BODENSEE

Machte das gute Obstwasser den Turm schief?

Die ganze Welt kennt den berühmten Schiefen Turm von Pisa, das mit Sicherheit bekannteste geneigte Gebäude der Welt. Ursprünglich war er als frei stehender Glockenturm für den Dom in Pisa geplant. Zwölf Jahre nach Baubeginn, im Jahre 1185, war man im dritten Stock angekommen und musste feststellen, dass das Gebäude sich nach Südosten zu neigen begann. Erst hundert Jahre später baute man schräg weiter, um die Schieflage auszugleichen. Der Grund für die Schräge, die heute rund vier Grad beträgt, liegt im morastigen und sandigen Untergrund. Nach einer alten Legende hat der Pisaner Galileo Galilei bei Experimenten am Turm die Fallgesetze entdeckt. 1987 wurde der Turm von der UNESCO zum Weltkulturerbe erklärt.

Gerne übersieht man, dass es auf der ganzen Welt zahlreiche solcher schiefen Türme gibt: im belgischen Brügge, am Kilmacduagh-Kloster in Irland, die Geschlechtertürme in Bologna, der Schiefe Turm von Frankenstein in Frankenstein (dies ist übrigens kein Scherz, den Turm und den Ort gibt es in Polen wirklich) und viele andere mehr.

Doch auch in Deutschland gibt es solche architektonische Besonderheiten in mehreren Städten. Eine davon ist gleich um die Ecke, im malerischen Sipplingen am Überlinger See. Es handelt sich um den Kirchturm der Pfarrkirche Sankt Martin aus dem 13. Jahrhundert. Auf den ersten Blick sieht man die Schieflage nicht. Der Turm macht durchaus einen geraden Eindruck, der allerdings täuscht: 48 cm, fast einen halben Meter, ist er geneigt. Gut zu sehen ist die Schräge, wenn man ihn von Ost oder West aus der Entfernung betrachtet. Dann hebt sich der Turm schief von der restlichen Stadtsilhouette ab. Die Turmhaube wurde beim Bau jedoch wieder senkrecht aufgesetzt, um den Baufehler optisch zu verschleiern.

Aber wieso ist der Turm schief? Liegt es am Untergrund wie bei seinem berühmten Bruder aus Pisa? Der genaue Grund scheint nicht bekannt zu sein. Weder dem Bürgermeister noch Vertretern der Kirche sind Gründe bekannt. Unterlagen zu dieser Frage finden sich wohl keine. Nur in einer Sache ist man sich sicher: Der Turm stehe fest verankert im Boden. Es bestehe keine Gefahr, dass er weiterkippe oder gar umfalle.

Eine mögliche Erklärung für dieses schräge Kuriosum gibt es gleichwohl: In Sipplingen selbst erzählt man sich schon seit Langem die Legende, dass die Maurer, die den Kirchturm im 12. Jahrhundert bauten, zeitweise so betrunken waren, dass sie nicht geradeaus sehen, geschweige denn

Sipplingen, Ansicht von 1935

bauen konnten. Verstärkt wird diese Vermutung durch die Tatsache, dass Sipplingen eine wahre Hochburg des qualitätsvollen Obstwassers, andernorts Obstler genannt, ist. Die Obstbrände der Region sind wirklich für jeden, der gerne mal „schnäpselt“, durchaus den einen oder anderen Schluck wert. Das haben sich vielleicht auch damals die Maurer bei ihrer Arbeit gesagt und die Sache mit dem „blaumachen“ etwas zu wörtlich genommen.

Kennen Sie eine Kirche, in der man in zwei Himmelsrichtungen beten kann? Wenn nicht, kommen Sie mit nach Lindau ...

DIE WANKELMÜTIGE LINDAUER KIRCHE

Ein wahrhaft kurioses Gotteshaus

Die meisten Religionen kennen so etwas wie eine heilige Himmelsrichtung. Muslime beten in einer Moschee – oder anderswo – immer gen Mekka, die heiligste Stadt des Islam. Von Europa aus gesehen ist das Südosten, doch entgegen weitläufiger Meinungen beten Muslime nicht immer Richtung Osten. Befinden sie sich östlich von Mekka, beispielsweise in Malaysia, richten sie sich während des Gebets nach Westen.

Das Christentum kennt ebenfalls eine heilige Richtung, diese ist immer Osten. In einer christlichen Kirche beten die Gläubigen (fast) immer gen Osten. Das liegt natürlich daran, dass das Heilige Land, Jerusalem und damit Jesus vom Abendland aus gesehen im Osten liegen. Dies mag sich mit alten heidnischen Vorstellungen verbunden haben, da im Osten bekanntlich die Sonne aufgeht, die für einen (täglichen) Neuanfang, ja für Leben allgemein stand und steht. Nicht zuletzt findet sich in vielen Kirchen auf Steinen oder Pfeilern in der Nähe des ebenso immer nach Osten ausgerichteten Altars die Abkürzung „E.O.L." („ex oriente lux"). Aus dem Lateinischen übersetzt bedeutet das: „Aus dem Osten kommt das Licht." Das Licht als Metapher des Lebens und für Jesus, den Erlöser aus dem Osten, ist so alt wie das Christentum. In diesem Zusammenhang sei noch auf eine kleine sprachliche Besonderheit hingewiesen: Wenn man sich früher „orientierte", suchte man zuerst die Himmelsrichtung Osten, um sich dann weiter zu orientieren. Dies leitet sich von dem lateinischen Wort „oriens" ab, das unter anderem einfach nur „Osten" heißt.

Nach dieser allgemeinen Einführung in heilige Gebetsrichtungen suchen wir nun Lindau auf, genauer die evangelische Stadtkirche St. Stephan, die eine interessante Kuriosität aufweist: In ihr kann man in zwei Richtungen beten. Wenn man sie betritt, fällt dem Beobachter sofort der helle und lichte Innenraum auf. Das Gotteshaus wirkt wahrhaft lichtdurchflutet. Ab dem 12. Jahrhundert begann man sie im romanischen Stil zu erbauen und in der Folgezeit an den jeweiligen Zeitgeist anzupassen. Auffällig sind in diesem Zusammenhang die Stuckornamente aus dem Rokoko. Bis zur Zeit der Reformation war die Kirche römisch-katholisch. Doch im religiös aufgewühlten 16. Jahrhundert schlossen sich viele Lindauer den Vorstellungen des Schweizer Reformators Zwingli an. Ähnliches geschah auch in anderen Städten rund um den Bodensee – so in Konstanz. Nun wurde St. Stephan eine zwinglianisch reformierte Kirche. Da allen reformatorischen Glaubensbekenntnissen gemein ist, dass der – in Volkssprache und nicht auf Latein gehaltenen – Predigt ein viel

Der Lindauer Hafen, Ansicht von 1920

höherer Stellenwert als in der katholischen Kirche eingeräumt wird, baute man nun St. Stephan in Lindau entsprechend um. Eine Kanzel wurde eingebaut und das ebenfalls durch die Reformation neu eingeführte Gestühl konnte umgeklappt werden, sodass das Kirchenvolk sich sitzend direkt dem auf der Kanzel Predigenden zuwenden und gegebenenfalls in dieser Position gleichfalls beten konnte.
So kann man in dieser Kirche tatsächlich in zwei Richtungen beten: Einerseits ganz konventionell Richtung Altar nach Osten und andererseits, das Gestühl umklappend, ausnahmsweise in Richtung Kanzel.
Neben diesem Faszinosum sollte man beim Besuch dieses Gotteshauses sein Augenmerk auch auf den filigran geschmiedeten Balkon über dem Eingang lenken und den bartlosen Jesus suchen – eine seltene Darstellung des Gottessohnes. Sie werden ihn sicher finden.

Und nun zu einem gewagten Ritt über den See ...

DER REITER VOM BODENSEE

Ein Klassiker deutscher Lyrik

Als „Ritt über den Bodensee“ wird eine verwegene Tat bezeichnet, bei der dem Akteur erst im Nachhinein bewusst wird, wie riskant das Unterfangen war. In Unkenntnis oder Fehlinterpretation der Ballade wird diese Redensart auch gelegentlich falsch verwendet, nämlich wenn die Gefahr des Scheiterns schon im Vorfeld gesehen wird, ein hohes Risiko also bewusst eingegangen wird.

In der Ballade von Gustav Schwab, die er im frühen 19. Jahrhundert verfasste, beabsichtigt ein Reiter in Eile, den Bodensee zu erreichen und diesen mit einem Fährkahn zu überqueren. Es ist tiefer Winter, und so verpasst er das Ufer und überquert den zugefrorenen und verschneiten See unabsichtlich, weil er ihn für eine baumlose, unbebaute Ebene hält. Am anderen Ufer angekommen erkennt er die Gefahr, in der er gewesen ist. Während verschiedene herbeigekommene Leute ihn beglückwünschen und einladen, verliert der Reiter vor Schreck die Besinnung und fällt tot vom Pferd.

Das Naturphänomen eines derart zugefrorenen Bodensees, der sogar ein Pferd samt Reiter aushalten kann, die sogenannte „Seegfrörne“, kommt sehr selten vor. Im 19. Jahrhundert nur zweimal, im 20. Jahrhundert nur einmal im Jahre 1963 – die vorläufig letzte „Seegfrörne“.

Sicher ist es die wunderbare Versform, die Gustav Schwab wählte, welche die Ballade bald zum Schulstoff für Generationen werden ließ. Noch heute finden sich zahlreiche Menschen, die folgende Zeilen auswendig vorsprechen können:

Der Reiter und der Bodensee

Der Reiter reitet durch‘s helle Tal,
Auf Schneefeld schimmert der Sonne Strahl.

Er trabet im Schweiß durch den kalten Schnee,
Er will noch heut‘ an den Bodensee.

Noch heut mit dem Pferd in den sicher‘n Kahn,
Will d‘rüben landen vor Nacht noch an.

Auf schlimmem Weg, über Dorn und Stein,
Er braust auf rüstigem Ross feldein.

Aus den Bergen heraus, ins ebene Land,
Da sieht er den Schnee sich dehnen wie Sand.

Weit hinter ihm schwinden Dorf und Stadt,
Der Weg wird eben, die Bahn wird glatt.

In weiter Fläche kein Bühl, kein Haus,
Die Bäume gingen, die Felsen aus.

So flieget er hin eine Meil', und zwei,
Er hört in den Lüften der Schneegans Schrei.

Es flattert das Wasserhuhn empor,
Nicht anderen Laut vernimmt sein Ohr.

Keinen Wandersmann sein Auge schaut,
Der ihm den rechten Pfad vertraut.

Fort geht's, wie auf Samt, auf dem weichen Schnee,
Wann rauscht das Wasser, wann glänzt der See?

Da bricht der Abend, der frühe, herein,
Von Lichtern blinket ein ferner Schein.

Es hebt aus dem Nebel sich Baum an Baum,
Und Hügel schließen den weiten Raum.

Er spürt auf dem Boden Stein und Dorn,
Dem Rosse gibt er den scharfen Sporn.

Und Hunde bellen empor am Pferd,
Und es winkt im Dorf ihm der warme Herd.

„Willkommen am Fenster, Mägdelein,
An den See, an den See, wie weit mag's sein?"

Die Maid, sie staunet den Reiter an:
„Der See liegt hinter dir und der Kahn.

Und deckt' ihn die Rinde von Eis nicht zu,
Ich spräch', aus dem Nachen stiegest du."

Der Fremde schaudert, er atmet schwer:
„Dort hinten die Eb‘ne, die ritt ich her!“

Da recket die Magd die Arm in die Höh‘:
„Herr Gott! So rittest du über den See!

An den Schlund, an die Tiefe bodenlos,
Hat gepocht des rasenden Hufes Stoss!

Und unter dir zürnten die Wasser nicht?
Nicht krachte hinunter die Rinde dicht?

Und du warst nicht die Speise der stummen Brut,
Der hungrigen Hecht in der kalten Flut?“

Sie rufet das Dorf herbei zu der Mär‘,
Es stellen die Knaben sich um ihn her.

Die Mütter, die Greise, sie sammeln sich:
„Glückseliger Mann, ja, segne du dich!

Herein, zum Ofen, zum dampfenden Tisch,
Brich mit uns das Brot und iss vom Fisch!“

Der Reiter erstarret auf seinem Pferd,
Er hat nur das erste Wort gehört.

Es stocket sein Herz, es sträubt sich sein Haar,
Dicht hinter ihm grinst noch die grause Gefahr.

Es siehet sein Blick nur den grässlichen Schlund,
Sein Geist versinkt in den schwarzen Grund.

Im Ohr ihm donnert‘s, wie krachend Eis,
Wie die Well‘ umrieselt ihn kalter Schweiß.

Da seufzt er, da sinkt er vom Ross herab,
Da ward ihm am Ufer ein trocken Grab.

„Der Bildhauer, der es gemacht hat, ist ein Künstler der Groteske, der Satire und sanft-böswilligen Übertreibung." Martin Walser zu seinem Reiterstandbild, Ausschnitt der Skulptur „Der Bodenseereiter" von Peter Lenk, Überlingen

In Überlingen auf der Seepromenade nahe der Schiffsanlegestelle findet sich ein von dem Künstler Peter Lenk gestalteter Brunnen. Dieser stellt einen Eiskunstläufer auf einem alten Gaul, getragen von älteren Meerjungfrauen, dar. Der „Bodenseereiter" ist an dieser Stelle nicht unumstritten, da der Reiter den Dichterfürsten Martin Walser darstellt, der anstelle der Sporen Schlittschuhe trägt.
Wenn die Schüler von heute schon nicht mehr die Ballade von Gustav Schwab auswendig lernen, wird wohl wenigstens mit dem Denkmal im Überlinger Hafen die Erinnerung an den Bodenseereiter wachgehalten.

QUELLEN- UND LITERATURVERZEICHNIS

Albert, Peter: Geschichte der Stadt Radolfzell; Radolfzell 1896

Anderhub, Werner: Phänomen Kornkreise; München 2005

Antoni, Richard: Leben und Taten des Bischofs Pirmin; Heidelberg 2005

Arnold, Frank/Rohrbach, Günter/Salewski, Michael: Das Boot – Auf der Suche nach der Crew der U 96; Frankfurt am Main 2006

Bächthold-Stäubli, Hanns/Hoffmann-Krayer, Eduard: Handwörterbuch des deutschen Aberglaubens; Berlin 1927

Barack, Karl August: Zimmerische Chronik; Stuttgart 1881

Bauer, Eberhard/Schetsche, Michael: Alltägliche Wunder: Erfahrungen mit dem Übersinnlichen – wissenschaftliche Befunde; Würzburg 2003

Binding, Günther: in: Lexikon des Mittelalters; München und Zürich 1980

Birlinger, Anton/Buck, Michael Richard: Sagen, Volksmärchen, Volksaberglauben, Volkstümliches aus Schwaben; Freiburg 1861

Bischoff, Bernhard: Die Entstehung des Klosterplans in paläographischer Sicht, in: Duft, Johannes: Studien zum St. Galler Klosterplan, Mitteilungen zur vaterländischen Geschichte XLII; St. Gallen 1962

Bitterli, Urs: Die Entdeckung Amerikas; München 1986

Boeck, Wilhelm: Joseph Anton Feuchtmayer; Tübingen 1948

Borst, Otto: Geschichte Baden-Württembergs; Stuttgart 2004

Bosch, Manfred: Boheme am Bodensee; Lengwil 2007

Brednich, Rolf: Die Maus im Jumbo-Jet; München 1991

Brockhaus: Conversations-Lexikon; Amsterdam 1809

Brunner, Kurt: Die Seegfrörnen des Bodensees; Ostfildern 2004

Buckenmaier, Harald: Als der Seehas kam; Friedrichshafen 1998

Burtenbach, Sebastian: Der ungeheure Bodensee; Burtenbach 1815

Bütler, Placidus: Die Freiherren von Enne auf Grimmenstein; St. Gallen 1916

Büttner, Ulrich/Schwär, Egon: Konstanzer Konzilgeschichte(n), Konstanz 2014

Büttner, Ulrich/Schwär, Egon: Neue Sagen der Stadt Konstanz und Umgebung; Stegen 2011

Clausberg, Karl: Zeppelin: Die Geschichte eines unwahrscheinlichen Erfolges; Augsburg 1990

Crusius, Martin: Schwäbische Chronik; Frankfurt am Main 1733

Deisler, Otto: Geschichte der Pfarrei Bermatingen; Überlingen 1911
Deppert, Werner: Mit Dampfmaschine und Schaufelrad, Die Dampfschiffahrt auf dem Bodensee 1817–1967; Konstanz 1975
Dettmer, Helge: Sagen, Märchen, Legenden und Aberglaube zwischen Schwarzwald, Alb und Bodensee; Leutkirch 1987
Diederichs, Ulf: Alemannische Sagen; Frankfurt am Main 1987
Duda, Wendelin: Die Sagen der Stadt Konstanz und der Inseln Reichenau und Mainau; Stegen 2005
Duda, Wendelin/Schwär, Egon: Die Sagen zwischen Karwendel und Feldberg; Stegen 2008
Duden: Das Herkunftswörterbuch; Mannheim 1997
Duden: Familiennamen, Herkunft und Bedeutung; Mannheim 2000
Eble, Alfred: 625 Jahre Stockacher Narrengericht 1351–1976; Stockach 1976
Ebelin: Chronik von Constanz; Konstanz 1789
Edelmann, Claudia: Der fliegende Delphin; Gudensberg-Gleichen 2008
Feger, Otto: Geschichte des Bodenseeraumes; Lindau 1963
Felder, Gottlieb: Die Burgen der Kantone St. Gallen und Appenzell; St. Gallen 1907
Fenner, Achim: Der „süße Josef", Konditor Josef Keller und die Schwarzwälder Kirschtorte, in: Hegau – Zeitschrift für Geschichte, Volkskunde und Naturgeschichte des Gebietes zwischen Rhein, Donau und Bodensee, Jahrbuch 63/2006, Singen 2006
Flamm, Hermann/Waibel, Josef: Badisches Sagenbuch; Freiburg 1898
Frahm, Eckart: Merkwürdige Geschichten; Tübingen 2005
Friedrich, Ottmar/Schönhuth, Heinrich: Chronik des ehemaligen Klosters Reichenau aus handschriftlichen Quellen dargestellt; Konstanz 1835
Fromm, Norbert/Kuthe, Michael/Rügert, Walter: „... entflammt vom Feuer der Nächstenliebe", 775 Jahre Spitalstiftung Konstanz; Konstanz 2000
Früh, Sigrid/Studer-Frangi, Silvia: Verzauberter Bodensee, Märchen und Sagen; Tübingen 2003
Gassert, Philipp: Kurt-Georg Kiesinger 1904–1988; München 2006
Gierer, Stefan: Die älteste Kabelbrücke Deutschlands; Kressbronn und Langenargen 1998
Gladkin, Michael: Siedlungen der Steinzeit – Spektrum der Wissenschaft: Verständliche Forschung; Heidelberg 1989
Götz, Franz/Schiendorfer, Andreas/Eiglsperger, Günter: 900 Jahre Büsingen, eine deutsche Gemeinde in der Schweiz; Büsingen am Hochrhein 1990
Günther, Klaus: Der Kanzlerwechsel in der Bundesrepublik; Hannover 1970

Harder, Bernd: Das Lexikon der Großstadtmythen; Frankfurt am Main 2005
Heer, Heinz: Lexikon der Stadt Konstanz; Konstanz 2001
Heine, Martina: Kreiswappen und Gemeindewappen in Baden Württemberg; Stuttgart 1989
Henne am Rhyn, Otto: Deutsche Volkssagen; Leipzig 1879
Henning, Beate: Kleines Mittelhochdeutsches Wörterbuch; Tübingen 2001
Hörmann, Ludwig: Wanderungen in Vorarlberg; Bregenz 1901
Hoffmann-Krayer, Eduard: Handwörterbuch des deutschen Aberglaubens; Berlin und Leipzig 1932
Hofmann, Franz: Einmal Moskau–Petersburg und zurück in einem Tag, in: Hegau: Auf alten Wegen – Mobilität im Hegau; Singen 2011
Hubatsch, Diethard: Über eisige Grenzen; Friedrichshafen 2012
Hubrich-Messow, Gundula: Sagen und Märchen vom Bodensee; Husum 2010
John, Timo: Die Klosterinsel Reichenau im Bodensee; Beuron 2006
Kapff, Rudolf: Schwäbische Sagen; Jena 1926
Keckeis, Peter: Sagen der Schweiz; Zürich 1988
Keller, Ralf: Heidenhöhlen – Künstliche Höhlen am westlichen Bodensee, Schriften des Vereins für Geschichte des Bodensees und seiner Umgebung; Ostfildern 2011
Klein, Diethard: Konstanz – ein Lesebuch; Husum 1990
Kraft, Herbert: Annette von Droste-Hülshoff; Reinbek 1998
Krieger, Albert: Topographisches Wörterbuch des Großherzogtums Baden; Heidelberg 1904
Kuoni, Jakob: Sagen des Kantons St. Gallen; St. Gallen 1903
Lachmann, Theodor: Sagen und Bräuche am Überlinger See; Weißenhorn 1972
Laistner, Ludwig: Nebelsagen; Stuttgart 1879
Larese, Dino: Der Papst kam nach Hagenwil; Amriswil 1979
Lienert, Meinrad: Schweizer Sagen und Heldengeschichten; Bern 1900
Meier, Ernst: Deutsche Sagen, Sitten und Gebräuche aus Schwaben; Stuttgart 1852
Meier, Ernst: Deutsche Volksmärchen aus Schwaben; Stuttgart 1852
Mende, Achim: Bodensee mit Oberschwaben; München 2014
Miller, Douglas: Landsknechte 1486–1560; St. Augustin 2004
Möking, Bernhard: Sagen und Schwänke vom Bodensee; Konstanz 1920
Mone, Franz Josef: Quellensammlung der Badischen Landesgeschichte, 1. Band; Karlsruhe 1848
Müller, Rolf-Dieter: Der Bombenkrieg 1939–1945; Berlin 2004
Nielsen, Maja: Kolumbus; Hildesheim 2013

Oberholzer, Arnold Othmar: Thurgauer Sagen; Frauenfeld 1912
Petzold, Leander: Historische Sagen; Gütersloh 1994
Petzold, Leander: Sagen aus Vorarlberg; München 1994
Petzold, Leander: Sagen rund um den Bodensee; Karlsruhe 1990
Pollmann, Barnhard/Raach, Karl-Heinz: Bodensee, Traumziele im Dreiländereck; München 2006
Reich, Lucian: Die Insel Mainau und der badische Bodensee; Karlsruhe 1856
Rieple, Max: Der Poppele vom Hohenkrähen, Sämtliche Sagen, in: Fasnet im Hegau, Verein für Geschichte des Hegaus e.V.; Singen 1959
Rilke, Rainer Maria: Sämtliche Werke; Frankfurt am Main 1955–1966
Schmitt, Günter: Schlösser und Burgen am Bodensee; Biberach 1998
Schnezler, August: Badisches Sagenbuch; Karlsruhe 1846
Schönhuth, Ottmar: Sammlung von Liedern, Sagen und Geschichten des Bodensees und seiner Umgebung; Konstanz 1853
Schriften des Vereins für Geschichte des Bodensees und seiner Umgebung; Ostfildern 1982
Schwär, Egon: Sagen in Oberried und seinen Ortsteilen; Stegen 2008
Sensburg, Waldemar: Wasserburg am Bodensee, in: Schriften für Geschichte des Bodensees und seiner Umgebung; Lindau 1899
Sepp, Johann Nepomuk: Altbayerischer Sagenschatz; München 1876
Stachura, Norbert: Der Plan von St. Gallen – ein Original?, in: Architectura 8; München und Berlin 1978
Staiger, Xaver: Meersburg am Bodensee; Konstanz 1861
Staiger, Xaver: Salem und Salmansweiler, ehemaliges Reichskloster Cistercienser-Ordens; Konstanz 1863
Tiroler Bote; Innsbruck 1827
Uhland, Ludwig: Schriften zur Geschichte der Dichtung und Sage; Stuttgart 1868
Von Grimmelshausen, Hans Jakob Christoffel: Des Abenteuerlichen Simplicissimi Ewigwährender Calender; Nürnberg 1670
Vonbun, Franz Josef: Die Sagen Vorarlbergs mit Beiträgen aus Liechtenstein; Feldkirch 1889
Waibel, Josef: Badisches Sagenbuch; Freiburg 1898
Weber, Johannes Martin Erich: 250 Konditorei-Spezialitäten und wie sie entstehen; Dresden 1934
Wolf, Johannes Wilhelm: Erster Band der Zeitschrift für deutsche Mythologie und Sittenkunde; Göttingen 1853
Wolf, Johannes Wilhelm: Niederländische Sagen; Leipzig 1843

DANKSAGUNG

Ein herzliches Dankeschön an Dr. med. Berthold Weiner, der mit seiner Sammlung historischer Ansichtskarten einen wertvollen Beitrag zur Bebilderung des Buches geleistet hat. Ausdrücklich danken wollen wir Anett Hönig und Christian Stadler, die mit ihrer Tatkraft und ihrer Entschlossenheit uns zu diesem Buch inspiriert haben.

Ulrich Büttner und Egon Schwär